Umdenken
Analysen grüner Politik in Österreich

JUNIUS

Junius Verlags- und VertriebsgesellschaftmbH, Wien
Brunnengasse 3, A-1160 Wien
Copyright 1984 by
Junius Verlags- und VertriebsgesellschaftmbH, Wien
Alle Rechte vorbehalten
Einbandgestaltung: Hans Auer, Wien
Druck: Oktoberdruck GmbH, Berlin (W)
Printed in Germany 1984
ISBN 3-900370-08-7
Erste Auflage März 1984

Inhalt

Teil III
Verbände-Initiativen-Bewegungen

Vorbemerkung des Verlages

Das vorliegende Buch soll einen Beitrag zur Entwicklung einer Politik gegenüber den Problemen der Ökologie in Österreich leisten. Es enthält Analysen der Theorie und Praxis verschiedener gesellschaftlicher Gruppierungen: der traditionellen Parteien, der grünen und alternativen Gruppierungen, der Gewerkschaften, Bauernverbände und Bürgerinitiativen. Untersucht werden die programmatischen Positionen zu den Problemen der Ökologie und ihre historische Entwicklung, die politischen Aktionen und internen Debatten, die Auseinandersetzung mit den verschiedenen Richtungen der Ökologie-Bewegung und die Entwicklungsperspektiven. Die beiden zentralen Fragestellungen, unter denen die Beiträge verfaßt wurden, lauten:
– Welche Antworten geben die Parteien, Verbände, Initiativen auf die einzelnen Probleme der Ökologie?
– In welchem Zusammenhang stehen ihre ökologischen Perspektiven: wie wird das Engagement begründet, welche sozialen und ideologischen Hintergründe haben die Positionen, wie werden sie anderen Zielen zugeordnet, welchen Stellenwert haben sie in der Gesamtpolitik?

Der Verlag hat sich in erster Linie um Autoren bemüht, die – auf verschiedenen Gebieten – für grüne Anliegen wirken. Die meisten Verfasser stehen in einem Naheverhältnis zu den von ihnen analysierten Gruppen, Bewegungen, Institutionen, bringen ihnen gegenüber jedoch einige kritische Distanz auf. Die Autoren haben, auch wenn sie der Gruppierung, die sie analysieren, angehören, nicht für, sondern über diese geschrieben. Es handelt sich bei den Beiträgen also nicht um halb-offizielle Statements politisch-ökologischer Richtungen. Die Wertungen, Stellungnahmen und Perspektivsetzungen der Autoren sind Teil informativer Darstellungen, und die unmittelbaren Erfahrungen, die in die Beiträge eingegangen sind, haben nicht die analytische Aufarbeitung, die Auswertung von Material, die Befragung anderer Teilnehmer etc. ersetzt.

Der einleitende Beitrag über die ökologische Situation, verfaßt von *Werner Katzmann*, Mitarbeiter des Österreichischen Bundesinstituts für Gesundheitswesen, liefert den Hintergrund, vor dem sich die ökologischen Strategien abzeichnen. Den ersten Beitrag des Kapitels „Parteien und Umwelt", eine Analyse der SPÖ, hat *Michael Häupl* verfaßt, Biologe, Vorsitzender der JG-Wien und SP-Abgeordneter im Wiener Landtag. Die ÖVP hat *Peter A. Ulram* untersucht, der als Sozialforscher am Dr.Fessel+Co-Institut und als Lehrbeauftragter an den Universitäten Graz und Wien tätig ist und in den Jahren 1979 bis 1983 Leiter der Abteilung Grundlagenforschung im ÖAAB war. Über die FPÖ hat *Sabine Engels* geschrieben, Mitbegründerin der Mütter gegen Atomenergie, Obfrau der Friends of the Earth und Vorsitzende der Grünen Plattform der FPÖ. (Wir bitten unsere Leser zu berücksichtigen, daß die Autorin mit ihrem Beitrag kurz vor Redaktionsschluß eingesprungen ist und für ihre Ausarbeitung eine erheblich kürzere Frist als die anderen Autoren hatte.) Den Beitrag über die KPÖ hat *Leopold Spira* verfaßt, in den sechziger Jahren Mitglied des Zentralkomitees der Kommunistischen Partei Österreichs, 1969 als Angehöriger des reformkommunistischen Flügels aus der Partei ausgeschieden, heute Chefredakteur des Wiener Tagebuch. *Ali Gronner*, der Autor des Aufsatzes über die VGÖ und die ALÖ, ist als Sekretär der AL Wien tätig. Die Salzburger Bürgerliste ist untersucht worden von *Raimund Gutmann*, Mitarbeiter des Instituts für Alltagskultur in Salzburg und langjähriger Aktivist einer Bürgerinitiative im Stadtteil Lehen und des lokalen Blattes „Die Zeitung", und von *Werner Pleschberger*, Politologe an der Universität Salzburg. Über die erfolgreichste kommunale Alternative Liste, die AL Graz, gibt *Markus Scheucher*, einer ihrer Gemeinderäte, in einem Interview Auskunft, das sich vor allem mit den Aktionen und mit der parlamentarischen Arbeit der Grazer Alternativen beschäftigt.

Das Kapitel „Verbände-Initiativen-Bewegungen" beginnt mit einem Beitrag über die Gewerkschaften, verfaßt vom Geschäftsführer des Instituts für Umwelt der Österreichischen Arbeiterkammer und Herausgeber der Zeitschrift „Wirtschaft und Umwelt", *Harald Glatz*. Die Bauernverbände hat *Ambros Pree* untersucht, Bauer in Ternberg und Geschäftsführer der Österreichischen Bergbauernvereinigung. Die Bürgerinitiativen und ihr Verhältnis zur Ökologie analysiert *Anton Pelinka*, Professor für Politikwissenschaft an der Universität Innsbruck. Über die Bewegung gegen Atomkraftwerke haben *Lidia Brandstätter, Michael Grosser* und *Hannes Werthner* geschrieben, in der Bewegung anfangs im Arbeitskreis Atomenergie und in der Wiener Organisation gegen Atomkraftwerke, dann im Rahmen der Sozialistischen Ökologie aktiv, beruflich heute tätig als AHS-Lehrerin für Biologie und Umweltkunde bzw. als Mathematiker und Informatiker an der Universität. (Die Stellung der Parteien zu Zwentendorf ist in erster Linie in den Beiträgen des zweiten Kapitels dieses Buches behandelt.) Über die Umweltvergiftung in Linz und die Aktionen dagegen, einer der bedeutendsten Konflikte und ein exemplarischer Fall, gibt *Josef Buchner*, seit 1979 Gemeinderat einer lokalen Bürgerinitiative im nahe Linz gelegenen Steyregg und seit 1983 Vorsitzender der VGÖ, in einem Interview Auskunft.

Teil I
Naturhaushalt und menschlicher Haushalt

Werner Katzmann
Die ökologische Situation in Österreich

Globale Situation

Unsere Zivilisation ist in den letzten Jahrzehnten zur globalen Hybris geworden, die weder vor Völkern noch vor den Mitgeschöpfen halt macht. Ihre Basis ist eine Ökonomie, die auf erschöpflichen Rohstoffen ruht – und erschöpflich sind keineswegs nur Erdgas und Öl, sondern auch fruchtbare Böden und tropische Wälder. Sie nimmt Risiken und Probleme in Kauf, die die nächste Generation nicht bezahlen kann.

Zwar ist heute viel vom Ausgleich zwischen Naturhaushalt (= Ökologie) und menschlichem Haushalt (= Ökonomie) die Rede. Aber die Verantwortlichen haben erstens nicht begriffen, daß dieser Ausgleich prinzipiell nur näherungsweise möglich ist, weil der Mensch in die Gesetzmäßigkeiten einer vier Milliarden Jahre alten Entwicklung eingreifen muß. Und zweitens bemühen sie sich auch gar nicht um einen Ausgleich, sondern um den höchstmöglichen ökonomischen Ertrag. Anscheinend gibt es ein ungeschriebenes Recht auf Ertragsmaximierung, woraus ein Recht auf Umweltzerstörung abgeleitet wird. Man denke nur an die Energiewirtschaft, die von ausbauwürdigen Wasserkräften spricht, aber nie von erhaltenswerten Landschaften, die dem entgegenstehen. Und die in vielen Jahrmillionen von der Natur gespeicherten und schließlich der Biosphäre entzogenen Kohlenwasserstoffe haben es auch lange gestattet, die unökologischsten Vorhaben in großem Stil zu realisieren, beispielsweise Häuser zu bauen, die zwecks Kühlung im Sommer ein Vielfaches der Energie zur Heizung im Winter benötigen.

Heute stehen wir vor einer beispiellosen Situation: Es kann kein Zweifel daran bestehen, daß sich die Umweltsituation in Österreich drastisch verschlechtert. Zunächst einmal sei auf einige internationale Entwicklungen hingewiesen, die – jenseits des Rüstungsirrsinns und der sozialen und politischen Problematik, die ja von der Ökonomie mitverursacht werden – Österreich berühren.

Der CO_2-Anstieg in der Atmosphäre wird schwerwiegende klimatische Konsequenzen haben. Es wird ein weltweiter Temperaturanstieg von zwei bis sieben Grad innerhalb von fünfzig Jahren befürchtet, dadurch ein Anstieg des Wasserspiegels und eine Verschiebung der Anbaugebiete auf schlechtere Böden. Ausgelöst wird der rasche Anstieg des Kohlendioxids keineswegs in erster Linie durch industrielle Verbrennungsprozesse fossiler Energieträger. Bedeutsamer sind der Humusverlust der Böden und die gewaltige Zerstörung der Urwälder – jährlich gehen 200.000 km² verloren. Zwischen 1852 und 1952 haben die Wüsten weltweit von 12 auf 26 Millionen km² zugenommen, jedes Jahr gehen der Landwirtschaft weltweit Flächen im Ausmaß Österreichs verloren. Diese Veränderungen *müssen* bei steigender Weltbevölkerungszahl auf Österreich durchschlagen, zumal das österreichische Agrarsystem extrem auslandsabhängig ist: bei Futtermitteln, Fetten, Ölen und anderen Agrarprodukten betragen die Importe fast dreimal so viel wie die Exporte, und rechnet man die Importe energetisch um, ist die Differenz noch größer. Die Autarkie der Landwirtschaft Österreichs ist ein Mythos – sie wäre nur möglich, wenn die Familie Österreicher bereit wäre, sich weitgehend vegetarisch zu ernähren.

Größenvergleich im Weltmaßstab: Ackerböden : Wald : Menschenzahl
(Quelle: UNEP: World Conservation Strategy. 1980)

Innerhalb von nur drei Jahrzehnten hat sich die weltweite Vielfalt der für Nahrungszwecke kultivierten Pflanzen von ursprünglich hunderttausend auf zwölf Hauptarten reduziert. Unschätzbare genetische Werte gingen dabei verloren, zumal in einigen Fällen die Wildsorten bereits ausgerottet und Rückkreuzungen somit unmöglich sind. So wurde beispielsweise vor wenigen Jahren eine eben erst entdeckte mehrjährige Maisform ausgerottet, nur um deren Anwendung zu verhindern – Saatgut-, Düngemittel- und Chemiekonzerne hatten berechtigte Angst vor einer Konkurrenz, die ihren Absatz geschmälert hätte.

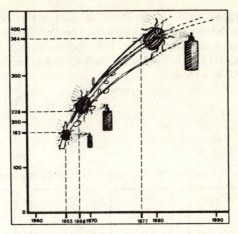

Immer mehr Insektenarten werden gegen Insektizide resistent

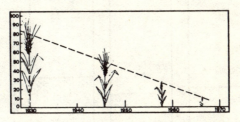

Beispiel Griechenland: Absinken der Diversität verschiedener Getreidesorten

(Quelle: UNEP: World Conservation Strategy. 1980)

Der Selbstbedienungsladen Natur wird immer kleiner, in Industriestaaten wie Entwicklungsländern sind bis zu fünfzig Prozent aller Tier- und Pflanzenarten von der Ausrottung bedroht. Diese Entwicklung ist das Produkt einer an Harakiri grenzenden Ertragsphilosophie, die überdies volkswirtschaftliche Aspekte den betriebswirtschaftlichen unterordnet. Je mehr dieses bunte Bild der internationalen Entwicklung mit Daten und Fakten ergänzt wird, desto deutlicher ist es: Ökonomie und Ökologie streben weiter auseinander als je zuvor.

Diese Situation ist auch in Österreich festzustellen. Das Österreichische Bundesinstitut für Gesundheitswesen hat 1977 erstmals für Österreich den Versuch unternommen, die Lage der Nation im Bereich Umwelt zu skizzieren. Beim zweiten Mal 1981 wurde daraus bereits ein Bericht von 1.000 Seiten, die Revision, die momentan stattfindet, wird wahrscheinlich 2.000 Seiten ergeben. Man könnte verzagen angesichts solcher Informationslawinen. Im Grunde genommen besagt dieser Datenzuwachs nur, daß wir immer besser wissen, daß es uns immer schlechter geht.

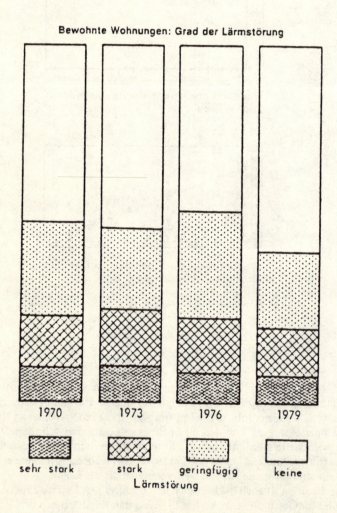

Bewohnte Wohnungen: Grad der Lärmstörung

(Quelle: Österreichisches Statistisches Zentralamt. 1979)

Der Lärm

Fast jeder zweite Österreicher fühlt sich durch Lärm, in erster Linie durch Verkehrslärm, geschädigt – und Schäden tragen natürlich auch viele derer davon, die angeblich nichts merken. Konsequenzen hat man daraus bisher kaum gezogen. So werden beispielsweise noch immer Motorräder zum Verkehr zugelassen, deren Lärmemission der startender Flugzeuge gleichkommt. Damit wird sanktioniert, daß ein Fahrzeuglenker Hunderten Menschen die Nachtruhe nehmen kann. Betriebs- und Gewerbelärm, ja sogar der Lärm von Flugplätzen spielt gegenüber dieser modernen Seuche eine geringe Rolle.

Nach dem Stand der Technik wäre die Verringerung des Lärms kaum ein Problem. Leise Straßenbeläge, Lärmschutzdämme aller Art, verkehrslenkende Maßnahmen, schalldämpfende Fenster – es bieten sich zahlreiche Möglichkeiten, die überdies Arbeitsplätze schaffen.

Die Luft

Noch immer wird die Luft als kostengünstigstes Medium für den Abtransport von Schadstoffen betrachtet. Dementsprechend bunt ist die Palette der Schadstoffe, die sich in der Luft nachweisen lassen. Das reicht vom gewöhnlichen Schwefel bis zu den höchst gefährlichen Dioxinen, die spurenweise von Müllverbrennungsanlagen freigesetzt werden.

Es gibt nur für wenige Luftschadstoffe wie Schwefeldioxid, Stickoxide, Ozon (Hauptverursacher von Smog und Saurem Regen), Kohlenmonoxid (Verursacher von Sauerstoffmangel im Blut) und Staub brauchbare kontinuierliche Meßverfahren. Der relativ leichten Meßbarkeit wegen wird fast ausschließlich Schwefeldioxid gemessen. Beim großräumigen Transport dieses Luftschadstoffs importiert Österreich mehr, als es produziert, der eigene Schadstoffausstoß ist allerdings kleinräumig wirksam und daher oft viel schädlicher. In den letzten Jahren sind Regen und Schnee bedingt durch Luftschadstoffe ständig saurer geworden. Heute gibt es schon Gebiete, in denen der Niederschlag dem Säuregehalt von Essig entspricht. Die Schadstoffgehalte im Nebel oder Tau können bis zum Hundertfachen der des Regens betragen – diese in und um Wien gemessenen Werte erklären sich aus den austauscharmen Wetterlagen. Und aus dem trockenen Niederschlag gelangen fast doppelt so viel Schadstoffe auf die Erde wie durch die Ausregnung aus der Atmosphäre.

Die Gesamtheit der Luftverunreinigungen hat die Politik zur Umweltverbesserung wesentlich erschwert. Dazu ein Beispiel: Aus der Luft gelangen mehr Schadstoffe in den Neusiedler See als durch die ungereinigten Abwässer der Anrainer. So haben konventionelle Strategien zur Wasserreinhaltung nur einen geringen Nutzen, weil sie die Nährstoffsituation des Sees insgesamt nur wenig verbessern. Erst raumwirksame Maßnahmen, die den Eintrag von Luftschadstoffen aus der Landwirtschaft und aus der Industrie vermindern, und multilaterale Übereinkommen mit den östlichen und westlichen Nachbarn könnten

Abhilfe schaffen. Werden diese nicht durchgesetzt, können die zuständigen Fachleute eigentlich nur abwarten, bis der See zur stinkenden Algenbrühe geworden ist.

Anstieg des S-Gehalts in den von der ÖMV ausgelieferten Heizölsorten zwischen 1969 und 1979			
Heizöl	S-Gehalt		Steigerung
	1969	1979	
extra leicht	0.30	0,45	+ 50%
leicht	0,66	0,93	+ 41%
mittel	1,00	1,85	+ 85%
schwer	1,50	3,34	+ 123%

Schätzung der SO_2-Emissionen aus flüssigen Brennstoffen in Österreich. Stichjahr 1979		
SO_2-Emissionen 1979 in Tonnen	Anteil an der Gesamtmenge flüssiger Brennstoffe (ohne Normal- u. Superbenz.)	Anteil an der SO_2-Emission aus flüssigen Brennstoffen
extraleicht u. Dieselkrftst. ca. 27.000	37%	10%
leicht ca. 26.000	18%	9%
mittel ca. 15.000	5%	5%
schwer ca. 215.000	40%	76%
Gesamt ca. 278.000	100%	100%

(Quelle: Österreichisches Bundesinstitut für Gesundheitswesen. 1981)

Österreich mutet seiner eigenen und der nachbarschaftlichen Umwelt jährlich 440.000 Tonnen Schwefeldioxid zu – allein die Bundeshauptstadt Wien emittiert jährlich 48.000 Tonnen. Im ersten offiziellen Umweltschutzjahrzehnt Österreichs stieg der Schwefelausstoß um vier bis acht Prozent an. Ein weiterer großer Verursacher der Luftverschmutzung ist der Kraftfahrzeugverkehr. Allein der Bleiausstoß aus den Auspuffrohren beträgt an die tausend Tonnen jährlich. Zwischen 1965 und 1980 stieg der verkehrsbedingte Stickoxid-Ausstoß um 225 Prozent. Neben dem Schwefel sind Stickoxide Hauptverursacher der sauren Niederschläge – insgesamt „erzeugt" Österreich zirka 200.000 Tonnen pro Jahr. Folgeprodukte der in die Luft abgegebenen Stickoxide können aggressive Oxidantien sein, die, besser als Smog bekannt, Pflanzen massiv zu schädigen vermögen. Stickoxide werden auch für das gefährliche Auftreten von Ozon, oft erst Hunderte Kilometer vom Ausstoßort entfernt, verantwortlich gemacht.

Das Wasser

Hinsichtlich der Klärung seiner Abwässer ist Österreich ein Entwicklungsland. Nur siebzig Prozent der Haushaltsabwässer werden – oft einer nur ungenügenden – Klärung zugeführt, nur dreißig Prozent der industriellen Abwässer werden behandelt. Insgesamt werden ungefähr 25–28 Millionen Einwohnergleichwerte (Maßzahl der Verschmutzung, die auf den durchschnittlichen Abwässern eines Einwohners pro Tag beruht) in die Flüsse geleitet. Zwar konnten die Seen durch die Verlegung von Kanalrohren von direkten Abwässereinflüssen befreit werden und sind somit einigermaßen sauber, doch hat die Seenentlastung mancherorts eine zusätzliche Belastung der Fließgewässer erbracht.

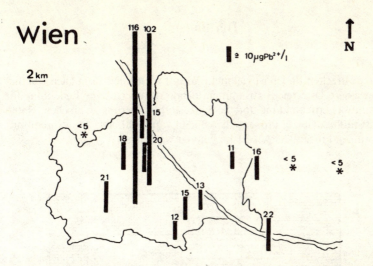

Durchschnittliche Bleikonzentrationen in Wiener Niederschlägen. Meßzeitraum September 1978 bis Januar 1979.
(Quelle: H. Malissa und andere: Zur chemischen Zusammensetzung von urbanen Niederschlägen. Fresenius Z. Anal. Chem. 301, 279–286, 1980)

Der Wasserkreislauf beginnt mit Schadstoffen, die aus der Atmosphäre ausgewaschen und abgeregnet werden und in den Boden gelangen, wo sie Schwermetalle herauslösen können. Das vom Boden gefilterte Grundwasser wird dann mit weiteren Schadstoffen belastet. Von den krebserregenden Nitriten über krankheitserregende Keime aus der Landwirtschaft und aus undichten Senkgruben bis zu den chlorierten Kohlenwasserstoffen (enthalten in Putzmitteln) und Schwermetallen (Verursacher schwerer organischer Schäden) läßt sich im Grundwasser alles finden, was sich auch in der Luft und in unseren Flüssen nachweisen läßt.

Teilerfolge bei der Gewässersanierung werden durch Kraftwerksbauten, ungenügende Restwassermengen, Fluß- und Bachverbauungen und andere technische Maßnahmen zunichte gemacht. So braucht man sich nicht zu wundern, daß fast alle Lebewesen, die am oder im Wasser vorkommen, in irgendeiner Weise gefährdet sind. Mülldeponien sonder Zahl – Schätzungen schwanken zwischen 1.500 und 5.000 – gefährden überall das Grundwasser. Ein Sanierungsprogramm für diese Zeitbomben liegt nicht vor und ist unter den momentan gegebenen Bedingungen auch nicht finanzierbar. (Für die USA hat man nur für die dringlichsten Fälle zweiundzwanzig Milliarden Dollar Kosten errechnet.) Es sind also hochgradige Gefährdungspotentiale für die Trinkwasserreserven vorhanden. Ein großräumiger Zusammenbruch der Wälder infolge des Sauren Regens würde bei der Wasserversorgung sogar den nationalen Notstand hervorrufen.

Der Boden

Im durchwurzelten Boden ist viel mehr Wasser vorhanden als in allen Oberflächengewässern Österreichs zusammen. Schon daraus ist seine Bedeutung für die Grundwasserneubildung und die Schadstoffausfilterung zu ersehen. Heute sind fast fünfundvierzig Prozent aller Böden von Wald bedeckt, während nur etwa zwanzig Prozent als Ackerland genutzt werden.

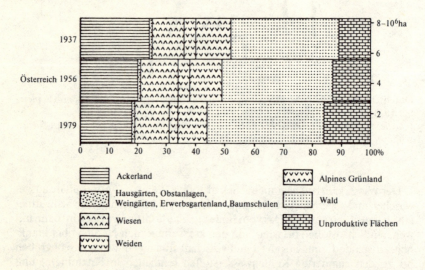

Abbildung: Bodennutzungsveränderungen in Österreich 1937, 1956 und 1979

Die Abbildung zeigt die Änderungen in der Flächennutzung in Österreich. Die ganze Dramatik dieser Entwicklung wird aber erst verständlich, wenn man das Zugrundegehen naturbelassener Gebiete miteinbezieht. Im Jahre 1937 waren diese noch unter den unproduktiven Flächen subsummiert, sie gelangten zwischenzeitlich zur Acker- und Wiesennutzung und gingen schließlich an Industrie-, Straßen- und Siedlungsflächen verloren. Der tatsächliche Anstieg unproduktiver Flächen (im Sinne des Verlustes biologischer Produktionspotentiale) erfolgte somit noch viel rascher, als es die Grafik zeigt. Er macht verständlich, warum die Bedrohung der Arten heute so umfassend ist. Der qualitative Verfall der Lebensräume durch zusätzliche strukturelle Verarmung kommt in der Grafik nicht zum Ausdruck.

(Quelle: O. Nestroy: Flächennutzungsveränderungen in Österreich; in: Marburger Geographische Schriften, H. 88, 1982, S. 103–123)

Die unproduktiven Flächen, größtenteils Siedlungen und Straßen, machen heute fünfzehn Prozent der Landesfläche aus. Ihr Anteil hat sich in den letzten Jahrzehnten ständig vergrößert, denn die Flächennutzung tendiert zum größten Ertrag. Ein nach unmittelbar ökonomischen Nutzungsmaßstäben überflüssiges Sumpfgebiet etwa – ökologisch ist es von hohem Wert – bringt mehr Ertrag, wenn es trockengelegt und in eine ökologisch minderwertigere Ackerfläche verwandelt wird. Der ökonomische Wertzuwachs vergrößert sich weiter, wenn die Fläche Siedlungsgebiet oder Straßenfläche geworden ist – ökologisch ist sie dann allerdings wertlos und selbst für die Nachbarschaft gefährlich. Bei gleich hoher Betonierung und Asphaltierung wird Österreich in weniger als einhundertfünfzig Jahren biologisch eine Wüste sein. Der tägliche Flächenverlust des produktiven Bodens wird auf fünfunddreißig Hektar geschätzt. Der größte Teil davon geht unter Beton und Asphalt verloren. Um eine Vorstellung davon zu haben, was dies bedeutet: Alleine die mit Lastkraftwagen befahrbaren Forststraßen haben in Österreich die dreifache Länge aller Fließgewässer, nämlich 250.000 Kilometer erreicht. Die biologischen Wirkungen solcher gewaltigen Trennstriche in der Landschaft sind vielfältig: Verinselung, Degeneration, mancherorts hat der Verkehrstod der jagdbaren Tiere schon ein Viertel der Jagdbeute erreicht.

So verschieden die Flächennutzung ist, so vielfältig sind auch die Belastungen des Bodens. Streusalze von im Jahresdurchschnitt 100.000 Tonnen gefährden Vegetation und Boden. Spritzmittel in einer Menge von 4.000 bis 6.000 Tonnen und 1,2 Millionen Tonnen Dünge- und Bodenverbesserungsmittel werden jährlich auf die Agrarflächen gebracht. Einrichtungen des Fremdenverkehrs wie Schipisten ruinieren Tausende Hektar Wald- und Almflächen, durch Bodenerosion gehen in Weingärten und Maiskulturen bis zu achtzig Tonnen Boden pro Hektar/Jahr verloren. Weitere Belastungen des Bodens ergeben sich aus Klärschlammgaben von bis zu sechzig Tonnen je Hektar, in denen Schwermetalle enthalten sind – diese gelangen übrigens auch durch Verunreinigungen der Düngemittel in beträchtlichem Umfang auf die Felder. Hauptproblem sind und bleiben allerdings die Umwandlung fruchtbaren Bodens in unproduktive Asphalt- und Betonflächen und die Schäden, die durch die normale Bewirtschaftung an Boden und Humus entstehen.

Auftausalzabsatz in Österreich (exklusive Importe)
(nach Angaben der Österreichischen Salinen AG)

Jahr	Menge in to
1975	36.582
1976	69.759
1977	90.237
1978	137.017
1979	129.798
1980	ca. 100.000

Pflanzenschutz- und Schädlingsbekämpfungsmittel –
Verbrauch nach Wirkstoffen 1979 (exkl. Importe)

	Menge in kg
Insektizide	346.800
Fungizide	1,860.0676
Herbizide	1,605.368
Atemgifte	90.772
Rodentizide	2.214
Andere Pflanzenschutzmittel	52.551
Summe	3,958.381

(Quelle: Österreichisches Bundesinstitut für Gesundheitswesen. 1981)

Die Vegetation und die Tierwelt

Zur Zeit werden die durch Luftschadstoffe geschädigten Waldflächen mit ca.
200.000 Hektar, das sind fünf Prozent der Gesamtfläche, angegeben. Allerdings
bezieht sich diese Rechnung auf die Hauptbaumart Österreichs, die Fichte, die
fünfundsiebzig Prozent des österreichischen Baumbestandes ausmacht. Die
Fichte ist relativ widerstandsfähig gegen Luftschadstoffe, empfindlichere Baum-
arten wie die Tanne sind flächenmäßig in weit größerem Ausmaß betroffen. In
den letzten Jahren ist auch ein verstärktes Auftreten von Schädlingskalamitäten
zu beobachten, das durchaus als Folge einer latenten Schwächung durch Luftschadstoffe gedeutet werden kann. Hinzu kommen noch Schäden durch Wild-
verbiß und Windwürfe, durch die zumindest ebensogroße Flächen des Waldes
betroffen sind.

Das Elend der Bäume ist am besten im städtischen Bereich und an den
Straßenrändern zu beobachten. Gut ein Drittel bis die Hälfte dieser Bäume stirbt
ab. In Wien wird den Bäumen, die normalerweise hundertfünfzig Jahre alt wer-
den, nur noch eine Lebenserwartung von dreißig Jahren zugebilligt. Die
Empfindlichkeit der Bäume hat verschiedene Ursachen: die Zufuhr von Schad-
stoffen durch die Atmung, die fünfzig bis einhundert Mal größer ist als die von
Mensch und Tier; die Übererwärmung durch Bodenversiegelung im städtischen
Bereich; die generelle Austrocknung der Landschaft durch zahllose Eingriffe des
Wasserbaus und der Technik. Im wahrsten Sinne des Wortes gibt es eine
Verwüstung.

Vom Niedergang der Kulturorten war schon die Rede. Der pflegeaufwendige
Mais hingegen hat in den letzten zehn Jahren seine Anbauflächen verdoppeln
können. Dies hat große Nachteile für Wildpflanzen und Wildtiere und eine Beschleunigung der Erosion zur Folge. So ist das Problem der Böden auch ein
Problem der Nutzung durch Baum- und Pflanzenarten geworden, die höheren
Ertrag einbringen, dafür jedoch das Ökosystem und somit die Allgemeinheit
schädigen.

Eine kürzlich vom Bundesministerium für Gesundheit und Umweltschutz veröffentlichte Liste der gefährdeten Tierarten in Österreich zeigt, daß von rund 10.000 Arten 2.380 Arten gefährdet oder bereits ausgestorben sind. 100 Prozent der Amphibien, 92,3 Prozent der Schlangen, 55,3 Prozent der Vögel und viele Arten der Fische und Säugetiere sind extrem gefährdet.

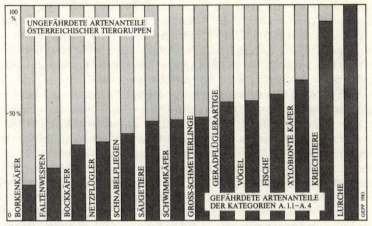

(Quelle: Bundesministerium für Gesundheit und Umweltschutz. 1983)

Der Abfall

Mit einer Steigerungsrate von jährlich über zwei Prozent hat der Hausmüll seit 1973 um siebzehn Prozent zugenommen. Im Durchschnitt produziert somit jeder Österreicher 210 kg Müll jährlich – zusammen ein Güterzug, der von Wien bis nach Frankreich reicht. Abfall ist ebenfalls ein kumulatives Umweltproblem. Bis heute gibt es in Österreich keine Mülldeponie, die den Erfordernissen des Umweltschutzes gerecht wird. Mindestens 150.000 Tonnen gefährliche Abfälle – dazu zählen Galvanikschlamm ebenso wie Chemierückstände, Klärschlamm und ähnliches – dürften zusammen mit dem Hausmüll „entsorgt" werden. Gewerbe und Industrie sind nicht verpflichtet, einen Nachweis über den Verbleib ihrer Abfälle zu erbringen. Müllvermeidungsstrategien werden in Österreich noch nicht einmal diskutiert, die Rückführung von Altpapier, Glas und Textilien ist gerade erst in Schwung gekommen.

Perspektiven

Viele Schäden sind überhaupt nicht meßbar. Die wachsende Zahl psychischer Erkrankungen zeigt unter anderem, daß der Mensch sich an eine technomorphe Umwelt nicht gewöhnen kann. Die jahrmillionenalte Entwicklungsgeschichte des Menschen beschränkt sich ja nicht auf die Haut und die Knochen, auch die Psyche hat ihre naturnahe Geschichte. Über diesen Schatten können wir nicht springen.

Das haben die Verteidiger der bisherigen Entwicklung nicht begriffen. Sie haben auch nicht begriffen, daß Umweltschutz der einzige Bereich ist, der Arbeitsplätze noch und noch bieten kann. Arbeit zur Umwelterhaltung statt wie bisher zur Umweltzerstörung müßte die Devise heißen. Schon beim Energiesparen zeigt sich, wohin der Weg führen könnte. Effizienterer Rohstoffeinsatz spart Kraftwerke und sichert zahllose Arbeitsplätze dezentral.

An dieser Stelle sei auch auf die Problematik von Grenzwerten hingewiesen. Sicherlich kommen wir ohne Grenzwerte für Schadstoffe nicht aus, wenn wir gesetzliche Maßnahmen für den Umweltschutz durchsetzen wollen. Der Glaube jedoch, Gifte seien unterhalb der Grenzwerte unschädlich; oder die Annahme, man könne für all die künstlichen und sonstigen Stoffe Grenzwerte erstellen, überwachen, kontrollieren und Wechselwirkungen untereinander begreifen, übersteigt an Naivität bei weitem jene Blauäugigkeit, die Umwelt- und Naturschützern so gerne unterstellt wird. Wenn die ermittelte Letaldosis eines Chemikals auf ein Zehntausendstel (!) verdünnt an die Umwelt abgegeben wird, so ist zwar kaum ein Organismus *sofort* tot. Die Kommunikation im Ökosystem jedoch ist derart geschädigt, daß nach wenigen Wochen infolge ausbleibender sexueller Kontakte tierische Populationen zusammenbrechen. Der blinde Glaube an Grenzwerte erinnert fatal an eine Haltung, die in einem einst häufig kolportierten Witz karikiert wird: Bundeskanzler Kreisky und Oppositionsführer Schleinzer fischen vor laufender Kamera um die Wette. Plötzlich fängt Schleinzer einen Fisch und schlägt ihn – wenig telegen – mit einem Knüppel tot. Kreisky, der auch einen fängt, streichelt ihn nur. Als Schleinzer fragt, warum er das tue, flüstert der Bundeskanzler: „Hin wird er so a..."

Der pessimistische Blick in die Gegenwart, auf die seit Jahren abwärts weisenden Trends, sollte uns nicht vom Optimismus abhalten. Die 1972 erfolgte Gründung eines eigenen Ministeriums für Gesundheit und Umweltschutz zeigt, daß verantwortliche Stellen einiges erkannt haben, auch wenn das Kompetenzgerangel noch voll im Gange ist. Ein Benzinblei-Gesetz wurde mittlerweile verabschiedet. Sondermüllgesetz, Waschmittelgesetz, Chemikaliengesetz u.a. sind fertig und werden bald verabschiedet. Ein Dampfkesselemissionsgesetz regelt die Menge Schwefel, die aus den Kaminen kommen darf. Ein Umweltfonds, ähnlich dem Wasserwirtschaftsfonds, soll die Luftreinhaltung voranbringen.

Die technische Vorsorge im Umweltschutz ist also leidlich gut angelaufen. Für die Umwelterziehung ist jedoch bisher fast nichts geschehen. Vom Kindergarten bis zur Universität findet sie nicht statt. Von Medien, die gerne Umweltthemen aufgreifen, kann Umwelterziehung jedoch nicht geleistet werden, zu plakativ müssen die Themen aufbereitet werden. So gibt es momentan nur einige wenige Idealisten, die schreien, und ihr Geschrei wird von den wenigsten verstanden. Wenn im Bereich der Erziehung nichts geschieht, dann trifft bald voll zu, was ein kanadischer Fischereiexperte formuliert hat: „Erst hatten wir die Lachse und keine Institute, um sie zu erforschen; jetzt haben wir die Institute, aber keine Lachse mehr."

Weiterführende Literatur:

Österreichisches Statistisches Zentralamt: Umweltdaten. Ausgabe 1982, Heft 657

Österreichisches Bundesinstitut für Gesundheitswesen: Beiträge zur Darstellung der Umweltsituation in Österreich. Sechs Teile. Wien 1981

Umwelt-Weltweit: Bericht des Umweltprogramms der Vereinten Nationen (UNEP) 1972–1982. Erich Schmid Verlag 1983

Global 2000. Frankfurt/M 1980

Teil II
Parteien und Umwelt

Michael Häupl
SPÖ und Ökologie –
Politik, Programme, Diskussionen

Die Ökologiefrage in der Entstehungszeit
der österreichischen Arbeiterbewegung

Der Protest gegen die Zerstörung der natürlichen Lebensgrundlagen ist keineswegs so neu, wie oft festgestellt wurde. Schon zur Mitte des 17. Jahrhunderts hat die Londoner Stadtbevölkerung Protest gegen die immens gestiegene Rauchbelästigung durch Verbrennung von Kohle erhoben. Dieser erste „Umwelt-Bürgerprotest" geriet jedoch rasch in Vergessenheit. Die wissenschaftlich-technische Revolution schuf zunehmenden Wohlstand für den Bürger und versöhnte ihn mit der fortschreitenden Umweltbeeinträchtigung durch die Entwicklung des Kapitalismus. Für das Proletariat, das unter den neuen Produktionsmethoden am meisten zu leiden hatte, hieß bei einem 16-Stunden-Arbeitstag Kampf für die Verbesserung der Umweltverhältnisse zunächst einmal: Kampf um die Verkürzung der Arbeitszeit und um einen das Überleben sichernden Lohn, kurz Kampf um die Verbesserung ihrer Lebensverhältnisse.

Marx und Engels waren die ersten, die diesen Zusammenhang zwischen Ausbeutung der Arbeiter und Ausbeutung der Natur, die dialektische Einheit von Arbeitswelt und natürlichen Lebensgrundlagen der Menschen analytisch erkannten. „Die kapitalistische Produktion entwickelt daher nur die Technik (...), indem sie zugleich die Springquellen allen Reichtums untergräbt: Die Erde und den Arbeiter." (Das Kapital I, S. 529f) Um nicht jener Exegetik zu huldigen, über die sich Engels selbst lustig machte, sei für Marxismus-Kenner-aus-zweiter-Hand auf die Fülle von Hinweisen in den Arbeiten von Marx und insbesondere Engels damit lediglich aufmerksam gemacht.

In der österreichischen Arbeiterbewegung wurden solche Überlegungen allerdings nur von Teilen der Sozialdemokratie aufgenommen, etwa von Victor Adler, dem Gründer der Partei. Eine Bemerkung, die er im Jahre 1902 machte, ist heute noch im großen Saal des ersten Wiener Arbeiterheims zu lesen: „Heute verlangen wir weit mehr – das Recht auf die Frucht der Arbeit – das Recht auf Schönheit – auf Gesundheit – auf Wissen." Im Hainfelder Programm der Partei (1888/89) heißt es: „Die physische Verelendung der Arbeiterklasse findet in der hohen Kindersterblichkeit, in dem kurzen Lebensalter, der frühen Invalidität der Arbeiter ihren Ausdruck. Das Herabsinken der Lebenshaltung, welches den Arbeiter zu einem stumpfsinnigen Sklaven herabwürdigt, macht es ihm unmöglich, Kraft und Zeit der Tätigkeit für menschliche Ziele, vor allem für seine eigene Befreiung zu widmen. Die Arbeiterschutz-Gesetzgebung soll dem Zunehmen dieser unmenschlichen Verhältnisse einigermaßen Einhalt tun."

Die „Umweltfrage" wird in diesem und in den folgenden Jahren als Teil der mittels Reformen zu lösenden „Sozialen Frage" begriffen. Der industrielle Fortschritt wird in seiner real existierenden Form als Voraussetzung für die Emanzipation des Proletariats grundsätzlich bejaht, die Marx'sche Kritik wird – trotz richtiger Argumente gegen die „Maschinenstürmerei" – verkürzt. Dies setzte sich folgendermaßen in die Praxis um: Entsprechend ihrer reformistischen Grundhaltung bemühte sich die österreichische Sozialdemokratie, durch ihre Jugend- und Freizeitorganisationen möglichst vielen Arbeitern die Umwelt außerhalb ihrer Arbeits- und Wohnverhältnisse zugänglich zu machen. Die *Naturfreunde* betrachteten ihre Aktivitäten, ihre Wanderungen und Vorträge als Versöhnung der jugendlichen Proletarier mit der Natur, als Kampfbeitrag gegen die Entfremdung des städtischen Proletariats von der Natur – die Wurzeln dieser Entfremdung konnten sie allerdings nicht angreifen. Das Rote Wien versuchte mit seinem epochemachenden kommunalen Wohnbau die tristen Wohnverhältnisse des Proletariats zu beseitigen und damit zumindest einen Teil seiner unmittelbaren „Umwelt" zu verbessern. So verdienstvoll dieses Wirken war, es führte praktisch-politisch nicht zur umfassenden Lösung der „Sozialen Frage" und nicht zur Beseitigung der Ursachen der Ausbeutung des Menschen und der Natur.

Unter den austromarxistischen Theoretikern fanden allerdings tiefgehendere theoretische Auseinandersetzungen mit ökologischen Fragen statt als in Sozialdemokratien anderer Länder. Vor allem Max Adler setzte sich mit der Beziehung Mensch-Natur, insbesondere in seiner 1930 verfaßten Arbeit *Natur und Gesellschaft,* auseinander: „Zunächst muß man sich hüten, in die übliche und gedankenlose Verherrlichung des technischen Fortschritts zu verfallen, wie sie die bürgerliche Welt zu ihrer Berühmung und Rechtfertigung liebt. Ihr gegenüber hat Marx immer wieder darauf verwiesen, wie trotz der fortschreitenden Beherrschung der Naturkräfte in der modernen Technik gerade die kapitalistische Produktionsweise auf eine Schranke stößt, die es ihr unmöglich macht, diese gewaltige Naturbeherrschung zu einem wirklich allgemeinen Kulturaufbau zu verwenden. Diese Schranke liegt in dem Profitziel, das für den Kapitalismus wesentlich ist und allein entscheidet, wofür die technischen Errungenschaften angewendet, ja ob sie überhaupt ausgenutzt werden." (Wien 1964, S. 81) Max Adler warnte vor der Illusion, der Mensch könne sich durch technische Perfektion von seiner natürlichen Umwelt unabhängig machen: „Aber selbst in einer sozialistischen Kultur, also bei planmäßiger Beherrschung der Naturkräfte zum Nutzen aller, darf man nicht glauben, daß die dann erreichte Naturbeherrschung den Menschen von der Natur völlig unabhängig gemacht haben wird. Vor einer solchen Meinung hat bereits Friedrich Engels mit Recht gewarnt, indem er schrieb: ‚Schmeicheln wir uns nicht zu sehr mit unseren menschlichen Siegen über die Natur. Für jeden solchen Sieg rächt sie sich an uns.' " (S. 81)

Der Austromarxismus war sich, soweit er eine kulturelle Gegenbewegung zum Bürgertum darstellte, theoretisch des marxistischen Grundzusammenhangs durchaus bewußt. Seine praktische Umsetzungspolitik allerdings blieb bei den verdienstvollen Reformveränderungen des Roten Wien und bei der Naturfreundebewegung stehen.

Ökologie und Arbeiterbewegung nach 1945

Austrofaschismus und Nationalsozialismus beendeten nicht nur die theoretischen und politischen Entwicklungmöglichkeiten der österreichischen Arbeiterbewegung, sie stürzten die Menschheit in die bislang größte Katastrophe. Die Bevölkerung Europas, und damit auch Österreichs, stand unmittelbar nach 1945 vor ungeheuren Problemen. Die Fragen der materiellen Existenzsicherung breitester Bevölkerungsteile bestimmten im wesentlichen die Aufgabenfelder. Auch die österreichische Sozialdemokratie handelte in diesem Sinne. Das österreichische Proletariat hatte so etwas wie Wohlstand kaum jemals erlebt, immer nur Ausbeutung im Betrieb, Arbeitslosigkeit, Untergrabung der Gesundheit, Krieg, Hunger und Not. Es ist daher verständlich, daß die österreichische Sozialdemokratie und die Gewerkschaften, als sie mit dem beginnenden Wirtschaftsaufschwung die Chance gegeben sahen, den arbeitenden Menschen einen größeren Anteil an der Gesamtsumme der gemeinschaftlich erarbeiteten Werte sichern wollten. Auch die Hoffnungen der österreichischen Arbeiterklasse richteten sich nicht auf eine für sie „abstrakte" Revolution – zumal lange Zeit alliiertes Militär in Österreich stand –, sondern auf den „konkreten" Aufbau der österreichischen Wirtschaft.

Gemäß der reformistischen Politikgrundkonzeption der SPÖ und dem „trade union"-Politikverständnis der Gewerkschaften bedeuteten diese Ziele: Institutionalisierung des Verhandlungsweges mit dem Bürgertum und seiner stimmenstärksten Partei („Sozialpartnerschaft"); nach der Aufbauphase ein möglichst rasches, konstantes und hohes Wirtschaftswachstum, um – eine grundsätzliche Änderung des überkommenen Verteilungsschlüssels wurde ausgeschlossen – die zweifelsohne berechtigten Konsumbedürfnisse der arbeitenden Menschen Österreichs im Rahmen der gegebenen Gesellschaftsordnung zu befriedigen. Reale Umweltprobleme wurden nicht wahrgenommen, theoretische Auseinandersetzungen über das Verhältnis Mensch-Natur fanden nicht statt. Die Menschen, vor allem die Arbeiter, hatten andere Sorgen und Hoffnungen. Auch die Linken – nicht nur die innerhalb der SPÖ – klammerten ökologische Fragestellungen aus. In der Phase des sogenannten Wirtschaftswunders wurde das Vorantreiben von Wissenschaft, Technologie und Technik (anfangs einschließlich der „friedlichen Nutzung" der Energiegewinnung aus der Kernspaltung) als notwendige Produktivkraftentwicklung begriffen und als Voraussetzung für die Überwindung der kapitalistischen Produktionsverhältnisse gefeiert. Grenzenloses Vertrauen in Technologie und Wissenschaft und in die Machbarkeit der Technik herrschte auch innerhalb der Linken.

Erwachendes Umweltbewußtsein –
Beginn der öffentlichen Ökologiediskussion

Ende der sechziger Jahre, korrespondierend mit ersten Einbrüchen des Wirtschaftswunders, tauchten innerhalb der Sozialistischen Partei erste kritische Einschätzungen der „Rückstoßeffekte" unseres ökonomischen Fortschritts in ökologischer, gesundheitlicher und sozialer Hinsicht auf. Diese Überlegungen, die einen ersten Technikskeptizismus enthielten, nahmen zunächst nur einige Intellektuelle vor, die „Wachstumseuphorie" breitester Teile der traditionellen und potentiellen Wähler der SPÖ blieb erhalten, und die Partei arbeitete zu dieser Zeit mit der Parole: „Wir machen Österreich europareif". Dennoch war es in dieser Zeit der „1.400 Experten des Dr. Kreisky" möglich, Diskussionspunkte innerhalb der SPÖ zu setzen.

Der Entwurf für ein Humanprogramm der SPÖ wurde von einem Teil dieser Experten ausgearbeitet und 1968/69 in großen, medienwirksamen Konferenzen öffentlich diskutiert. Im Vorwort zu dem im November 1969 verabschiedeten Programm schreibt Bruno Kreisky: „Der Grundsatz, daß der Mensch im Mittelpunkt aller politischen Bestrebungen stehen muß, gebietet die kritische Prüfung der Umweltbedingungen des Menschen. Es kann nämlich nicht genügen, dem Menschen allein in der wirtschaftlichen Sphäre eine gesicherte Position zu schaffen. Die unbefriedigende Umweltsituation wieder ist in höchstem Maße sozial determiniert. Der Gesellschaft und damit der Politik obliegt es, diese gesellschaftliche Bedingtheit aufzuspüren und auf Grund der gewonnenen Erkenntnisse die Umwelt im Sinne ihrer Humanisierung zu beeinflussen und umzugestalten." Herta Firnberg stellt in der Einleitung fest: „Den Gesundheitsproblemen kommt ständig größeres Gewicht zu, denn die Bedrohungen wachsen mit dem Wandel der gesellschaftlichen Verhältnisse, der dadurch bedingten veränderten Lebensformen, sozialen Beziehungen, Arbeitsbedingungen und nicht zuletzt durch die völlig gewandelte Umwelt. Industrialisierung, Urbanisierung und Technisierung haben die Gesellschaftsstruktur und den Lebensraum einer radikalen Transformation unterworfen. (...) Neben die positiven Auswirkungen des wissenschaftlich-technologischen Zeitalters treten die negativen, unerwünschten, gesundheits- und existenzbedrohenden Nebenerscheinungen einer sich fortwährend modernisierenden Technik in Industrie, Landwirtschaft und Verkehr auf die uns umgebenden Elemente: das Wasser, das wir trinken, die Luft, die wir atmen, die Erde, die uns ernährt, und damit letzten Endes auf die gesamte menschliche Zivilisation. (...) Die Grundelemente menschlichen Lebens, sauberes Wasser, reine Luft, Ruhe und eine einigermaßen intakte Natur sind in der Industriewelt zu Luxusgütern geworden. Zur Sanierung bedarf es bedeutender finanzieller Mittel, darüber besteht kein Zweifel. Ebensowenig aber kann ein Zweifel darüber bestehen, daß in erster Linie jene herangezogen werden müssen, die den Schaden verursachen. So wichtig die Erhaltung der Konkurrenzfähigkeit in der Industrie auch ist, Gesundheit hat Vorrang! Dieser Kernsatz ist ein Leitmotiv der gesellschaftspolitischen Zielsetzung des Humanprogrammes. Ob die Sicherung gesunder Lebensverhältnisse und die Erhaltung des biologischen Lebensraumes dem Prinzip der Wirtschaftlichkeit geopfert wird, wird durch die politische Machtkonstellation entschieden werden." Nach diesen grundsätzlichen Feststellungen finden sich im Humanprogramm eine Fülle von Vorstellungen und Vorschlägen zu Gesundheits- und Umweltfragen, die trotz veränderter politischer Machtkonstellationen aktuell sind.

In die politische Praxis gingen die Grundüberlegungen nur in geringem Maße ein. Die stetige Weiterentwicklung des Diskussionsprozesses in den folgenden Jahren rührte kaum aus den großartigen Erkenntnissen der Experten im Umfeld der SPÖ und kaum aus dem angeblich nahtlosen Übergang der 68er-Bewegung in die Umweltschutzbewegung. Sehr viele und sehr viel „profanere" Gründe dürften dafür ausschlaggebend sein. Einige Gründe seien hier festgemacht:

– In vielen hochindustrialisierten Ländern (insbesondere in den USA) kam es zu einer frühzeitigen Politisierung der Umweltprobleme, einerseits durch die sinnlich wahrgenommenen Schädigungen der Umwelt, andererseits dadurch, daß die rasch fortschreitende Umweltverschmutzung den Kapitalverwertungsprozeß zu beeinträchtigen begann, d.h. die Gewinne in einzelnen Branchen verringerte.

– Die geopolitische Situation erlaubte es den rohstoffexportierenden Ländern zu diesem Zeitpunkt, einen angemessenen Preis für ihre Produkte zu verlangen – eine Entwicklung, die ihren Höhepunkt mit dem „Ölschock" 1973 erreichte. Einerseits versuchten daraufhin die Großmächte – wie wir heute sehen mit großem Erfolg – die Situation wieder in den Griff zu bekommen, andererseits wurde eine Diskussion über die Grenzen des Wachstums ausgelöst. Banale Erkenntnisse wurden plötzlich auch innerhalb der SPÖ ernstgenommen: Wir leben in einer endlichen Welt, auf einem begrenzten Planeten, auf dem Raumschiff Erde... Allzudeutlich wird, daß die ungebremste materielle Produktionsentwicklung (keineswegs nur unter kapitalistischen Produktionsbedingungen) zu einem Raubbau an den natürlichen Ressourcen führt.

– In zunehmendem Maß und anders als in der frühkapitalistischen Entwicklungsphase leiden insbesondere in den städtischen Ballungsräumen nicht mehr nur die Proletarier unter schlechten Umweltbedingungen, sondern auch das Kleinbürgertum und sozial gut situierte, gehobene Bildungsschichten. Während in vielen Teilen der Arbeiterbewegung nach wie vor berechtigte Sorgen um die Erhaltung des Arbeitsplatzes und des erreichten Wohlstandes und die Hoffnung auf eine Verbesserung der derzeitigen materiellen Lebenssituation vor der Sorge um die Umweltproblematik stehen, sind nun Schichten entstanden, bei denen das anders ist.

Mit der neuinstallierten Regierung Kreisky verbanden sich zunächst große Hoffnungen. Nicht nur jene, deren Interesse sich auf die Verbesserung der sozialen Verhältnisse richtete, sondern auch all die, die die SPÖ-Slogans „Durchflutung aller Lebensbereiche mit Demokratie" und „Im Mittelpunkt der Mensch" ernstnahmen, erwarteten sich einiges. In der Regierungserklärung 1971 heißt es: „Als Hauptaufgaben für die weitere Tätigkeit auf diesem Gebiet gelten folgende: Die Schaffung geeigneter organisatorischer und rechtlicher Grundlagen für Maßnahmen zum Schutz vor gesundheitsschädigenden Umwelteinflüssen, für Maßnahmen zur Sicherung der Erholungsräume, für Maßnahmen zur Reinhaltung von Luft und Wasser, für eine hygienische Abfallbeseitigung, für Maßnahmen zur Bekämpfung von Lärm und Geruchsbelästigung und für den Strahlenschutz. (...) Der Umweltschutz hat aber auch einen anderen, einen zusätzlichen wirtschaftlichen Aspekt, der gerade für Österreich von besonderer Bedeutung ist. Eine nicht rasch genug erfolgende Vorsorge auf dem Gebiet des Umweltschutzes könnte Österreich als Fremdenverkehrsland sehr leicht disqualifizieren."

Angesichts dieser Versprechungen und unter dem Druck einiger Experten aus dem Kreis der „1.400" entschloß sich der Bundeskanzler und Parteivorsitzende der SPÖ, seiner Partei und der Öffentlichkeit die Gründung eines Bundesministeriums für Gesundheit und Umweltschutz vorzuschlagen. Rückblickend schätzt der ehemalige Sektionschef der Umweltsektion (Sektion III) des Bundesministeriums für Gesundheit und Umweltschutz Dr. Pindur die Gründung dieses Ministeriums, die im Februar 1972 erfolgte und keineswegs überall auf Zustimmung stieß, so ein:

„Weltweit brach sich die Erkenntnis Bahn, daß wir am Ende sind, wenn wir nicht in alle unsere Entscheidungen einkalkulieren, welche Konsequenzen sie für unsere Umwelt haben, die sich naturgesetzlich vorgegebenen Belastungsgrenzen rapide nähert. In fatal später Stunde erkannten einige Einsichtige, daß alles, was wir tun, nunmehr nicht mehr allein unter ökonomischen und sozialen Aspekten zu prüfen ist, sondern daß ökologische Überlegungen und Prüfungen zumindest gleichrangig, wenn nicht prioritär hinzuzutreten haben. Solche Erkenntnisse veranlaßten also verantwortliche Politiker, in Österreich – ebenso wie in vielen anderen Staaten – dem Umweltschutz besondere Beachtung zuzuwenden, und so entstand ein Bundesministerium, das unter anderem den Umweltschutz in seinem Namen führt. Leider war und ist dieses Bundesministerium für den Umweltschutz nicht zuständig, und das ist nicht nur eine peinliche Ungereimtheit, sondern die Dokumentation einer geradezu unverzeihlichen

Inkonsequenz, weil mit der Errichtung des neuen Ministeriums der Beweis der Erkenntnis der Umweltproblematik unwiderlegbar erbracht wurde und von da weg die Unterlassung wirksamer konzertierter Maßnahmen nicht einmal mehr mit der Pseudounschuld der Unwissenheit exkulpiert werden kann. Es scheint fast müßig, erneut daran zu erinnern, daß beim heutigen Stand der Entwicklung der Schutz der Umwelt nicht dem Zufallsergebnis von Nebenherrücksichten im Zug anderer Entscheidungen überlassen werden kann. Es ist unfaßbar, mit welcher Sorglosigkeit notwendige Maßnahmen unterlassen werden, nur weil einige wenige – im übrigen völlig zu unrecht – glauben, die Menschen würden auf die Zumutung einer Umstellung mit dem Entzug ihrer Gunst beim nächsten Urnengang reagieren, der in den meisten Fällen früher kommt als die zumeist katastrophalen Folgen umwelterheblicher Fehlentscheidungen oder Unterlassungen."
(Herb J. Pindur: Eine Strategie für den Umweltschutz; In Beiträge 6/80, Hrsg. vom Bundesministerium für Gesundheit und Umweltschutz, S. 8f)

Aus diesen Überlegungen eines „Quasi-Mitbegründers" des Ministeriums wird deutlich, daß den Möglichkeiten einer sozialistischen Alleinregierung auf dem Gebiet der Umweltpolitik schon von den strukturellen und politischen Voraussetzungen her nicht Rechnung getragen wurde. Allerdings wurde immerhin eine „Politik des peripheren Eingriffs", wenn auch lediglich unter Beteiligung des nicht zuständigen Bundesministers für Gesundheit und Umweltschutz, umgesetzt.

Das Paradebeispiel der Umweltpolitik dieser Zeit ist die Seenreinigung in Kärnten. Die großen Kärntner Seen zählen zu den Zentren der österreichischen Fremdenverkehrswirtschaft, die eine der Schlüsselbereiche der österreichischen Wirtschaft ist. Jahrzehntelang wurden die Abwässer der umliegenden Gemeinden, Orte und Fremdenverkehrseinrichtungen in die Seen geleitet. Dies führte zu einer Überdüngung (Anstieg von Gesamtphosphor und Gesamtstickstoff), in der Folge zu einem Algenwachstum und zu einem Eutrophierungsprozeß der Seen. Da sich diese Verschmutzung – durch abgestorbene Pflanzenteile und sonstigen „Mist" anschaulich – negativ auf die Fremdenverkehrsbilanz auszuwirken begann, kam es zu einem einmütigen Protestschrei der Wirtschaftsvertreter, der Politiker aller Ebenen und der Medien gegen die Verschmutzung der Kärntner Seen. Rund 7,2 Milliarden Schilling wurden daraufhin in Projekte wie Abwasserringleitungen und Kläranlagen investiert. Die Seen haben heute wieder eine Wasserqualität erreicht, die keinerlei Störung für die Fremdenverkehrswirtschaft bedeutet. (Eine ähnliche Entwicklung ist heute im Zusammenhang mit dem Sauren Regen zu erwarten, da sich die Schädigung unserer Wälder negativ auf unsere Forstwirtschaft auszuwirken beginnt.) Die Reinigung der Kärntner Seen, eines der Vorzeigestücke sozialdemokratischer Umweltpolitik, ist tatsächlich ein Erfolg im Hinblick auf die nunmehrige Wasserqualität. Sie ist aber auch ein Schulbeispiel für das Umweltverständnis zumindest in dieser Phase, in der Politik im Umweltbereich lediglich reaktiv und als Mittel zum Wirtschaftswachstum verstanden wurde.

Innerparteiliche Debatten

Die innerparteiliche Debatte um das neue Parteiprogramm der SPÖ und die öffentliche Diskussion über die „friedliche Nutzung" der Kernenergie, die etwa zum selben Zeitpunkt begann, eröffneten neue politische Entwicklungsmöglichkeiten. Beim Konflikt um das KKW Zwentendorf wurde erstmals in breiter und öffentlicher Form Umweltpolitik so diskutiert, daß sich Umweltmaßnahmen von Kapitalinteressen abkoppelten, ja Umwelt- und Wirtschaftsinteressen als nahezu antagonistischer Widerspruch aufschienen. Der Differenzierungsprozeß innerhalb der SPÖ bei diesem Thema ist keineswegs in ein Links-Rechts-Schema einzupassen. Das Spannungsfeld wird sehr deutlich in den Debatten um den „Problemkatalog" und das bis heute gültige Parteiprogramm, über die zunächst berichtet werden soll.

Zur Vorbereitung der Programmdiskussion wurde 1976 zunächst eine „Arbeitskonferenz" mit entsprechenden vorbereitenden Arbeitskreisen einberufen. Das Ergebnis dieser „Arbeitskonferenz", die von Univ.-Prof. Dr. Egon Matzner geleitet wurde, war im wesentlichen der „Problemkatalog für das neue Programm der SPÖ". Seinem Selbstverständnis nach kann dieser Problemkatalog, so heißt es in der Einleitung dazu, „nur der Anfang eines Prozesses sein, in den die Arbeit der Intellektuellen mit den Erfahrungen der politischen Mandatare und mit den Bedürfnissen der arbeitenden Menschen eingeht und an dessen Ende eine zeitgemäße gesellschaftliche Programmatik der Sozialdemokratie stehen soll. Mehr zu erwarten wäre intellektueller Hochmut." Im Gegensatz zum Parteiprogramm 1958 wurde im Problemkatalog dem Thema „Umwelt, Energie und Rohstoffe" breiter Raum gegeben. Der Analyseteil läßt sich in vier Punkte zusammenfassen:

– Belastungen der äußeren und innerbetrieblichen Umwelt durch Emissionen des Produktionsprozesses (Abwässer, giftige Gase, Lärm etc.);

– Belastungen der Umwelt durch den Verbrauch oder Gebrauch gewisser Güter (Auto, Heizöl etc.);

– Belastungen duch das unkontrollierte und ungeplante Wachstum von Agglomerationen mit Rückwirkungen auf die ländlichen Gebiete (z.B. Landflucht);

– Verbrauch von nur begrenzt vorhandenen Ressourcen wie Boden, Energie, Rohstoffe.

Der Zusammenhang der Verschlechterung der Umweltbedingungen und der Vergeudung von natürlichen Ressourcen mit den kapitalistischen Produktionsbedingungen wird im analytischen Teil zumindest angedeutet. Im zweiten Teil, der Reformperspektive, werden Grundsätze einer sozialistischen Umweltpolitik angesprochen: „Es geht nicht um eine prinzipielle Null-Wachstumsstrategie. Ziel ist (...) die Verbesserung der Lebensbedingungen durch die Reduktion der Emissionen, durch quantitative und qualitative Verbesserung der Wohnversorgung, der Gesundheitsversorgung etc. (...) Besondere Rücksicht muß eine sozialistische Umweltpolitik insbesondere bei einem Rückgang des Wirtschaftswachstums auf die Einkommens-, Vermögens- und Machtverteilung nehmen. (...) Nicht zuletzt aufgrund von Kostenüberlegungen, primär jedoch aus Gründen der 'Humanität' müßte eine auf Hebung der Lebensqualität ausgerichtete Politik grundsätzlich eine präventive sein. Das Schwergewicht darf keinesfalls – wie jetzt – auf der nachträglichen Reparatur bereits eingetretener Schäden beruhen." Im Detail wird auf das Verursacherprinzip, die Stadtökologie, die Energie- und Rohstoffpolitik und – sehr ausführlich – auf die Partizipationsproblematik eingegangen.

1976 bis 1978 wurde die Programmdiskussion geführt. An unzähligen Veranstaltungen nahmen insgesamt mehr als 200.000 Parteimitglieder teil, Tausende Stellungnahmen wurden in schriftlicher Form eingebracht, und dem „Programmparteitag" im Mai 1978 lagen 1.134 Anträge und Resolutionen vor. Im Parteiprogramm 1978 sind die umweltpolitischen Analysen und Vorschläge des Problemkatalogs und der Anträge nur mehr rudimentär zu finden, obgleich eine Fülle von Verbesserungen am ersten Programmentwurf erreicht werden konnte. Ein Teil der Vorschläge fand nicht in das Kapitel 3.3.3. „Umwelt, Kommunalund Regionalplanung", sondern in andere Kapitel (Partizipation etwa in das Kapitel 3.1. „Mensch und Demokratie" und in das Kapitel 3.2.6. „Für demokratische Planung und Mitbestimmung") Eingang.

Die Parteilinke hatte in der Programmdiskussion und insbesondere in der Debatte über Ökologie die Funktion von Vor-, Zu- und Mitarbeitern und eines kritischen Korrektivs. Die Parteilinken wurden - natürlich in unterschiedlichem Maße - einerseits von Zweifeln ob des Sinns und der Perspektiven dieser großen Arbeitsanstrengung geplagt, andererseits hatten sie die Motivation, möglichst viele politische Vorschläge durchzusetzen. Bei den vorwiegend intellektuellen Parteilinken überwog sicherlich die Auffassung, sie dürften sich nicht aus der gesellschaftlichen Diskussion davonstehlen; es sei nicht zuletzt für die Ökologie wichtig, was die österreichische Sozialdemokratie zu dieser Thematik in ihrem Programm schreibe - später könne man die Partei darauf festnageln.

Die Diskussion um die Inbetriebnahme des Kernkraftwerkes in Zwentendorf fand in die Debatten um das Parteiprogramm Eingang. Während sozialistische Kernenergiegegner klare Ablehnungsforderungen in der Programmdiskussion formulierten, traten massive Befürwortungen aus dem „Wirtschaftsbereich" der Partei vor allem in den „Basisdiskussionen" auf. In den Problemkatalog gelangte eine kritische Position: „Atomenergie, die häufig als Lösung zur Deckung eines prognostizierten Energieverbrauchs angesehen wird, ist mit erheblichen sozialen, politischen und umwelthygienischen Konsequenzen verbunden. Was bei Großtechnologien im allgemeinen zutrifft, gilt bei Atomenergie im besonderen Ausmaß. Die Kontrolle extrem komplexer und gefährlicher Technologien bleibt einer kleinen Gruppe von Experten vorbehalten, die demokratische Kontrolle findet ihre Grenzen. Eine Plutoniumwirtschaft erfordert Sicherheitsmaßnahmen von einem kaum vorstellbaren Umfang und erheblichen gesellschaftspolitischen Konsequenzen." Unter dem Druck der Kernenergiebefürworter war diese vorsichtige Kritik nicht zu halten. Im Parteiprogramm heißt es: „Infolge der Begrenztheit an Vorkommen von Energierohstoffen gewinnt die Kernenergie immer größere Bedeutung. Auch in Österreich kann auf eine begrenzte Nutzung der Kernenergie nicht verzichtet werden; ihre Verwendung kann jedoch nur unter außerordentlicher Bedachtnahme auf besondere Sicherheitsbedürfnisse in Betracht kommen. Außerdem ist darauf zu achten, daß die in Zusammenhang mit der Kernenergie erforderlichen Sicherheitsmaßnahmen nicht zu einer Einschränkung demokratischer Grundrechte führen." Und weiter unter Punkt 5 dieses Unterkapitels: „Daher treten die Sozialisten ein: Für eine vorausschauende Vorgangsweise bei der Nutzung der Kernenergie zum Zwecke der Stromerzeugung, wobei den Fragen der Sicherheit ein besonderer Vorrang eingeräumt werden muß. Künftige Kernkraftwerke dürfen jedenfalls nur unter Berücksichtigung des jeweils neuesten Standes technischer Errungenschaften und unter genauer Prüfung ihrer wirtschaftlichen Notwendigkeit gebaut werden."

Nach dieser Entscheidung des Programmparteitags verschärften sich die Auseinandersetzungen um die Inbetriebnahme des Kernkraftwerkes in Zwentendorf sowohl in der Öffentlichkeit als auch in der Partei. Auf Drängen der Sozialistischen Fraktion im ÖGB und führender Funktionäre der SPÖ wurde ein Parteivorstandsbeschluß zur Inbetriebnahme des Zwentendorfer Kernkraftwerkes gefaßt. Die Argumente dafür lauteten:

– Die Stromanlieferung aus Kernenergie ist für die Versorgung der österreichischen Bevölkerung mit Elektrizität unerläßlich. (Motto: Ohne Inbetriebnahme des Kraftwerks Zwentendorf gehen im nächsten Winter die Lichter aus.)

– Man kann den Milliardenbau schon aus wirtschaftlichen Gründen nicht ungenützt stehen lassen – Verschleuderung von Steuergeldern – Wirtschaftlicher Ruin der Elektrizitätswirtschaft.

– Das Kernkraftwerk in Zwentendorf ist das sicherste der Welt, da es nach wesentlich strengeren Vorschriften als in anderen Ländern und von hervorragenden österreichischen Fachleuten gebaut wurde, d.h. die geforderte Sicherheit ist gewährleistet.

– Stromerzeugung aus Kernenergie ist die umweltfreundlichste Elektrizitätserzeugung, d.h. das Kernkraftwerk in Zwentendorf ist das umweltfreundlichste Kraftwerk Österreichs.

Die sozialistischen Kernenergiegegner, die weder ausschließlich Parteilinke waren noch alle Parteilinken zu ihrem Kreis zählen konnten, schlossen sich zur Gruppe *Sozialisten gegen Atomenergie* (später: *Sozialisten für alternative Energiepolitik*) zusammen. Ihre Argumente lassen sich folgendermaßen zusammenfassen:

– Beim derzeitigen Elektrizitätsverbrauch und den entsprechenden Prognosen ist die Inbetriebnahme des Kernkraftwerkes für die Versorgung Österreichs nicht notwendig.

– Der Einstieg Österreichs in die Nuklearökonomie erfolgt zu einem Zeitpunkt, da verschiedene Länder (USA, BRD, Schweden, usw.) ihre Bauprogramme nicht mehr ausweiten und mehrere sozialdemokratische Parteien Westeuropas Skepsis oder ein klares Nein zur sogenannten friedlichen Nutzung der Kernenergie formulieren, da sie erkennen, daß Kernkraftwerke keineswegs kostengünstiger sind als andere Energiequellen.

– Der Strompreis wird teurer, da die Folgekosten (Entsorgung, Abwracken, usw.) in die Kosten-Nutzen-Rechnung einzubeziehen sind.

– Es mag sein, daß das Kernkraftwerk Zwentendorf das sicherste Kernkraftwerk der Welt ist, aber die Gefährdung der Ökologie und die Sicherheitsrisiken sind trotzdem viel zu groß.

Die *Sozialisten gegen Atomenergie* unterstützten die Anti-AKW-Bewegung durch innerparteiliche und öffentliche Veranstaltungen, durch Aufrufe zu Demonstrationen und durch konsequentes Durchstehen innerparteilicher Auseinandersetzungen. Sie kritisierten allerdings auch den Populismus bürgerlicher Parteien und Gruppierungen, die gegen Zwentendorf auftraten. Sie wandten sich in dieser Hinsicht im besonderen gegen die ÖVP. Diese machte bei grundsätzlich positiven Beschlüssen zur Kernenergie, die auf Drängen der FCG und des Wirtschaftsflügels gefaßt worden waren, die Frage der Inbetriebnahme des Zwentendorfer Kernkraftwerks zur Frage „Ja oder Nein zur Regierung Kreisky".

Der Härte, mit der die Auseinandersetzung um Zwentendorf nicht zuletzt von Teilen der SPÖ geführt wurde, ist ein Gutteil der Entfremdung zwischen der SPÖ und der sich aus der Anti-AKW-Bewegung herausbildenden Ökologiebewegung zuzuschreiben. Das Ergebnis der Volksabstimmung, die Ablehnung der Inbetriebnahme des Kernkraftwerkes in Zwentendorf, führte in der Folge zwar zu keinem breiten innerparteilichen Bewußtseinsveränderungsprozeß, aber doch zu Erkenntnisschüben bei einer Reihe verantwortlicher Funktionäre der SPÖ, die nicht zuletzt wahltaktische Überlegungen anstellten. So sind die rasche gemeinsame Einbringung des Atomsperrgesetzes und die Drei-Parteien-Einigung bezüglich der Durchführung einer neuerlichen Volksabstimmung bei eventueller Änderung dieses Gesetzes zu erklären. Allerdings gibt es auch eine Wechselwirkung zwischen der ständig wachsenden, von den politischen Parteien weitgehend unabhängigen ökologischen Bewegung und der österreichischen Sozialdemokratie. In der Regierungserklärung 1979 heißt es etwa: „Gesundheits- und Umweltpolitik – Schwerpunkte der achtziger Jahre: Ein moderner, effizienter und gesamtstaatlicher Schutz vor schädlichen Einflüssen, insbesondere vor Luftschadstoffen und Lärm aus mehreren Quellen (Immissionsschutz), erfordert neue verfassungsrechtliche Grundlagen. Das gleiche gilt für eine umweltfreundliche Abfallwirtschaft. (...) Die Aufgabe der kommenden Jahre wird es sein, die so erfolgreich eingeleiteten Sanierungsmaßnahmen (damit ist die Seenreinigung gemeint; d. Verf.) fortzuführen und auch unsere fließenden Gewässer in zunehmenden Maße vor dem schädlichen Einfluß der Einleitung ungereinigter Abwässer zu bewahren. (...) Rechtlich neu geregelt werden soll der Schutz vor umweltgefährdenden Chemikalien, die biologische Vorgänge beeinflussen und die Gesundheit des Menschen schädigen können."

Die erhöhte Aufmerksamkeit gegenüber der Umweltfrage wurde vor allem bewirkt durch die Veränderung der Haltung von Teilen des „Bildungsbürgertums" (auch den in der SPÖ organisierten), durch die zunehmende Einforderung der Diskussion seitens kritischer Sozialisten und nicht zuletzt durch die sozialistischen Umweltminister Salcher und Steyrer. Dennoch gab und gibt es ständig Auseinandersetzungen, die quer durch die Partei gehen. Jede Einzelmaßnahme oder Forderung, vom Kraftwerkbau bis zur Errichtung von Nationalparks, von einzelnen Umweltgesetzen bis zur Besteuerung von Einweggebinden, von der Luft- und Wasserreinigung bis zum Naturschutz, löst heftige Diskussionen über Energieproduktion, Wirtschaftsentwicklung, Arbeitsplatzsicherung und Kostenträger der Umweltschutzmaßnahmen aus. Es sei dabei nur hingewiesen auf die Diskussionen um die Errichtung des Kraftwerks in Osttirol und die Errichtung des Nationalparks Hohe Tauern; auf die Diskussion um die „Einweggebinde" (vornehmlich um die Weißblech- und Aluminiumdosen und Plastikflaschen) und die Errichtung von Produktionsstätten dafür (Errichtungskosten in St. Ägyd/NÖ: rund achtundsechzig Millionen Schilling; projektierte Arbeitsplätze: rund fünfzig; nach kurzer Betriebszeit wieder eingestellt); auf den Kampf gegen die weitere Verbauung des Kamptales in Niederösterreich mit zwei Kraftwerken; auf die bis heute aktuelle Diskussion über die Rauchgasreinigung von Kalorischen Kraftwerken in Niederösterreich (Dürnrohr), Steiermark (Mellach) und Wien; nicht zuletzt auf die Debatten um den weiteren Ausbau von Laufkraftwerken der Donau (Hainburg) im Zusammenhang mit der Errichtung des Rhein-Main-Donau-Kanals. Auch in Wien entzündeten sich Konflikte über verschiedene Projekte (Ausbau der Flötzersteigstraße, B 222, Verbauung der Steinhofgründe, Ausbau des Albener Hafens u.a.m.).

Die öffentlichen Debatten über die verschiedenen Einzelthemen waren und sind eine Mischung von technizistischer Sachdiskussion, Schlagabtausch zwecks Prestigewahrung und Glaubenskrieg. Sie folgen im wesentlichen einem Muster:

– Die absolut berechtigte Sorge der Arbeiter in den verschiedenen Produktionsbereichen (Bau, Metall, Chemie usw.) um die Arbeitsplatzsicherheit und die ökonomischen Interessen der Industrievertreter verbinden sich zu einem Argumentationsblock der „Wirtschaft", der aufgrund des politischen Systems der Sozialpartnerschaft besonders fest ist. In diesem sozialpartnerschaftlichen Argumentationsblock war geraume Zeit (und ist zum Großteil bis heute) kein Platz für die Überlegungen, die von den fortschrittlichen Teilen der Ökologiebewegung und den kritischen und linken Sozialdemokraten angestellt werden.

– Gegen diesen Block stehen die Bürgerinitiativen mit ihrer über weite Strecken ökologistischen und sozialromantischen Kritik, ihren Ein-Punkt-Anliegen, ihrer (zum Gutteil berechtigten) Emotionalität und ihren mangelnden Diskussions- und Aktionserfahrungen.

Diese Konfrontation spiegelt sich, wenn auch verzerrt, innerhalb der SPÖ wider. Die Parteilinke – vor allem in den Jugendorganisationen – versucht, ihre Erfahrungen aus den Diskussionen mit Bürgerinitiativen und Jugend- und Alter-

nativbewegungen mit ihren eigenen Organisations- und politischen Bildungs-
erfahrungen zu vermitteln und eine Verbindung der „alten" sozialen Fragestellung mit den „neuen" Problemstellungen insbesondere des Ökologie-
bereichs zu erreichen. Der Kernpunkt ihrer Bemühungen ist der Versuch, die
Probleme in den Gesamtzusammenhang einer gesellschaftsverändernden Politik einzuordnen. Sie sind der Meinung, daß der Kampf um die Sicherung der
Arbeitsplätze nicht im Widerspruch zum Kampf um die Sicherung der natürlichen Lebensgrundlagen stehen muß, sondern Arbeitsplatzsicherheit und
Umweltschutz gegen die ökonomischen Interessen der Industrievertreter durchgesetzt werden müssen.

Innerparteiliche Umsetzungsversuche kritischer Sozialisten

Zur Erarbeitung linkssozialistischer Programme, die soziale und ökologische
Forderungen integrieren, und zur Weitertreibung entsprechender Umsetzungs-
diskussionen gründeten sich in Wien der *Hugo-Breitner-Kreis* und in Graz die
Gruppe *Kritische Sozialisten* (später: *Sozialistische Wählerinitiative*). Aus densel-
ben Erwägungen erfolgte auch der Vorschlag zur Bildung einer *Rot-Grünen-
Plattform*. Der Großteil der Teilnehmer dieser Arbeitsgruppen stammt aus den
Jugendorganisationen, den anderen Teil bilden der Sozialdemokratie naheste-
hende oder in ihr organisierte linke Intellektuelle. Niemals stand in diesen Gruppen die Mitgliedschaft in der SPÖ oder die Mitarbeit in der Partei zur Diskussion.
    Die Reaktionen der regionalen Parteivorstände auf die Gründung der Arbeits-
gruppen waren höchst unterschiedlich. In Graz ermöglichten es die vielfältigen
Erfahrungen der SPÖ nach dem Verlust ihrer Stellung als stärkste Partei und die
Person des neuen Stadt-Parteivorsitzenden den „KriSos" – natürlich nicht ohne
Kampf –, ihre politischen Positionen in die Programmatik der Stadtpartei einzu-
bringen, Aktionen durchzuführen und personelle Forderungen durchzusetzen.
Durch diese Vorgangsweise der SPÖ-Graz gelang es, die Diskussionsebene und
die Konflikte so zu gestalten, daß eine politische Weiterentwicklung breiter Teile
der Partei erfolgte. In Wien hingegen wurde die Tätigkeit des Hugo-Breitner-
Kreises, die zur Herausgabe der Broschüre *Kommunale Anstöße* führte, zunächst
als undiszipliniertes Infragestellen der Kommunalpolitik gewertet und mit dem
Vorwurf der innerparteilichen Fraktionierung belegt. Die Unterstützung, die der
Kreis und die sozialistischen Jugendorganisationen den Initiativen gegen das geplante Straßenprojekt am Flötzersteig und die Verbauung der Steinhofgründe
gab, und die Veröffentlichung der Broschüre führten zu schweren innerparteili-
chen Auseinandersetzungen. Erst die Ergebnisse der Volksbefragung über die
Errichtung einer Wohnhausanlage auf den Steinhofgründen führten zu einem
Abklingen der Auseinandersetzungen und zu einer Phase des Nachdenkens in
der Wiener Partei.
    Die Beschlüsse des Bundesparteivorstandes zur projektierten Gründung der
Rot-Grünen-Plattform sind der Höhepunkt und zugleich der vorläufige Schluß-

punkt einer Phase, in der die Auseinandersetzung mit den politisch-inhaltlichen Vorschlägen der Parteilinken in ausschließlich administrativer Weise erfolgte. Die „Gründer" dieser Plattform, Josef Cap und Paul Blau, wurden gerügt, die *tribüne* (herausgegeben von einer Gruppe kritischer SPÖ-Mitglieder) wurde aufgrund ihrer Rolle bei der Gründung der Arbeitsgruppe in Wien zur parteifeindlichen Zeitung erklärt, ein Verbot der Bildung von Fraktionen in der SPÖ wurde beschlossen. Gleichzeitig wurde – und das ist für den Stil der SPÖ seit ihrer Gründung bezeichnend – ein Versöhnungsangebot gemacht, indem eine „Arbeitsgemeinschaft Ökologie" beim Bundesparteivorstand der SPÖ unter dem Vorsitz des auch bei kritischen Teilen der Partei beliebten Umweltministers Steyrer eingerichtet wurde.

Diese Arbeitsgemeinschaft, die als „Auffanginstrument" für ökologisch-kritische Sozialisten gedacht war, entwickelte im Laufe ihrer Arbeit eine Eigendynamik. In sechs Arbeitskreisen wurde ein fundiertes sozialistisches Umweltprogramm entwickelt, das dem Bundesparteivorstand vorgelegt wurde. Diese Tätigkeit sollte zum vorläufigen Ende der Arbeitsgemeinschaft führen. Der Bericht der Arbeitsgemeinschaft Ökologie wurde nicht einmal im Bundesparteitagsberichtsheft 1982 veröffentlicht, die Arbeitsgemeinschaft nicht mehr einberufen. Die Junge Generation in der SPÖ und die Sozialistische Jugend sahen sich so gezwungen, am Bundesparteitag 1983 die Wiederbelebung der Arbeitsgemeinschaft Ökologie und die Veröffentlichung des Berichts zu beantragen, obwohl die AG gegründet worden war, um kritische Sozialisten zu beruhigen. Der Antrag wurde angenommen.

Die Auseinandersetzung um das de-facto-Verbot der Rot-Grünen-Plattform wurde durch den Wahlkampf 1983 zugedeckt. Die Jugendorganisationen allerdings nahmen sich im Zuge ihres eigenständigen Wahlkampfbeitrages des „verpönten" Titels an. Die Sozialistische Jugend Wiens publizierte die Broschüre *Für ein Rot-Grünes Österreich* und veranstaltete gemeinsam mit der Jungen Generation, mit dem VSStÖ und anderen sozialistischen Jugendorganisationen Diskussionsveranstaltungen und Straßenaktionen unter diesem Titel. Die Junge Generation in der SPÖ veröffentlichte Diskussionsunterlagen, Wandzeitungen und Aufkleber mit der Parole, in der *tribüne* und in der *Zukunft* erschienen Diskussionsbeiträge, die Vertreter der Jugendorganisationen und des Ökologiearbeitskreises der Wiener SPÖ-Bildungsorganisation stellten sich einer Fülle von Diskussionen in den Sektionen und Ortsparteien der SPÖ.

Zur aktuellen Veränderung in der SPÖ

Die Konfrontation innerhalb der Partei läßt sich nicht mit dem Widerspruch zwischen Pragmatikern und Ideologen erklären, wie dies vielfach bürgerliche Medien tun. Die SPÖ hat durchaus die Fähigkeit, Diskussionsprozesse aufzunehmen und Erkenntnisse, die außerhalb ihrer Reihen und in kritisch orientierten Teilen der Partei gemacht werden, in ihre Politik einzubauen, schlicht: zu lernen. Die Sensibilisierung der Bevölkerung für Umweltfragen, die kontinuierliche politische Arbeit kritischer Sozialisten innerhalb der Partei und nicht zuletzt die daraus resultierenden Umfrageergebnisse veranlaßten Karl Blecha beim Bundesparteitag 1982, folgende populär gewordene Formel zu prägen: „Wir müssen zur Kenntnis nehmen, daß es auch bei uns in Österreich ökologische Ängste und Widerstände gibt, die unsere Strukturanpassung behindern und die Erhaltung alter industrieller Zentren erschweren. Deshalb brauchen wir die Versöhnung der Ökonomie mit der Ökologie, deshalb müssen wir bei jeder Entscheidung bedenken, nicht nur was wirtschaftlich notwendig, sondern auch was umweltpolitisch verträglich ist."

Diese Formel war Ausdruck innerparteilicher Veränderungen. In einer Reihe von Landesparteiorganisationen führten die Diskussionen zur Einrichtung von regionalen Umweltschutzreferenten, wurden Umweltfragebögen und regionale Umweltprogramme ausgearbeitet und offizielle Parteiseminare mit Referenten aus dem „ökologiekritischen" Teil der Partei durchgeführt. In Wien war die „Rasenfreiheit" kein Problem mehr, wurden eine Fülle von Forschungsaufträgen an unabhängige biologische Wissenschafter bewilligt, eine Umwelterhebung durchgeführt und Lösungsvorschläge für die Themenbereiche Entsorgung, Saurer Regen udgl. ausgearbeitet. Mit einer Reihe bundesgesetzlicher Regelungen bis hin zum Umweltfonds – eine alte Forderung der Parteilinken und der Jugendorganisationen, die allerdings mit anderen Finanzierungsvorschlägen verbunden war – wurde versucht, dem innerparteilichen Diskussionsprozeß und der allgemeinen Bewußtseinsentwicklung Rechnung zu tragen.

Die inhaltlichen Differenzen innerhalb der SPÖ lassen sich aus unterschiedlichen grundsätzlichen Überlegungen ableiten. In maßgeblichen Teilen der Partei herrscht, bei allen Differenzen im Detail, die Auffassung vor, daß die Natur lediglich der Aneignung durch den Menschen zu dienen hat. „Wirtschaft heute" wird von ihnen nicht als System zur Ausbeutung des Menschen, als kapitalistisches Produktionsverhältnis begriffen, und so wird auch nicht erkannt, daß „Aneignung der Natur" unter kapitalistischen Produktionsbedingungen „schrankenlose Ausbeutung der Natur" und damit Vernichtung unserer natürlichen Lebensgrundlagen bedeutet. Ihr Anspruch, den arbeitenden Menschen die materiellen Lebensgrundlagen, den Arbeitsplatz, das soziale Netz zu sichern, ist nicht vermittelt mit dem Ziel: Sicherung der natürlichen und kulturellen Lebensgrundlagen der Menschen.

Auch die kritischen Linken haben eine gemeinsame Grundauffassung. Denn obwohl Peter Pelinka in der Einleitung zu dem Buch *Rot-Grüner Anstoß* (Verlag Jugend & Volk, Wien 1983) mit Recht schreibt, daß „dieser Band eine Sammlung von teilweise nicht immer identen Überlegungen" darstellt, eint die Autoren dieser bisher besten Zusammenfassung rot-grüner Überlegungen in der SPÖ die Überzeugung, daß nur eine sozialistische Politik langfristig den Gegensatz von Ökonomie und Ökologie überwinden kann; daß nur eine grundsätzliche Reform der gesellschaftlichen Verhältnisse dem Schutz der Umwelt Vorrang vor dem Profitprinzip gewähren kann; daß ohne Berücksichtigung der Ressourcenknappheit und der Umweltgefahren eine humanere und sozialere Gesellschaft nicht möglich ist.

Die SPÖ steht vor dem Scheideweg. Begnügt sich die Partei damit, Umweltpolitik als Politik des peripheren Eingriffs zu begreifen, d.h. Umweltschäden nur anzugehen, wenn sie ökonomisch bedrohlich sind; oder wird Umweltpolitik als ein Bereich sozialistischer Gesellschaftspolitik begriffen – das ist die Alternative. Bleibt Umweltpolitik im marktwirtschaftlichen Rahmen, d.h. reduziert sie sich auf eine besondere Form der Profitmaximierung, so wird dies weder ein Beitrag zur Sicherung der materiellen noch der natürlichen und kulturellen Lebensgrundlagen der arbeitenden Menschen sein. Als Teil einer sozialistischen Gesamtstrategie jedoch wird Umweltpolitik diesen Beitrag leisten und darüber hinaus zur Glaubwürdigkeit und Zukunft der SPÖ und damit der Arbeiterbewegung wesentlich beitragen.

Peter A. Ulram
Grüne Politik in der Volkspartei

Spätestens seit den spektakulären Wahlerfolgen grüner und alternativer Listen auf Gemeinderatsebene und seitdem die VGÖ den Einzug in den Nationalrat nur knapp verpaßt haben, hat sich der politische Stellenwert grüner Themen und Bewegungen entscheidend verändert. Was zunächst den Charakter von Protestkundgebungen, lokal begrenzten Konflikten und „Ein-Themen-Bewegungen" (alleiniger Einsatz für ein Problem) trug, ist zu einem neuen Element unseres politischen Systems geworden. Die Grünen treten mit den traditionellen Parteien in offene Konkurrenz und veranlassen diese, ihre Politik den geänderten Umständen anzupassen. Für die Grünpolitik der traditionellen Parteien erscheinen mir dabei drei Fragengruppen von ausschlaggebender Bedeutung:
– Sind „grün" und „schwarz" („rot", „blau") Misch- oder Kontrastfarben? Inwieweit ist „grünes" Gedankengut mit den zentralen Überzeugungen und Grundhaltungen der Parteien vereinbar? Gibt es Ansatzpunkte für eine Grünpolitik in der Tradition und im Ideenfundus der Parteien? (Die Betonung liegt hier auf „Ansatzpunkte" und „Gemeinsamkeiten" zwischen den traditionellen Grundsätzen und Werten der Partei(en) und jenen der grünen Bewegung(en). Meiner Ansicht nach handelt es sich bei den Grünen - und den von ihnen artikulierten Werten und Interessen - um eine grundlegend neue politische Bewegung und eine qualitativ von den bisherigen Politiken unterschiedene Problemstellung. Dementsprechend greifen Ansätze zu kurz, die Umweltthematik, Partizipation, Selbstorganisation u. ä. als „geradezu inhärenten Bestandteil" der eigenen Theorie vereinnahmen wollen, so *Häupl 1983,* S.21, für die marxistische Tradition, oder das neue Umweltbewußtsein als Rückkehr zu einer - verlorengegangenen - vorindustriellen Welt- und Gesellschaftssicht interpretieren.)
– Wie „grün" können die „Schwarzen" („Roten", „Blauen") werden? Welche politische Bedeutung kommt grünen Themen und Bewegungen als Ausdruck von Interessen und Werthaltungen bestimmter Bevölkerungsgruppen zu? Wie verhalten sie sich zu anderen Interessen und Werthaltungen, die von und in den Parteien vertreten werden?
– Soll „Schwarz" („Rot", „Blau") versuchen, „Grün" zu fressen? Wie steht es mit dem Verhältnis insbesondere der traditionellen Großen (für die Freiheitlichen mag sich eher die umgekehrte Frage stellen) zu politischen „Newcomers"? Allgemeiner: Tendiert unsere politische Kultur dazu, neue politische Bewegungen zu „inhalieren" oder „auszuhungern" oder tendiert sie zu einer Erweiterung des politischen Farbenspektrums auf längere Sicht?

Die Konzentration der Fragestellung auf politische Aspekte unterstellt nicht, daß Umweltschutz, Bürgerbeteiligung und andere grüne/alternative Themen nur dann von Bedeutung sind, wenn sie auch von den Parteien aufgegriffen werden. Sie trägt aber der Erkenntnis Rechnung, daß „objektive" Probleme und veränderte Werthaltungen im Regelfall nur dann Berücksichtigung finden, wenn sie auf politische Resonanz stoßen, also zu *politisch relevanten* Problemen und Themen werden.

„Grüne Ansätze" in der ÖVP

Mit dem *Salzburger Programm* von 1972 hat die Österreichische Volkspartei ihre Grundsätze neu gefaßt. Das klassische Subsidiaritätsprinzip der christlichen Soziallehre (übergeordnete Instanzen, z. B. der Staat, sollen Aufgaben nur dann übernehmen, wenn die unteren Ebenen, etwa Familie und Gemeinde, dazu nicht in der Lage sind) wird dort zur Vorstellung der Eigenverantwortung und selbständigen Gestaltungsaufgabe kleiner Gemeinschaften weiterentwickelt, das Demokratieprinzip zur umfassenden Partizipationsforderung ausgeweitet *(Christian 1983)*.

Darüber hinaus postuliert das *Salzburger Programm* das „Recht auf eine gesunde und ästhetische Umwelt" (Pkt.4.8.) und führt den Begriff der „Lebensqualität" in die österreichische politische Diskussion ein.

Die „höhere Qualität des Lebens" als wichtigstes Ziel moderner Gesellschaftspolitik (Pkt.4.1.) wird in den *Plänen zur Lebensqualität* (vor allem Plan 1: Gesundheit, Wohnen, Umwelt, erstellt 1973, und Plan 2:Sozialer Fortschritt für alle, erstellt 1973) präzisiert. Dort finden sich bereits konkrete Ansätze für eine gezielte Grünpolitik [1] : Umweltschutz, umweltfreundliche Technologien und Energiepolitik, Wiederverwertung von Rohstoffen (Recycling), Partizipation im Wohn- und Gesundheitsbereich, flexible Zeitstrukturen, neue soziale Frage u.ä.m. Ein Teil dieser Fragestellungen wird in dieser Zeit vom Österreichischen Bauernbund (einer Teilorganisation der ÖVP) aufgegriffen, mit spezifischen Themen angereichert und im Konzept des „ländlichen Raums" detailliert ausgearbeitet. Ziel ist hier nicht zuletzt eine Verbindung des traditionellen ländlichen Lebens mit den Erfordernissen von Umweltschutz und qualitativer wirtschaftlicher Entwicklung.

Die genannten Programme weisen durchwegs eine „optimistische" Grundstimmung auf: Die florierende Wirtschaft der sechziger und beginnenden siebziger Jahre scheint einen weiten Spielraum für „Reformpolitik" in allen Gesellschaftsbereichen zu eröffnen; Konflikte zwischen den traditionellen wirtschafts- und sozialpolitischen Zielsetzungen und den „neuen Themen" werden entweder nicht gesehen oder für bewältigbar gehalten. Als noch problematischer für die künftige Entwicklung erweist sich die relativ schwache Verankerung der „progressiven Programmdenker" in der Partei. Sie rekrutieren sich in erster Linie aus Intellektuellen in den Stabsstellen und kleinen sympathisierenden Gruppen. In der Masse des „Fußvolkes" und speziell im Funktionärskader werden ihre

Ideen nur in geringem Umfang aufgegriffen, eine Vertiefung der Diskussion erfolgt kaum.

Noch bunter als auf der Bundesebene geht es an den Rändern der Partei im großstädtischen Bereich zu. In Wien bildet sich unter der Federführung von Wolfgang Schüssel eine - aus Mitgliedern und der ÖVP Nahestehenden bestehende - „Alternativplanungsgruppe" (*City-in*), die sowohl eine alternative Stadtentwicklungsphilosophie als auch konkrete Gegenvorschläge zur sozialistischen Kommunalpolitik formuliert. Ausgehend von einer scharfen Kritik an der Wiener Stadtplanung (verfehlte Wohnungs- und Verkehrspolitik, Mangel an Demokratie, Fehlplanungen, zunehmende Luftverschmutzung, wenig Naherholungsgebiete) präsentiert sie Änderungsvorschläge (siehe dazu *City-in*, 1973 und 1975). Diese richten sich auf:
- eine Prioritätensetzung zugunsten des öffentlichen Verkehrs;
- einen Ausbau der sozialen und kulturellen Infrastruktur unter Beteiligung der Betroffenen;
- einen demokratischen und partizipativen Planungsprozeß;
- Stadtsanierung und Verbesserung der Satellitenwohngebiete;
- eine dezentralisierte Gesundheitsversorgung und eine stärker an den Problemen benachteiligter Gruppen ausgerichtete Sozialpolitik;
- Maßnahmen zur Verbesserung der Umweltsituation und zur Ausweitung innerstädtischer Grünflächen.

Obwohl *City-in* nicht immer den offiziellen Standpunkt der Wiener ÖVP vertritt, spielt sie eine nicht unbedeutende Rolle in der kommunalpolitischen Diskussion und knüpft auch Kontakte zu sozialistischen Kritikern der Wiener Stadtverwaltung und Stadtplanung.

Eine neue Verkehrsplanung, mehr Bürgerbeteiligung und eine verstärkte Umweltpolitik stehen gleichfalls im Zentrum der Kritik der Grazer Volkspartei an der sozialistisch geführten Stadtregierung. Hier sammelt Franz Hasiba ein Team neuer Leute - wie Edegger, Strobl, Ungar und Zankel-Feldgrill - um sich, die der Kommunalpolitik frische Anstöße geben sollen.

„Lebensqualität" steht zunächst auch im Mittelpunkt der ÖVP-Nationalratswahlkampagne 1975 (Plakatwellen; programmatische Basis der *Pläne zur Lebensqualität,* ergänzt durch die *Daten zur Lebensqualität*). Die Regierungspartei geht auf diese Thematik nicht ein; sie betont neben der Person des Bundeskanzlers vor allem „Sicherheit" und „Kontinuität". In der Endphase der Auseinandersetzung ändert auch die große Oppositionspartei ihre Stoßrichtung und schwenkt auf eine Konfrontationsstrategie *(Diem 1978, Müller 1983)* um. Das Wahlergebnis bedeutet eine neuerliche Niederlage für die Volkspartei, obwohl sie - anders als 1971 und 1979 - ihre Position unter den Jungwählern verbessern kann. Als eine (stillschweigende, aber folgenschwere) Konsequenz aus dem Wahlausgang wird „grünes Gedankengut" aus der Argumentation der Bundespartei eher zurückgezogen; man konzentriert sich verstärkt auf Wirtschafts-, Sozial- und Budgetpolitik.

An dieser Stelle drängt sich die Frage auf, warum die neuen Themen von der Parteibasis nur marginal „mitgetragen" worden sind und auch in der Bevölkerung nur verhältnismäßig geringe Resonanz gefunden haben. Die Antwort muß offensichtlich im damals vorherrschenden öffentlichen Bewußtsein gesucht werden. Grob vereinfacht gesagt: Die Zeit war für diese Themen noch nicht reif.

Ist Österreich eine „nachindustrielle" Gesellschaft?

Die steigende politische Relevanz grüner Problemstellungen wird im allgemeinen auf drei Faktoren zurückgeführt:
– eine zunehmende Verschlechterung der Umweltbedingungen, von der in verstärktem Ausmaß nun auch Bevölkerungsgruppen betroffen werden, die sich ihr früher durch private Ausweichstrategien (u. a. Zweitwohnsitz) weitgehend entziehen konnten, und eine steigende Skepsis hinsichtlich des Willens und/oder der Fähigkeit der derzeitigen Parteien, mit diesen Problemen fertig zu werden;
– das wachsende Unbehagen an der heute vorherrschenden Art des „politischen Betriebs", insbesondere an Auswüchsen des Parteiensystems (Korruption, Politikerprivilegien . . .), und die Thematisierung dieses Unbehagens in den Massenmedien;
– ein umfassender Wertwandel in den entwickelten westlichen Gesellschaften, wobei traditionelle Werte (Arbeitsethos, materielles Wachstum, Autoritätsgläubigkeit u. ä. m.) zugunsten von Werten wie Selbstverwirklichung, Mitbestimmung, Lebensqualität, harmonische zwischenmenschliche Beziehungen an Bedeutung verlieren – diese Entwicklung wird entweder als „Werteverlust" *(Noelle-Neumann 1978, Hennis 1977)* oder als Übergang von einem „materiellen" zu einem „postmateriellen Wertesystem" *(Inglehart 1979, Barnes/Kaase 1979)* interpretiert und vielfach mit einem Wandel der Sozial- und Wirtschaftsstruktur in Richtung auf eine „postindustrielle Gesellschaft" *(Bell 1979a, b, Gartner/Riessman 1978, Nenning 1983)* in Verbindung gesetzt.

Ohne auf die einzelnen Aspekte der Postmaterialismus-Theorie näher eingehen zu können, so erscheint sie doch für die österreichische Gesellschaft der siebziger Jahre zumindest verfrüht.

Zum einen hat sich die entwickelte Industriegesellschaft in Österreich später als in anderen westeuropäischen Ländern entfaltet, sodaß von einem verbreiteten „nachindustriellen" Bewußtsein noch kaum die Rede sein kann *(Rosenmayr 1980)*; charakteristisch ist vielmehr eine politische Kultur des „sozial-liberalen Konsenses" *(Plasser/Ulram 1981 und 1982)*, zu deren wesentlichen Voraussetzungen ein starkes Ansteigen des materiellen Anspruchsniveaus und die Auflösung traditioneller politischer und weltanschaulicher Bindungen zählen. Zum anderen wird das Politikverständnis der Österreicher massiv von der Grundhaltung eines „sozialen Garantismus" *(Plasser/Ulram 1982)* geprägt: die Sicherung von Arbeit und Einkommen und die Bewahrung des sozialen Netzes zählen zu den zentralen Forderungen an das politische System. Dies zeigen

Umfragen über die *wichtigsten Staatsfunktionen*, die 1979 und 1980 durchgeführt wurden *(Plasser/Ulram 1982)*. Von den befragten Vierzehn- bis Vierundzwanzigjährigen und allen Befragten antworteten umgerechnet in Prozent:

	Jugend	Gesamtbevölkerung
Sicherung von Arbeit und Einkommen	75	86
Sicherung von Gesetz und Ordnung	73	71
Verminderung von Ungleichheit	29	13
Schutz des einzelnen vor sozialen Härtefällen	24	39

Auch der zu Beginn der achtziger Jahre sich abzeichnende langsame Zerfall des sozial-liberalen Konsenses kann nicht als genereller Bruch mit der dominanten Interessen- und Wertestruktur interpretiert werden. Die Lebensbedingungen und -chancen sind nach wie vor so unterschiedlich, daß von einer „Sättigung" materieller Bedürfnisse auf dem derzeit erreichten Niveau nicht gesprochen werden kann. In vielen Regionen geht der Strukturwandel vom Agrarsektor in die Industrie bzw. in die industrialisierten Dienstleistungsbereiche (wenngleich durch die schlechte Wirtschaftssituation etwas verlangsamt) weiter. Die Gefährdung des Lebensstandards weiter Bevölkerungskreise durch stagnierende Einkommensentwicklung und zunehmende Arbeitslosigkeit trägt sogar noch zur Steigerung des Bedürfnisses nach materieller Sicherheit bei. Nicht ein genereller Wertwandel, sondern eine Erweiterung des (politisch relevanten) Wertespektrums in Richtung auf Umweltbewahrung bzw. -sanierung und mehr Lebensqualität steht heute auf der Tagesordnung. Dementsprechend wird das gestiegene Umweltbewußtsein in der Bevölkerung auch nicht primär als Gegensatz zur materiellen Bedürfnisbefriedigung, sondern eher als deren Erweiterung auf nicht-materielle Zielsetzungen gesehen. Genuin postmaterielle Werthaltungen bleiben nach wie vor auf eine Minderheit – vorwiegend unter den gebildeten und materiell relativ gut abgesicherten Sozialgruppen – beschränkt *(Plasser/Ulram 1982)*.

Ähnliches gilt für das „Unbehagen am und im Parteienstaat". Auch hier geht es nicht – oder nur in marginalem Ausmaß – um eine Ablehnung der traditionellen politischen Institutionen und Prozesse, sondern um eine wachsende Kritik an deren Ritualisierung, Bürokratisierung und (teilweise) Korrumpierung (siehe dazu etwa *Gerlich 1983*).

Das Österreich von heute ist also keine „postmaterielle" oder „postindustrielle" Gesellschaft, es ist eine Gesellschaft, in der:
– der Konflikt zwischen vorindustriellen und industriellen Sozialstrukturen sowie den entsprechenden Werthaltungen nach wie vor weiter wirkt;
– der Strukturwandel von der Landwirtschaft in die Industrie und in den gewerblichen Dienstleistungssektor in manchen Regionen durchaus noch im Gang ist;
– für weite Bevölkerungsgruppen die Wahrung und Ausweitung des materiellen Standards im Zentrum der Interessen steht – und deren Vertretung daher mit postmateriellen Zielsetzungen durchaus in Konflikt geraten kann und dies auch tut;

– postmaterielle („grüne") Ziele und Werte mit wenigen Ausnahmen entweder Anliegen sozialer und politischer Minderheiten sind oder – wie im Fall des Umweltschutzes – von der Minderheit der Bevölkerung nicht als Gegensatz zur industriellen Zivilisation, sondern als deren „qualitative Anreicherung" verstanden werden [2].

Die neuen Themen: Umwelt, Atom und Bürgerrechte

Obwohl um die Mitte der siebziger Jahre eine Reihe lokaler Bürgerinitiativen und Umweltschutzgruppen Gestalt annimmt, kann zu diesem Zeitpunkt von einer „grünen Bewegung" mit zahlenmäßig bedeutsamer Basis noch keine Rede sein. Die Haltung der traditionellen politischen Kräfte gegenüber diesen neuen Gruppen ist differenziert: sie reicht vom „ned amol ignorieren" der sozialistischen Wiener Stadtverwaltung über die massiven Angriffe der Salzburger Drei-Parteien-Koalition bis zur wohlwollenden Betrachtung und Förderung und den partiellen Integrationsversuchen vor allem von seiten der Grazer und Wiener Volkspartei. Nach ihrem anfänglichen Zögern, das höchstens einmal durch spektakuläre Vermarktungsaktionen („Baummörder[3]") durchbrochen wird, steigen nun auch die großen Medien in die Thematik ein: Umweltschutz und Bürgerrechtsprobleme erfahren dabei eine zumeist freundliche Behandlung und werden mit kritischen Ausfällen gegen „erstarrte" und „bürgerferne" kommunale Bürokratien (insbesondere im *Kurier,* im *Profil* und in den *Salzburger Nachrichten*) verbunden. Diese Faktoren – rudimentäre Verankerung in der Bevölkerung, unterschiedliche Strategien der Parteien, starke Abhängigkeit von einer positiven Berichterstattung der Medien – sind in der Folge für die Entwicklung und das politische Profil der österreichischen Grünen/Alternativen sehr wichtig [4].

Die große Stunde der heimischen Grünen schlägt mit der Auseinandersetzung um die Inbetriebnahme des Kernkraftwerkes Zwentendorf. Obwohl das Kraftwerksprojekt ursprünglich von allen drei Parlamentsparteien beschlossen worden ist, gehen die beiden bürgerlichen Oppositionsparteien immer mehr auf Distanz. Für die ÖVP ist dabei eine Reihe von Gründen bedeutsam, so:
– der hohe Anteil von Atom-Gegnern unter den eigenen Anhängern (dreißig Prozent gegenüber vierzehn Prozent bei den SPÖ-Sympathisanten im Juli 1978[5]);
– die zunehmende Verunsicherung vieler, teils nicht unwichtiger Abgeordneter und Spitzenfunktionäre im Zuge der parlamentarischen Enquete und der widersprüchlichen Stellungnahmen von Wissenschaftlern (Generalsekretär Lanner ist persönlich um die Zukunft seiner Kinder besorgt; weitere überzeugte Atom-Gegner sind Marga Hubinek, Günter Wiesinger und die Vorarlberger Parlamentarier; selbst der Obmann des Wirtschaftsbundes und Präsident der Bundeswirtschaftskammer Sallinger befindet sich als Waldviertler Abgeordneter – das Gebiet ist als Endlagerstätte vorgesehen – in einer Situation widersprüchlicher politischer Interessen);

– ungelöste Sachfragen (Sicherheits- und Endlagerungsproblem);
– taktische Überlegungen angesichts des wachsenden Widerstands in weiten Bevölkerungskreisen, der neutralen bis ablehnenden Haltung der Medien und des
Versuchs der Regierungspartei, die Verantwortung unter allen Umständen
„gleichmäßig" zu verteilen.

Die Partei strebt daher danach, sich möglichst aus der Auseinandersetzung
herauszuhalten: eine Ausweitung der internen Konflikte soll vermieden, die
Verantwortung für die Inbetriebnahme der Regierung überlassen werden. So
einigt sie sich auf „ein prinzipielles Ja zur friedlichen Nutzung der Kernenergie,
aber erst nach Klärung aller wesentlichen Probleme". (Diese Haltung wird auf
den folgenden Bundesparteitagen, zuletzt im Oktober 1983, bestätigt. Die Parteiführung lehnt sowohl eine dezidierte Nein-Linie als auch diverse Forderungen nach der Inbetriebnahme von Zwentendorf regelmäßig ab und wird darin
stets von einer Mehrheit der Delegierten unterstützt.) Den Ausschlag gibt
schließlich die Erklärung des Bundeskanzlers, daß die Volksabstimmung über
das AKW Zwentendorf auch ein Votum über seine Person und die Energiepolitik
der Regierung sei. Nun verkünden manche Abgeordnete öffentlich, sie würden
mit „Nein" stimmen (vgl. dazu auch *Plasser/Ulram 1982* und *Bretschneider
1980*).

Für die Nein-Mehrheit bei der Volksabstimmung dürften die folgenden Faktoren ausschlaggebend gewesen sein: die Position der Volkspartei, die von den
eigenen Anhängern schon zu einem Zeitpunkt als eindeutige Ablehnung aufge-
faßt wird, als die Entscheidung in den Führungsgremien noch nicht gefallen ist;
das Verhalten des Bundeskanzlers, das viele bürgerliche Atom-Befürworter zu
einem Denkzettel-Votum veranlaßt; die geschickte und emotional geführte Agi-
tation der Anti-AKW-Bewegung und die Popularisierung ihrer Argumente
durch die Medien; die Ausbreitung eines diffusen Angst-Gefühls in breiten
Bevölkerungskreisen, also die Verbindung von Umweltschutzargumenten mit
der Furcht vor einer Beeinträchtigung der Sicherheit; das wachsende Mißtrauen
gegen die Motive der Befürworter, gleichsam eine Abart der latenten Parteien-
und Bürokratieverdrossenheit. Je länger die Pro-Kampagne von Sozialpartnern
und Regierungspartei andauert und je intensiver sie wird, umso mehr steigt die
Zahl der Zwentendorf-Gegner.

Einen weiteren Auftrieb erfahren „die Grünen" bei den Salzburger Gemeinderatswahlen 1982, wo sie unter schwierigen Bedingungen einen Erfolg gegen
das kommunale Kartell der drei traditionellen Parteien erringen können. In Salzburg befindet sich die Volkspartei in unmittelbarer Konfrontation mit der Bür-
gerrechtsgruppe und muß ihre zunächst uneinsichtige Haltung mit deutlichen
Stimmen- und Positionseinbußen bezahlen.

In Graz dagegen hat die ÖVP als Teil der Rathausmehrheit in vielen Fragen eine „grüne Linie" verfolgt. Sie hat sich aber nicht genügend profilieren können
und offenkundig auch zuwenig Einfluß auf den kommunalen Verwaltungsappa-
rat erlangt. Insbesondere die Versuche einer partizipativen und offenen Planung
sowie die Anerkennung der Bürgerinitiativen als legitime Gesprächspartner
kommen so vorerst der Alternativbewegung selbst zugute. Freilich bleibt in Graz

Veränderung der Einstellung zur Atomkraft in der Bevölkerung
Es antworteten umgerechnet in Prozent:

Zeitpunkt	Ja	Nein	Differenz	Unentschlossene und keine Antwort
Juli 1978	46	22	+24	32
Aug./Sept. 1978	41	23	+18	37
Sept./Okt. 1978	39	26	+13	35
Volksabstimmung am 5. November 1978	49,5	50,5	−1	
März 1980	41	38	+3	21
März 1981	40	40	0	19
Februar 1982	40	37	+3	23
November 1982	39	40	−1	21
Februar 1983	33	41	−8	26

(Quellen: *Plasser/Ulram 1982; Dr. Fessel + GfK. Politische Umfragen 1982, 1983*)

eine Konfrontationssituation aus; auch nach dem Einzug der Alternativen Liste in den Gemeinderat setzt die Stadt-ÖVP ihren offenen und „bürgernahen" Kurs fort.

Zu einer verhältnismäßig engen Zusammenarbeit zwischen ÖVP und der Steyregger Bürgerinitiative für Umweltschutz (ihr Vorsitzender, Vizebürgermeister Josef Buchner, ist seit dem Abgang Alexander Tollmanns von der politischen Bühne auch Vorsitzender der VGÖ) kommt es in Steyregg. Ein 1979 geschlossenes Abkommen enthält neben personalpolitischen und organisatorischen Vereinbarungen auch ein Paket von Maßnahmen zum Ausbau des Umweltschutzes und zur Information der Bevölkerung (ausführlich dokumentiert bei *Christian 1983*).

Die „grüne" Wiener Volkspartei

Die Wiener ÖVP war im Laufe der jahrzehntelangen Rathauskoalition zu einem fast bedeutungslosen bürgerlichen Anhängsel der Mehrheitspartei abgesunken. Sie war in einem anscheinend unüberwindbaren Minderheitenghetto gefangen, mit einem verkrusteten Parteiapparat belastet und in die Verantwortung für eine kommunale Politik eingebunden, die sie nicht entscheidend mitbestimmen konnte. So wies sie einen Gutteil der Mängel und Nachteile der Rathaussozialisten auf, freilich ohne deren Vorteil einer realen Machtausübung. Der Bruch der Koalition 1973 und personelle Erneuerungen innerhalb der Partei zeigten zwar einen ersten Wechsel an, die eigentliche Wende vollzog sich aber erst mit der – vom ÖVP-Bundesparteiobmann Taus erzwungenen – Auswechslung des Wiener Parteiobmannes *(Ulram 1983)*.

Erhard Busek bringt ein Team junger Leute, die zum Teil wesentlich an der Ausarbeitung der Lebensqualität-Konzeption und Pläne beteiligt waren, in die Wiener Partei. In einer ersten Organisationsreform werden die *Pro Wien*-Referenten installiert, die Kontaktstellen zu den Bezirksgruppen darstellen und einen prinzipiellen Wandel in der Politik signalisieren sollen. *Pro Wien* konzentriert sich auf die Bereiche „Grünpolitik", „öffentlicher Verkehr", „Wohnen", „Soziales und Gesundheit" und „kommunale Demokratie", allerdings weniger in der Form klassischer Programme und Auseinandersetzungen als vielmehr mit einer in Stil und Inhalt neuen Politik *(Busek 1983)*. Sie ist:
– offen gegenüber neuen Personen und Ideen;
– positiv (im Sinne einer Abgrenzung vom früheren Negativimage der „Nein-Sager-Partei ÖVP");
– aktionistisch und praxisorientiert.

Insbesondere der letzte Punkt spiegelt auch die politische Philosophie der Selbstorganisation wider (vgl. dazu *Programm Wien 1978*): Die Bürger sollen zu Eigeninitiative und selbständiger Problemlösung animiert und bei diesbezüglichen Bemühungen unterstützt werden, bürokratische Institutionen sollen zurückgedrängt oder „bürgernäher" gemacht und die neuen politischen Inhalte an praktischen Modellen vorexerziert werden (Nachbarschaftshilfe-Zentren, Stadtfeste, direktdemokratische Initiativen). Konkret verlangt *Pro Wien* einen Ausbau der direkten Demokratie, die Einführung von Briefwahlen und Persönlichkeitswahlen, eine Informations- und Auskunftspflicht der Stadtverwaltung, das Recht auf Akteneinsicht für jeden Bürger und die Aufwertung der Bezirksvertretungen zu echten lokalen Entscheidungsinstanzen.

Zugleich bilden die *Pro Wien* - Referenten den Kern einer alternativen politischen Struktur, parallel zur traditionellen Parteiorganisation. *Pro Wien* bietet politische, soziale und kulturelle Mitwirkungsmöglichkeiten für Menschen, die nicht Parteimitglieder sein müssen und nicht ständig mitzuarbeiten brauchen. Die Wiener Volkspartei wird so nicht nur „grüner", sondern auch gegenüber Gruppen und Personen offen, die dem alten Parteiapparat kritisch bis ablehnend gegenüberstehen. In den Gemeinderatswahlen 1978 trägt die neue Politik erstmals Früchte: die Volkspartei verbessert ihren Stimmenanteil um fast fünf Prozent; als einzige politische Gruppierung gewinnt sie – trotz Abnahme der Wahlbeteiligung – Stimmen und Mandate.

Der neue Kurs ist innerparteilich nicht unumstritten. Von Zeit zu Zeit unternimmt der traditionelle Apparat Versuche, *Pro Wien* zurückzudrängen oder personell zu schwächen [6]. Das Verhältnis zu Teilen der Wirtschaft und manchen Kreisen im ÖAAB ist eher unterkühlt. Gleichzeitig schreitet aber die Institutionalisierung der *Pro Wien* - Aktivitäten fort:

Im Metropol entsteht ein Kultur- und Kommunikationszentrum neuen Typs, die Nachbarschaftszentren bestehen ihre praktische Bewährungsprobe. Das 1977 gegründete *Büro für Bürgerinitiativen* stellt eine wichtige Kontaktstelle zu parteipolitisch nicht gebundenen Bürgergruppen dar. Die Tätigkeit dieses Büros hat das Wachstum der Initiativszene zweifelsohne nicht unwesentlich gefördert (zum Zeitpunkt seiner Gründung existieren nur etwa zehn Initiativen; derzeit sind es über hundert), seine organisatorische, informative und materielle Hilfe-leistung hat den Betroffenen die Wahrnehmung ihrer Interessen erleichtert. So hat die Wiener ÖVP als einzige Partei ihre Dreiecksständer vor der Volksabstim-mung den Atomgegnern zur Verfügung gestellt und verschiedene Anliegen der Initiativen aufgegriffen (Ablehnung der Flötzersteig-Autobahn). Dabei macht die Partei selbst einen politischen Lernprozeß durch: gute Gesprächskontakte und gemeinsame Zielsetzungen stehen vor Versuchen der politischen Vereinnahmung. Weitere Berührungspunkte finden sich bei der Kritik an der bürokrati-schen und bürgerfernen Stadtplanung, der Ablehnung von Großprojekten (AKH, Internationales Konferenzzentrum), dem Eintreten gegen Korruption und der Schwerpunktsetzung zugunsten von „sanfter" Stadtsanierung und öffentlichem Verkehr.

Eine ähnliche Linie verfolgt die 1974 gegründete *Gesellschaft für Kommunal-politik,* die die *Zeitschrift für Kommunalpolitik* herausgibt. Diese richtet sich an die fachlich interessierte bundesweite Öffentlichkeit. Sie ist nicht nur durch ihren Präsidenten Busek, sondern auch durch die Person ihres Geschäftsführers (zuerst Hawlik, seit 1982 Christian) eng mit der *Pro Wien*-Bewegung verbunden. Neben Fragen der kommunalen Finanzen und Spezialproblemen liegt der Schwerpunkt ihrer Publikationen bei den Themen Umweltschutz, Partizipation und neue Formen der Sozialpolitik.

Die Wiener ÖVP ist zum Zentrum [7] und einflußreichsten Träger grünen Ge-dankenguts – gerade auch der Anti-Atomkraft-Linie – in der Gesamtpartei ge-worden. Mit dem neuerlichen Erfolg bei den Landtags- und Gemeinderatswah-len 1983 (Stimmen-, Prozent- und Mandatsgewinne) ist dieser Kurs vermutlich inhaltlich wie personell endgültig abgesichert.

Wieviel Strom braucht der Mensch?

Obwohl auch eine Reihe größerer und kleinerer Umweltskandale (Grundwas-serverschmutzung im Wiener Becken, mangelhaft gesicherte und „wilde" Gift-mülldeponien) die Öffentlichkeit bewegen, ist das beherrschende umweltpoliti-sche Thema der frühen achtziger Jahre die Auseinandersetzung mit den (im Ei-gentum der öffentlichen Hand befindlichen) Elektrizitätsgesellschaften. In der Frage der geplanten *Kamptalkraftwerke* vollzieht sich nach jahrelangen Gutach-terdebatten, Konflikten zwischen E-Wirtschaft, Verwaltung und Umweltschüt-zern und Kontroversen innerhalb der Partei(en) [8] ein Meinungswandel der ver-antwortlichen Politiker. Der niederösterreichische Landeshauptmann Ludwig

(ÖVP) entschließt sich im Frühjahr 1983, auf das umstrittene Projekt zu verzichten. [9] Die Auswirkungen dieser Auseinandersetzung strahlen auch auf andere Bundesländer aus. In Salzburg verfügt Landeshauptmann Haslauer (ÖVP) den Stopp der Bauarbeiten für das Kraftwerk im *Oberpinzgau* – im Zuge der recht heftigen Debatten droht er der Landesgesellschaft mit dem Einsatz der Exekutive, sollte sie mit den Bauvorbereitungen fortfahren; Landeshauptmann Krainer (ÖVP) setzt in kurzer Zeit die vorher angeblich nicht durchführbare weitgehende Entschwefelung des steirischen Kraftwerkes *Mellach* durch; die Umweltschutzauflagen für das niederösterreichische Kraftwerk *Dürnrohr* werden verschärft.

In anderen Bereichen sind dagegen keine wesentlichen Erfolge zu verzeichnen: die Problematik des *Zellstoffwerkes Pöls* bleibt ebenso ungelöst wie jene der Einrichtung einer *Kunststoff-Flaschenproduktion* (vor allem für den Coca-Cola-Konzern) in Niederösterreich. Die Kritik der Wiener ÖVP an den mangelhaften Filteranlagen der alten Wiener Kraftwerke verhallt beinahe ungehört, der (im wahrsten Sinne des Wortes „zum Himmel stinkende") Skandal um die *Wiener Müllverwertungsanlage* findet kein Ende.

Zu einem geradezu klassischen Lehrstück „symbolischer Politik" (*Edelmann 1976*) entwickelt sich der geplante *Nationalpark Hohe Tauern*. Parlamentsenquete, Gipfelkonferenzen und mehrfache Begehungen des Geländes durch ÖVP- und SPÖ-Politiker, Aussprachen mit den betroffenen Gemeinden, eine Fülle von Erklärungen, Gegenerklärungen und Presseaussendungen wechseln einander in rascher Folge ab. Unter dem Vorsitz Sinowatz', damals Vizekanzler, wird eine Nationalparkkonferenz abgehalten – ihr gehören u.a. die zuständigen Minister, die betroffenen Landeshauptleute und die Vertreter der Naturschutzorganisationen an. Beschlossen wird die Entsendung einer Beamtenkommission nach Tirol, die freilich nie den Boden des „heiligen Landes" betritt. Als Nationalparkfreunde profilieren sich insbesondere die ÖVP-bündischen Generalsekretäre Heinzinger, Schüssel und Riegler, SPÖ-Klubobmann Fischer und Minister Steyrer. Energiewirtschaft, Tiroler Landesregierung, Anrainergemeinden und Naturschützer treten einander mit massiven Drohgesten gegenüber. Zu Beginn des Jahres 1983 findet man sich praktisch am Ausgangspunkt wieder: zwar wird auf die Erschließung der Venediger-Südseite verzichtet – was allerdings weniger auf die Rücktrittsdrohung des Ministers für Gesundheit und Umweltschutz als auf die mangelhafte wirtschaftliche Ergiebigkeit dieser Flächen und auf das Veto des Alpenvereins, des größten Grundbesitzers, zurückzuführen ist. Die Frage einer energiewirtschaftlichen Nutzung der Oberen Isel (Umbalfälle) bleibt umstritten. Im Juni 1983 einigen sich der neue Bundeskanzler und der alte Tiroler Landeshauptmann auf eine neuerliche Runde im bewährten Gutachter-Ringelspiel.

Alles in allem erweist sich die ÖVP als „lernfähig". 1981 ergänzt sie ihre Sprecherriege um den Naturschutzsprecher Walter Heinzinger. Dieser tritt zunächst dem Umweltsprecher Günter Wiesinger zur Seite, um nach den Nationalratswahlen beide Funktionen in sich zu vereinen. In den folgenden Jahren kommt es zu einer Reihe gemeinsamer Veranstaltungen der Teilorganisationen Arbeiter- und Angestelltenbund (ÖAAB), Wirtschaftsbund (ÖWB), Bauernbund (ÖBB),

Junge Volkspartei zu den Themen „Wirtschaft und Umwelt", „Waldsterben" (Waldkonferenz), „Schutz von Feuchtbiotopen" (Moorkonferenz) und Zukunftspolitik (ÖAAB, Idee 2000). Der Bauernbund forciert sein Anliegen der Biospritproduktion, die Junge Volkspartei legt sich auf eine generelle Anti-Atomkraftlinie fest, die zusehens auch vom Parteiobmann befürwortet wird. Bei den Verhandlungen zur Bundesstraßengesetznovelle kann die Volkspartei eine Reihe von Verbesserungen durchsetzen – so die Berücksichtigung von Umweltfragen beim Neubau von Bundesstraßen und eine signifikante Steigerung der Mittel für Umweltschutzmaßnahmen bei bestehenden Verkehrswegen. Forderungen nach einer rechtlichen Definition von „Umweltschutz", nach weitergehenden Rechten für betroffene Bürger und einer Parteienstellung der Anrainer scheitern an der ablehnenden Haltung der Bundesregierung.

Die steigende Bedeutung des Umweltschutzes für die ɔlitik der Gesamtpartei schlägt sich nicht zuletzt in den programmatischen Erklärungen von Parteiobmann und Kanzlerkandidat Alois Mock vor den Nationalratswahlen 1983 nieder. In der *Erklärung zur Lage der Nation* und im *Arbeitsprogramm für die ersten 100 Tage* verspricht er für den Fall einer Regierungsverantwortung der Volkspartei unter anderem:
- die Schaffung von Nationalparks und Naturreservaten;
- eine Reduktion des Einsatzes wasserbelastender Stoffe sowie eine bessere Klärung von Industrieabwässern;
- eine verstärkte Entschwefelung des Heizöls, weitere Entbleiung des Benzins und verschärfte KfZ-Normen;
- eine Umweltverträglichkeitsprüfung beim Bau von Bundesstraßen und einen weiteren Ausbau des öffentlichen Verkehrs;
- die Einführung der Rücknahmepflicht bzw. eines Entsorgungsnachweises für umweltgefährdende Stoffe durch die erzeugenden Firmen;
- die Schaffung eines Luftreinhaltegesetzes und eines Umweltchemikaliengesetzes;
- die Errichtung von Sondermülldeponien in jedem Bundesland;
- die Ausweitung von Abfallbörsen und Recyclingmöglichkeiten;
- die Einrichtung von „Umweltanwälten" auf regionaler Ebene.

Zum „grünpolitischen Bereich" zählen auch die skeptische bis ablehnende Haltung der Volkspartei gegenüber wirtschaftlichen (General Motors) und baulichen (Internationales Konferenzzentrum in Wien) Großprojekten (vgl. dazu *Plasser/Ulram 1983 a*) und die Forderung nach Ausweitung der direkten Demokratie und der Mitsprache in den sozialbürokratischen Institutionen, Erleichterung direktdemokratischer Initiativen, Mitsprache beim öffentlichen bzw. öffentlich geförderten Wohnbau, Patientenvereinen, Direktwahl der Versicherungsvertreter, Personalisierung des Wahlrechtes (vgl. dazu *Die neue Freiheit, Soziale Sicherheit und Gerechtigkeit*).

Grüne Politik nach dem 24. April 1983

Das Ergebnis der Nationalratswahlen vom 24. April 1983 wird auch für die Grünpolitik der traditionellen Parteien nicht ohne Folgen bleiben können. Zwar hat keine der beiden Grünparteien den Einzug in das Parlament geschafft, doch ist ihnen mit einem Stimmenanteil von zusammen 3,3 Prozent ein – für den ersten Anlauf – respektables Ergebnis gelungen. [10] In ihren lokalen Hochburgen verstehen es Grüne und Alternative immerhin, etwa ein Drittel bis die Hälfte ihres Wählerpotentials von der Gemeinde- auf die Bundesebene hinüberzuretten.

Stimmenanteile der Grünen und Alternativen

	Österr. NR 83	Salzburg NR 83	Salzburg GR 82	Graz NR 83
VGÖ	1,9	4,2		2,3
Bürgerliste			17,0	
ALÖ	1,4	2,1		3,6
Gesamt	3,3	6,3	17,0	5,9

	GR 83	Wien NR 83	Wien GR 83	Baden NR 83	Baden GR 79
VGÖ		2,3		1,1	
Bürgerliste	1,3		0,7		
ALÖ		1,4		1,7	
AL	7,0		2,5		3,0
Gesamt	8,3	3,7	3,2	2,8	3,0

(Quelle: Plasser/Ulram 1983 b)

Unabhängig vom künftigen Schicksal der VGÖ als Partei stellen „die Grünen" einen beachtenswerten politischen Faktor dar. Zudem sprechen viele Anzeichen dafür, daß sich mit der *Alternativen Liste* eine neue, gerade für Jugendliche und Protestwähler attraktive Partei „links" von der SPÖ etablieren wird, die aufgrund ihrer (verglichen etwa mit den bundesdeutschen Grünen) wenig doktrinären Haltung auch beträchtliche Ausstrahlung in die „bürgerliche Reichshälfte" entwickeln könnte. Die ÖVP hat zwar in letzter Minute *(Plasser/Ulram 1983 b)* einen Teil ihrer Wähler, die sich bereits zur Wahl der VGÖ entschlossen hatten, zurückgewinnen können, aber dies stellt eher einen „bedingten Strafaufschub" dar. Versteht es die Partei nicht – sei es in ihrer Rolle als einzige Oppositionspartei im Parlament, sei es als dominierende Kraft in sechs von neun Landesregierungen –, eine konsequente und glaubwürdige Politik in Umweltfragen zu betreiben, so werden entsprechende (auch wahl-)politische Konsequenzen nicht ausbleiben. Diese Problematik scheint zumindest einem Teil der Parteiführung bewußt zu sein. So ist in einer Sitzung der Bundesparteileitung im Mai 1983 die These eines profilierten Vertreters der „alten Politik", das Wahlergebnis habe die relative Bedeutungslosigkeit von Umweltschutzfragen und Parteienverdrossenheit gezeigt, von der Mehrheit abgelehnt worden.

In der Bevölkerung wird die Kompetenz bei „grünen Themen" im Vergleich SPÖ–ÖVP laut Umfrage – umgerechnet in Prozent der Befragten – wie folgt beantwortet:

	1976	1978	1980	1983
Umweltschutz:				
eher SPÖ	48	32	38	34
eher ÖVP	22	21	25	25
Entbürokratisierung:				
eher SPÖ	33	22	28	24
eher ÖVP	29	21	26	30

(Quelle: Dr. Fessel + GfK, Politische Umfragen, 1976, 1978, 1980, 1983)

Derzeit erweist sich die „Grünpolitik" der ÖVP als weitgehend unkoordiniert, widersprüchlich, sprunghaft und reaktiv. Unsicherheit und Angst herrschen vor, teilweise verstärkt durch Informations- und Sensibilitätsmangel. Demgegenüber existieren allerdings auch guter Wille und echtes Engagement bis in die Spitzenränge hinein. Die Partei sieht sich mit einer Entwicklung konfrontiert, deren Stärke und Konsequenzen sie nicht abzuschätzen vermag; sie muß sich mit Interessen und Werten auseinandersetzen, die in den traditionellen Organisations- und Entscheidungsmustern weder integriert noch „vorgesehen" sind. Dazu kommen der starke Widerstand anderer – in der Partei strukturell verankerter – Gruppen, die ihre Interessen durch „zuviel Umweltschutz" und durch direktdemokratische Entscheidungsverfahren bedroht sehen; und die mitunter starre Haltung jener „grünen" Gruppierungen und Personen, die Umweltfragen prinzipiell als „fundamentale Bedürfnisse (...) oder universalistische Werte, (...) die nicht zur Position stehen können" *(Marin 1980, S. 162)*, betrachten.

Voraussetzung für die Verwandlung von unvereinbaren, absolut gesetzten Werten und Interessen in prinzipiell verhandelbare und daher auch kompromißfähige Werte und Interessen ist:

– die Anerkennung der grundsätzlichen Legitimität der jeweils anderen Position;
– die Identifizierung von (zumindest themenspezifisch) repräsentativen Gesprächspartnern, notfalls auch die Schaffung von Strukturen, in denen sich derartige Gesprächspartner herausbilden können;

– die Schaffung abgesicherter Kontaktstellen zwischen Parteiführung und neuen Bewegungen sowie die strukturelle Einbeziehung der letzteren in den politischen Entscheidungsprozeß.

Eine (auch formelle) Institutionalisierung ist dabei weder gleichbedeutend mit der Übernahme bestehender Organisationsformen noch mit der völligen Integration oder gar der „Inhalation" durch die Partei. Hingegen ermöglicht sie eine kontinuierliche Gesprächssituation und schafft die Basis für eine innerorganisatorische Interessenvertretung, für geregelte Prozesse der Konfliktaustragung und Konsensfindung. Gleichzeitig kann sie als Anlaufstelle für unabhängige Gruppierungen fungieren und Zugänge zu den Entscheidungsträgern schaffen.

Zweifelsohne würde eine solche Entwicklung zunächst eine Erhöhung des innerparteilichen Konfliktniveaus bedeuten. Langfristig würde sie auch die traditionelle Organisationsstruktur der ÖVP, die im wesentlichen eine Föderation aus regionalen („Länder") und berufsspezifischen („Bünde") Interessenvertretungen ist, verändern. Andererseits werden alle Großparteien – auf ihre Art ebenso „Saurier in der Kreidezeit" wie ein Gutteil der staatlichen und parastaatlichen Bürokratien – ihr Überleben nur dann sichern können, wenn sie neue Formen der Politikformulierung und der Zusammenarbeit mit den Selbstorganisationsinitiativen der Gesellschaft zu entwickeln vermögen *(Plasser/Ulram 1982)*. Eine „neue Politik" in den Bereichen „Umweltschutz" und „Bürger- bzw. Beteiligungsrechte" erfordert darüber hinaus auch Änderungen in den wirtschafts- und sozialpolitischen Zielvorstellungen. Hierfür gibt es derzeit noch kaum konkrete Ansatzpunkte, vielmehr werden neue Schlagworte – von der „qualitativen, sozialen Marktwirtschaft" bis zum „Ökosozialismus" – propagiert, und gleichzeitig wird beharrlich an diversen Mischformen von Monetarismus und neokeynesianischem Interventionismus festgehalten. Dies deutet ebenso wie die lediglich kosmetischen „Verwaltungsreformen" der Regierungspartei, die Skepsis mancher ÖVP-Politiker und der Interessenvertreter jeglicher Couleur gegenüber direktdemokratischen Initiativen, eher auf die Hilflosigkeit und Verunsicherung der Politiker und ihrer wissenschaftlichen Stäbe.

Die Bildung eines neuen gesellschaftlichen Grundkonsenses [11] ist abhängig von einem für beide Seiten zufriedenstellenden oder doch akzeptablen Kompromiß zwischen dem Bedürfnis nach Wohlstand und Sicherheit und dem Bedürfnis nach einer lebenswerten, gesunden Umwelt, zwischen neuen Formen der Beteiligung und der repräsentativen Demokratie, zwischen „industriellen" und „alternativen" Werten. Jene Partei, die ihn zu realisieren vermag, dürfte in Zukunft die dominierende Rolle in der österreichischen Politik einnehmen.

Anmerkungen:

1 Umwelt- und Naturschutzmaßnahmen gab es natürlich schon vorher. So geht eines der wichtigsten Umweltschutzgesetze der siebziger Jahre, die Verbesserung der Wasserqualität durch die Einrichtung des Wasserwirtschaftsfonds auf eine Initiative der ÖVP-Alleinregierung zurück. Allerdings kann zu diesem Zeitpunkt noch nicht von einem Umweltbewußtsein im heutigen Sinn gesprochen werden.

2 Dementsprechend findet sich auch im Bewußtsein der einzelnen Menschen ein Konglomerat unterschiedlicher, mitunter konfligierender Werthaltungen und Ansprüche. Bei den konkreten Anlässen (Beeinträchtigung der Wohnqualität durch ein geplantes Straßenprojekt; drohender Arbeitsplatz- oder Einkommensverlust) tritt im Regelfall das eine oder andere Element in den Vordergrund, ohne daß dabei eine generelle Umorientierung des persönlichen Werte- und Interessensystems erfolgt.

3 Zwei frühe Wiener Fallstudien finden sich bei *Ulram 1978* (Sternwartepark) und *Voitl/Guggenberger/Pirker 1977* (Planquadrat).

4 Für die Entwicklung in Österreich, die von der in der Bundesrepublik Deutschland abweicht, zeichnen auch andere Faktoren verantwortlich: so die relative Schwäche der heimischen Privatwirtschaft – die großen industriellen und energiepolitischen Umwelt-„sünder" sind fast ausschließlich Staatsbetriebe; die Federführung des Österreichischen Gewerkschaftsbundes unter den Grüngegnern; und die neutrale Stellung Österreichs, durch die die Friedens- und Raketenfrage weitgehend entschärft wird.

5 Der Anteil der Atomgegner unter den ÖVP-Wählern steigt in der Folge auf zirka sechzig Prozent, wo er sich stabilisiert (Februar 1983: contra einundsechzig Prozent, pro siebzehn Prozent). Bei den SPÖ-Anhängern lautet das Ergebnis im Februar 1983: contra vierundzwanzig Prozent, pro vierundfünfzig Prozent.

6 Noch bei der Kandidatenaufstellung 1983 müssen einige von Buseks „bunten Vögeln" Federn lassen. Sie können oft nur durch den persönlichen Einsatz des Parteiobmannes auf „sichere" Listenplätze gelangen.

7 Vgl. dazu das „Grüne Manifest" von Erhard Busek, wiederabgedruckt bei *Christian 1983.*

8 Besonders heftige Auseinandersetzungen werden dabei zwischen dem Naturschutzsprecher der Bundes-ÖVP, Heinzinger, einerseits und den Vertretern der NÖ-E-Wirtschaft und lokalen politischen Befürwortern des Projektes jeglicher politischer Couleur andererseits geführt.

9 Die Entscheidung fällt schon einige Tage vor dem spektakulären Gesinnungswandel des niederösterreichischen SPÖ-Landesrates Brezovsky – des zuvor vielleicht engagiertesten Kraftwerkfreundes unter den Politikern.

10 Daß die VGÖ das Grundmandat in Wien um etwa viereinhalbtausend Stimmen verfehlt haben, stellt kein Verdienst der umweltpolitischen Überzeugungskraft der traditionellen Parteien dar, sondern ist primär das Resultat interner Konflikte, politischer Unerfahrenheit und organisatorischer Schwäche der Grünen (vgl. dazu *Plasser/Ulram 1983 b)*. Die beiden Grünparteien haben ihr Stimmenpotential, das bei 10 bis 15 Prozent liegt, bei weitem nicht ausgeschöpft – das kann sich in Zukunft durchaus ändern.

11 Ein solcher Grundkonsens bestand in den ersten beiden Nachkriegsjahrzehnten zwischen den beiden großen Lagern der Christlichsozialen und Sozialisten; in den siebziger Jahren als Interessen-, Werte- und Wählerkoalition zwischen der alten Industriearbeiterschaft und Teilen der neuen Mittelschichten von Angestellten („sozial-liberaler Konsens" unter Führung der SPÖ, aber ohne liberalen Partner).

Literatur:

Arbeitsprogramm für die ersten 100 Tage:
A. Mock: Den Aufschwung schaffen – Arbeitsprogramm für die ersten 100 Tage. Wien (April) 1983

Barnes/Kaase 1979:
A.M. Barnes/M. Kaase et. al.: Political Action – Mass Participation in Five Western Democracies. London 1979

Bell 1979a:
D. Bell: Die nachindustrielle Gesellschaft. Reinbek 1979

Bell 1979b:
D. Bell: Die Zukunft der westlichen Welt – Kultur und Technologie im Widerstreit. Frankfurt/M 1979

Bretschneider 1980:
R. Bretschneider: Wahlen und Wähler in Österreich 1978/79; in: A. Kohl/A. Stirnemann (Hrsg.): Österreichisches Jahrbuch für Politik '79. Wien 1980

Busek 1983:
E. Busek (Hrsg.): Mut zum aufrechten Gang. Beiträge zu einer anderen Art von Politik. Wien 1983

City-in 1973:
City-in (Hrsg.): Modell Wien. Wien 1973

City-in 1975:
City-in (Hrsg.): Öffentlicher Verkehr in Wien. Wien 1975

Christian 1983:
R. Christian: Die Grünen – Momentaufnahme einer Bewegung in Österreich; in: A. Kohl/A. Stirnemann (Hrsg.): Österreichisches Jahrbuch für Politik '82. Wien 1983

Daten zur Lebensqualität 1975:
Daten zur Lebensqualität. Herausgegeben von der Zukunftskommission der ÖVP. Wien 1975

Diem 1978:
P. Diem: Der semantische Krieg; in: Academia 1978/1-2

Erklärung zur Lage der Nation:
A. Mock: Erklärung zur Lage der Nation. Wien (Jänner) 1983

Dr. Fessel + GfK:
Jugend und Politik. Wien 1980
Politische Umfragen. Wien 1976, 1978, 1980, 1982, 1983
Sozialstruktur und Bewußtsein. Wien 1979

Gartner/Riessman 1978:
A. Gartner/F. Riessman: Der aktive Konsument in der Dienstleistungsgesellschaft. Frankfurt/M 1978

Gerlich 1983:
P. Gerlich: Österreichs Parteien – Ergebnisse und Konsequenzen; in: Gerlich/Müller 1983

Gerlich/Müller 1983:

P. Gerlich/W.C. Müller (Hrsg.): Zwischen Koalition und Konkurrenz – Österreichs Parteien seit 1945. Wien 1983

Häupl 1983:

M. Häupl: Marxismus und Ökologie – Überholtes Dogma?; in: Marschalek/Pelinka 1983

Hennis 1977:

W. Hennis: Parteienstruktur und Regierbarkeit; in: W. Hennis/P.G. Kielmansegg/U. Matz (Hrsg.): Regierbarkeit – Studien zu ihrer Problematisierung. Bd. 1, Stuttgart 1977

Inglehart 1979:

R. Inglehart: Wertwandel und politisches Verhalten; in: J. Matthes (Hrsg.): Sozialer Wandel in Westeuropa. Frankfurt/M 1979

Marin 1980:

B. Marin: Neuer Populismus und „Wirtschaftspartnerschaft" – „Neo-korporatistische" Konfliktregelung und außerinstitutionelle Konfliktpotentiale in Österreich; in: Österreichische Zeitschrift für Politikwissenschaft, Nr. 2/1980

Marschalek/Pelinka 1983:

R. Marschalek/P. Pelinka (Hrsg.): Rot-Grüner Anstoß. Wien 1983

Müller 1983:

W.C. Müller: Parteien zwischen Öffentlichkeitsarbeit und Medienzwängen; in: Gerlich/Müller 1983

Nenning 1983:

G. Nenning: Skizze einer Nicht-Strategie für Sozialdemokraten – Rot-Grünes Wachstum; in: Marschalek/Pelinka 1983

Noelle-Neumann 1978:

E. Noelle-Neumann: Werden wir alle Proletarier? Wertewandel in unserer Gesellschaft. Zürich 1978

ÖAAB – Idee 2000:

H. Kohlmaier/W. Heinzinger/W. Ettmayer (Hrsg.): ÖAAB – Idee 2000. Wien 1983

Pläne zur Lebensqualität 1973–75:

ÖVP (Hrsg.): Lebensqualität, Plan 1–4, 1973–75

Plasser/Ulram 1981:

F. Plasser/P.A. Ulram: Auf dem Weg in die postindustrielle Gesellschaft?; in: A. Kohl/A. Stirnemann (Hrsg.): Österreichisches Jahrbuch für Politik '80. Wien 1981

Plasser/Ulram 1982:

F. Plasser/P.A. Ulram: Unbehagen im Parteienstaat. Jugend und Politik in Österreich; Wien 1982

Plasser/Ulram 1983a:

F. Plasser/P.A. Ulram: Politischer Protest und politische Strategie – das Volksbegehren gegen den Neubau des internationalen Konferenzzentrums in Wien; in: A. Kohl/A. Stirnemann (Hrsg.): Österreichisches Jahrbuch für Politik '82. Wien 1983

Plasser/Ulram 1983b:

F. Plasser/P.A. Ulram: Die Nationalratswahl 1983 – Dokumentation, Analyse und Konsequenzen; in: Österreichische Monatshefte, Nr. 4/1983

Plasser/Ulram 1983c:

F. Plasser/P.A. Ulram: Wahlkampf und Wählerentscheidung 1983 – Die Analyse einer kritischen Wahl; in: Österreichische Zeitschrift für Politikwissenschaft, Nr. 3/1983

Polyani 1978:

K. Polyani: The Great Transformation. Politische und ökonomische Ursprünge von Gesellschaften und Wirtschaftssystemen. Frankfurt/M 1978

Programm Wien 1978:

Pro Wien: Programm Wien. Wien 1978

Rosenmayr 1980:

L. Rosenmayr (Hrsg.): Politische Beteiligung und Wertwandel in Österreich. Wien 1980

Salzburger Programm 1972:

Österreichische Volkspartei: Salzburger Programm

Ulram 1978:

P.A. Ulram: Zwischen Bürokratie und Bürger. Sozialistische Kommunalpolitik in Wien, Stockholm und Bologna. Wien 1980

Ulram 1983:

P.A. Ulram: Politischer Wandel in Wien 1972–1983; in: Busek 1983

Voitl/Guggenberger/Pirker 1977:

H. Voitl/E. Guggenberger/P. Pirker: Planquadrat: Ruhe, Grün und Sicherheit – Wohnen in der Stadt. Wien 1977

Sabine Engels
Umweltpolitik der Freiheitlichen

Programmatische Positionen

Die Freiheitliche Partei Österreichs hat als erste Partei in Österreich den Umweltschutzgedanken und die Erfordernisse der Raumplanung fest in ihrem Programm verankert. Bereits in den Richtlinien zum ersten FPÖ-Parteiprogramm, den *Vierzehn Punkten* aus den Jahren 1956–58, finden sich die ersten Hinweise auf den Naturschutz. Unter Punkt 12 heißt es da unter anderem: „Einen besonders wertvollen Vermögensbestandteil der österreichischen Volkswirtschaft stellen unsere Wälder dar. Diese wurden in der Vergangenheit über Gebühr in Anspruch genommen. Wir fordern daher, daß Aufforstungslücken so rasch wie möglich geschlossen werden und daß weiterhin die Waldgrenze so weit hinaufgeschoben wird als möglich. Wir fordern ein fortschrittliches Forst- und Waldwirtschaftsgesetz sowie eine öffentliche Vorsorge für unsere Wälder, die ihrer volkswirtschaftlichen Bedeutung und dem Einfluß entspricht, die sie auf das Klima sowie auf die Gesundheit des Bodens und der Bevölkerung haben. Dazu gehört nicht nur die Sicherung der Aufforstung bei Erteilung von Schlägerungsbewilligungen, sondern vor allem eine kostenlose Betreuung des Bauernwaldes durch Aufstellung von Waldwirtschaftsplänen sowie durch laufende Beratung."

Das 1968 erarbeitete, heute offiziell noch geltende *Ischler Parteiprogramm*, das in allen Landesgruppen diskutiert wurde, umfaßt bereits alle wesentlichen Bereiche des Umweltschutzes: „Eine gesamtösterreichische Raumordnung durch zukunftsbezogene Gliederung des Lebensraumes in Siedlungs-, Wirtschafts-, Verkehrs- und Erholungflächen ist lebensnotwendig. Das Bodenrecht muß diesen Bedürfnissen angepaßt werden. Die Erhaltung des Waldes, die Reinheit von Wasser und Luft sowie die Lärmbekämpfung sind Lebensfragen für alle kommenden Generationen. Voraussetzung eines umfassenden Naturschutzes sind die Erarbeitung wissenschaftlicher Erkenntnisse und deren Anwendung bei den erforderlichen gesetzlichen Regelungen im Sinne von Schutz und Vorsorge." Diese frühe programmatische Festlegung der FPÖ in Umweltschutzfragen ist umso bedeutungsvoller, als noch 1969 eine Umfrage in der Bundesrepublik Deutschland zutage förderte, daß neun von zehn Befragten mit dem Begriff Umweltschutz nichts anzufangen wußten.

Im Zuge der weiteren Programmdiskussion innerhalb der FPÖ, die wesentlich vom *Atterseekreis* mitgeprägt wurde, entstand das wesentlich umfangreichere

Freiheitliche Manifest zur Gesellschaftspolitik. Es wurde 1973 beschlossen und muß heute in der politischen Praxis als das eigentliche Parteiprogramm bezeichnet werden. Das Manifest ist nicht generell als klassisch-liberal zu beurteilen, zeigt doch das Bekenntnis zur Planungsnotwendigkeit im Bereich der Raumordnung und insbesondere des Umweltschutzes eine gewisse Weiterentwicklung innerhalb des liberalen Schemas. Will man einige Positionen des Manifestes hervorheben, die die Weiterentwicklungsmöglichkeiten des Liberalismus in einer geänderten Welt berücksichtigen, so könnte man aufführen: die Erkenntnis, daß dem Wirtschaftswachstum eine ökologisch bestimmte Grenze gesetzt wird; die Tatsache, daß dem Eigentumsrecht und Verfügungsrecht über Grund und Boden die Nichtvermehrbarkeit des Bodens gegenübergestellt und damit eine Planungsberechtigung verbunden wird. Konkret heißt es dazu im Absatz *Wachstums- und Verteilungspolitik*: „Der Ausdehnung der Produktion sind allerdings ökologische Grenzen gesetzt. Das Wachstum und die Entwicklung der Wirtschaft muß sich daher von der bloßen Konsumgütervermehrung auf Qualitätsproduktion und den Dienstleistungssektor verlagern. Die Weiterentwicklung des individuellen Lebensstandards, die Lösung von Gemeinschaftsaufgaben und die Lösung von Umwelt-, Verkehrs-und Bildungsproblemen müssen mit den so frei werdenden Produktionskapazitäten betrieben werden." Im Abschnitt *Raumordnung und Regionalpolitik* wird die bereits im Ischler Programm erhobene Forderung nach einer gesamtösterreichischen Raumordnung um die Forderung nach ökologischen Ausgleichsflächen und vorbeugendem Umweltschutz zur Bewahrung der Erholungsregionen erweitert. Als Grundvoraussetzung dafür wird eine eindeutige Bundes-Raumordnungskompetenz und eine Einschränkung der Gemeindeautonomie im gesamtstaatlichen Interesse vorgeschlagen. Die Stadterneuerung und die Erhaltung des Althausbestandes und historischer Ortsbilder werden ebenso angesprochen wie die Erhaltung und Pflege unersetzlicher Kultur- und Erholungslandschaften und die Aufforstung dafür geeigneter Böden.

Im Kapitel *VI. Der Mensch und seine Umwelt,* das bereits das gesamte Spektrum der Umweltbedrohung umfaßt, werden Lösungen angeboten, durch die der verantwortungsbewußte Mensch in einen ökologisch orientierten Ordnungsrahmen gestellt wird. Die Freiheit des einzelnen endet folglich nicht nur dort, wo die Freiheit des Nächsten bedroht ist, sondern auch dort, wo er der Umwelt irreversiblen Schaden zufügen könnte. Damit schließt das Manifest an jene Tradition an, die der große Liberale John Stuart Mill in seinen *Principles of Political Economy* begründet hat, als er schrieb, daß „die Erde selbst, ihre Wälder und Gewässer und all die anderen natürlichen Reichtümer" das „Erbe der menschlichen Rasse" sind und daß es Vorschriften für den allgemeinen Genuß dieser Reichtümer geben muß. Diese liberale Tradition ist durchaus nicht zu jeder Zeit und überall gewahrt worden. Da das Kapitel VI. des Freiheitlichen Manifestes zentrale Bedeutung hat, soll es hier vollständig zitiert werden.

***

„Die Menschen unseres Jahrhunderts benehmen sich noch immer wie Nomaden. Sie verwüsten das Land in dem sie leben, als ob sie danach einfach weiterziehen könnten. Das ist nicht mehr möglich.

Das größte Problem ist daher nicht die Umweltverschmutzung, sondern überhaupt das gestörte Verhältnis des Menschen zur Umwelt.

Umweltpolitik ist auf die Dauer gesehen die einzige Rettung vor der Selbstvernichtung der Menschheit.

Als Hauptursachen der drohenden Umweltkatastrophe sind zu beachten:
– Umweltverschmutzung, Umweltvergiftung und atomare Verseuchung;
– Mißbrauch und Vergeudung von begrenzt vorkommenden Rohstoffen;
– übermäßiger Energieverbrauch;
– Zerstörung der Natur durch unüberlegte kurzfristige Nutzung und planlose Zersiedelung.

Umweltschutz erfordert materielle Hilfen und ist ohne gesetzlichen Zwang nicht durchsetzbar. Er verlangt gewisse Verzichte, beispielsweise auf die kurzfristigen Vorteile einer unverantwortlichen „Wegwerf-Technik", bringt aber im Zeitmaßstab der Generationen Zinsen.

Planung: Grundlage der Zukunft

Wir haben die Verpflichtung, auch den nachfolgenden Generationen ein menschenwürdiges Dasein zu ermöglichen.

Dies ist heute schwieriger als je zuvor, da die technische Entwicklung dem Menschen Mittel und Möglichkeiten in die Hand gegeben hat, mit denen eine umweltverändernde Wirkung höchsten Grades erzielt werden kann. Zudem sind die Auswirkungen des Einsatzes dieser technischen Möglichkeiten in einem komplizierten System wechselseitig abhängiger Umweltfaktoren nur schwer vorhersehbar. Vor allem verleitet die Komplexität unseres Weltsystems die heutigen Entscheidungsträger oft dazu, in ihren Entscheidungen deren langfristige Auswirkungen erst gar nicht einzukalkulieren. Jede Planung muß die Freiheit des einzelnen sowie den Freiheitsraum für Gemeinschaften berücksichtigen und erhalten.

Planungs- und Freiheitspostulat können aber zu Konfliktsituationen führen. Es ist daher notwendig, die Forderung nach persönlicher Freiheit als Planungsziel mitzuberücksichtigen. Im Konfliktfall muß dann jeweils entschieden werden, ob das Planungsziel „Erhaltung des Freiheitsraumes" oder eines der anderen Ziele Vorrang haben soll.

Umweltschutz – primäre Forderung der Industriegesellschaft

Die Erhaltung einer gesunden und menschenwürdigen Umwelt muß in der modernen Industriegesellschaft der übergeordnete Wertmaßstab aller wirtschaftlichen und technologischen Maßnahmen werden. Umweltschutz hat Vorrang vor

Gewinnstreben und persönlichem Nutzen, schließt diese jedoch nicht unbedingt aus.

Durch Übergang der Produktion von quantitativen Steigerungen zu qualitativ höherwertigen und langlebigen Gütern kann der Lebensstandard durchaus beibehalten werden.

Durch gezielte Förderung von Methoden und Industrien zur Wiederverwertung gebrauchter Güter ist sicherzustellen, daß langfristig eine bestmögliche Ausnützung der uns zur Verfügung stehenden Rohstoffe erreicht wird.

Eine umweltschützende Verbotsgesetzgebung muß – möglichst auf internationale Konventionen abgestellt – Grenzwerte bzw. Höchstwerte zulässiger Umweltbelastung und -verschmutzung festlegen. Diese Werte haben auf Erkenntnissen der Ökologie zu basieren.

Darüber hinaus ist Umweltschutz eine der Gemeinschaft gestellte Aufgabe.

Die Kosten des Umweltschutzes sind grundsätzlich vom Verursacher zu tragen.

Beim Finanzausgleich ist der Vorrang des Umweltschutzes zu berücksichtigen.

Umweltfreundliche Produktionsverfahren und die hiezu erforderlichen Investitionen sind durch Steuerbegünstigung zu fördern. Die steuerliche Behandlung von Anlagegütern und Betriebseinrichtungen sollte darauf abzielen, daß die technisch und wirtschaftlich normale Verwendungsdauer dieser Güter und Einrichtungen nicht zur Erreichung von Steuervorteilen unnötig verkürzt wird.

Es sind Umweltschutzbeauftragte als Umweltschutzorgane zu schaffen, die in einschlägigen Verfahren die Umweltschutzbelange mit Parteistellung wahrzunehmen haben.

Durch eine entsprechende Steuer-, Abgaben- und Preispolitik müssen die Erzeugung und der Verbrauch langlebiger Wirtschaftsgüter sowie die Rückgewinnung von Rohstoffen begünstigt werden.

Bei der Schrott- und Abfallablagerung sind wiederverwendbare Abfälle abzusondern.

Das ökologische Gleichgewicht

Die wissenschaftliche und technologische Forschung muß mit einer koordinierten Schwerpunktbildung vorangetrieben werden. Die Mittel für die staatliche Auftragsforschung sind zu konzentrieren und zu erhöhen. Es muß das wichtigste Ziel werden, das ökologische Gleichgewicht, die Funktionsfähigkeit der Biosphäre, jener dünnen Schicht aus Luft, Erde und Wasser, die unseren Planeten umgibt und Leben im biologischen Sinn überhaupt ermöglicht, zu sichern und wiederherzustellen.

An allen einschlägigen Fakultäten sind Lehrkanzeln für Ökologie zu errichten und über eine Forschungszentrale aufeinander abzustimmen.

Durch systematische Erziehung und fortlaufende Information in Schulen und Massenmedien ist ein neues Umweltbewußtsein herbeizuführen.

Umweltfreundliche Produktion, einseitig betrieben, bleibt nur begrenzt erfolgreich und würde zu Wettbewerbsverzerrungen in der Weltwirtschaft führen.

Alle Bemühungen zur Erzielung internationaler Umweltschutzvereinbarungen müssen tatkräftig unterstützt werden. Darüber hinaus sind umwelterhaltende Kriterien bei Abschluß von Handelsverträgen zu berücksichtigen. Dazu wäre eine Konvention über ein globales „Umweltgütezeichen" anzustreben. Der Mißbrauch des Begriffes Umweltschutz für die kommerzielle Werbung ist zu verbieten.

Zur Behebung der bestehenden Luft- und Wasserverschmutzung, Bodenverseuchung und Lärmschädigung ist ein mittelfristiger Sanierungsplan zu erstellen. Die dafür notwendigen Mittel sind von der öffentlichen Hand bereitzustellen.

Den in Kraft stehenden Gesetzen und Verordnungen zum Umweltschutz ist in der Verwaltungspraxis mehr Nachdruck zu geben.

Durch Rahmengesetze sind alle Bau-, Siedlungs-, Verkehrs- und Raumordnungen auf Umwelterfordernisse, im besonderen hinsichtlich des Natur-, Landschafts- und Lärmschutzes, auszurichten. Außerdem ist eine Bundeskompetenz für den Umweltschutz zu schaffen.

Verbrauchsgewohnheiten neu durchdenken

Die Zukunft der Menschheit und die Güte ihrer Lebensbedingungen werden weitgehend davon bestimmt, ob es gelingt, durch maßvollen Gebrauch und möglichste Wiederverwertung von Rohstoffen eine Verknappung zu vermeiden.

Dies erfordert ein Neudurchdenken der Verbrauchsgewohnheiten:
– Bei allen industriellen, gewerblichen und Wohnbauplanungen ist auf eine Trennung von Trink- und Nutzwassergebrauch hinzuarbeiten.
– Durch ein Gesetz über die Altölverwertung und den Öltransport ist der fortschreitenden Grundwasserverseuchung Einhalt zu gebieten.
– Luftreinhaltegesetze sind ehestens zu verabschieden. Die Umstellung bestehender umweltfeindlicher Hausbrandanlagen und die Neuerrichtung umweltfreundlicher ist zu fördern.
– Alle umweltfreundlichen Energie- und Wärmeträger sind steuerlich zu bevorzugen.
– Die Verbrennungsmotorenindustrie ist zur Herstellung umweltfreundlicher Verbrennungsmotoren (in Bezug auf Abgase, giftige Zusätze, Lärmentwicklung) zu verhalten.
– Durch hochleistungsfähige und attraktive Verkehrsmittel ist einer weiteren übermäßigen Zunahme des Individualverkehrs entgegenzuwirken.

Der Rohstoffbedarf bedeutet für die Menschheit seit jeher ein Problem, doch der enorme Anstieg des Verbrauches vieler Grundstoffe führte dazu, daß der Gesamtverbrauch des letzten Jahrzehntes gleich ist dem aller früheren Epochen zusammen. Bei weiterer Steigerung ist bei einigen Metallen wie Kobalt, Nickel und Kupfer in den nächsten Jahrzehnten eine extreme Verknappung zu erwarten.

Durch Überdenken und Änderung unserer Freizeitgewohnheiten, durch Übergang vom materiellen Konsum zum Genuß immaterieller Güter, kann beigetragen werden, diesen drohenden Engpaß zu vermeiden, gleichzeitig aber auch den Sinn und die Rolle unseres Lebens in dieser Welt besser zu verstehen.

Energieplan und Sicherstellung der Rohstoffversorgung

Besonders bedrohlich ist die Situation auf dem Rohölsektor. Selbst wenn man den optimistischen Schätzungen glaubt, reichen bei gleichbleibendem, also stagnierendem Verbrauch die Vorräte nur für hundert Jahre. Damit wird späteren Generationen ein wesentlicher Rohstoff für ihre chemische Industrie fehlen, nur weil man im 20. Jahrhundert Erdöl sinnlos vergeudet hat.

Ein Gesamtenergieplan hat mit der Kostenkalkulation gleichrangig die Umweltfreundlichkeit zu berücksichtigen. Außerdem ist die Bekämpfung übermäßigen Verbrauches aus Energiequellen, die nicht regenerierbar sind, erforderlich.

In erster Linie zählen dazu Öl, aber auch Erdgas und Kohle, also die fossilen Brennstoffe. Wegen des beschränkten Vorkommens sollte der Grundsatz gelten, daß sie nur dort verwendet werden dürfen, wo es unumgänglich notwendig ist. Ihr Verbrauch muß so geplant werden, daß mit den vorhandenen Reserven noch jene Zeitspanne sicher überbrückt werden kann, die notwendig ist, um neue Verfahren der Energieerzeugung zur wirtschaftlichen Einsatzreife zu bringen.

Das gilt vor allem für die Kernenergie, deren heutiger Entwicklungsstand unbefriedigend ist, bei der aber in nächster Zukunft wichtige Neuerungen zu erwarten sind. Daher ist es verfrüht, heute schon in zu großem Ausmaß auf Kernenergie überzugehen.

Berechtigte Erwartungen verknüpfen sich mit den jüngsten Forschungsarbeiten zur Nutzbarmachung der Sonnenenergie. Unabhängig von der Energieerzeugung ist großes Augenmerk darauf zu lenken, daß Energieverluste vermieden werden. Das betrifft die gesamte Wärmewirtschaft. Dazu gehören beispielsweise bessere Wärmedämmungsmaßnahmen im gesamten Bauwesen. Die Menschen werden ihren Energieverbrauch planen müssen."

***

Das Schlußkapitel des Freiheitlichen Manifestes, *VIII. Der Mensch und seine Freiheit,* endet mit folgenden Worten: „Wir haben auch die Verantwortung gegenüber der Welt. Der durch Wissenschaft, Technik und Wirtschaft bestimmte Grad, den die Herrschaft des Menschen über die Natur bereits erreicht hat, rückt eine in der Menschheitsgeschichte neue und furchtbare Möglichkeit in greifbare

Nähe: Der Mensch besitzt bereits die Mittel, die Welt zu zerstören. Das Zerstörungswerk hat schon begonnen. Derselbe Mensch hat aber genauso die Freiheit, sein Wissen und seine Vernunft einzusetzen, um die Welt zu erhalten und zu einer lebenswerten Heimstätte auch für die zukünftigen Generationen zu machen. So trägt der Mensch in seiner Freiheit auch die Verantwortung für das Schicksal der Welt."

Umsetzung der FPÖ-Grundsätze:
Der Fall Zwentendorf

Obwohl die FPÖ jahrzehntelang nicht mit der Regierungsverantwortung betraut war, war es ihr durch verantwortungsbewußte und konsequente Parlamentsarbeit auch von der Oppositionsbank aus möglich, an umweltrelevanten Entscheidungen mitzuwirken.

Der wohl wichtigste Fall ist die Ablehnung des Atomkraftwerks Zwentendorf beziehungsweise des Einstiegs in die Atomtechnologie auf dem damaligen (und jetzigen) Stand der Technik. Der Beschluß über den Bau von Atomkraftwerken in Österreich wurde von der ÖVP-Alleinregierung getroffen und vom Kabinett Kreisky bestätigt und fortgesetzt. Die FPÖ stimmte dem Beschluß nicht zu, obwohl sie der Kernenergie anfangs nicht prinzipiell negativ gegenüberstand. In der Kurzfassung des *Freiheitlichen Energiekonzepts* aus dem Jahre 1973 – die „Langfassung" zählt vierundfünfzig DIN-A-4-Seiten – wird das Kapitel Kernenergie folgendermaßen abgehandelt: „Die Kernenergie ist eine große energiewirtschaftliche Hoffnung. Unglücklicherweise ist die gegenwärtige Kernkraftgewinnung auf der Basis der Atomspaltung von U 235 mit dem nach wie vor ungelösten Problem einer Umweltverseuchung durch Radioaktivität belastet. Die zahlreichen Warnungen namhafter Wissenschafter, dieses Problem zu bagatellisieren, dürfen nicht unbeachtet bleiben. Nachdem die Entscheidung für zwei österreichische Kernkraftwerke herkömmlicher Art bereits gefallen ist, sollten weitere Projekte zurückgestellt werden. Für ein behutsames Vorgehen auf dem Gebiet der Kernenergie sprechen auch wirtschaftlich-technische Gründe (...)".
Im übrigen empfiehlt das Energiekonzept den Ausbau der Wasserkraft unter größtmöglicher Rücksichtnahme auf den Umweltschutz und die Nutzung von Erdwärme und Sonnenenergie als die umweltfreundlichste Energieform.

Einer der wichtigsten Punkte des Energiekonzeptes ist die Energieeinsparung. Dazu heißt es: „Energie ist kein im Überfluß vorhandenes oder beliebig vermehrbares Gut und muß daher genau kalkuliert, zu echten Preisen ausgewiesen und sparsam bewirtschaftet werden. Die Bevölkerung muß ganz allgemein zu einem sparsamen Energieverbrauch erzogen werden. Es ist zudem ein echtes Kostenbewußtsein zu wecken. Alle Spartechnologien sind zu fördern. Für die Dauer gesehen wichtigste Sparmaßnahme ist eine wesentlich bessere Bautenisolierung, wobei der Heizbedarf um bis zu fünfzig Prozent gesenkt werden kann. Hiefür sind neue Normen zu schaffen. In der Industrie müssen gleichfalls alle Fertigungsverfahren und Produktionen begünstigt werden, die zu einer Verringerung des Energieeinsatzes führen. Sehr viel ungenützte Abwärme in Luft und

Wasser könnte durch Wärmepumpen einer wirtschaftlichen Wiederverwendung zugeführt werden. Der Einsatz von Wärmepumpen kann durchaus rentabel für Beheizungs- und Klimatisierungsaufgaben aller Art erfolgen und verdient weit mehr Aufmerksamkeit als bisher. Zu einem rationellen Energieeinsatz und darüber hinaus ganz allgemein rationellen Rohstoffeinsatz gehört langfristig die systematische Umstellung der gesamten Wirtschaftsproduktion auf langlebige Qualitätserzeugnisse. Auf diese Weise könnte ein qualitatives Wirtschaftswachstum erreicht werden, ohne daß zugleich der Energiebedarf proportional mitwächst. Eine solche Umorientierung der menschlichen Wirtschaftstätigkeit erscheint als die wichtigste Maßnahme zur Sanierung und Bewahrung des ökologischen Gleichgewichtes."

Natürliche Konsequenz der programmatischen Zielaussage der FPÖ zu sparsamstem Umgang mit den Reichtümern der Natur und Umwelt, die einerseits in der liberalen Tradition in Mill'schem Sinne verankert ist, andererseits auch eine originäre Verankerung im 'Dritten Lager' im Sinne Wandruschkas hat, die sich im ausgeprägten Verantwortungsbewußtsein für das Wohl zukünftiger Generationen manifestiert, war die abwartende bis ablehnende Haltung gegenüber der Atomtechnologie. Neben diesen beiden historisch-ideologischen Wurzeln des Umweltschutzgedankens im national-liberalen Lager ist noch ein drittes Moment für die Haltung der FPÖ in diesen Fragen mitbestimmend: das traditionelle und nicht nur durch lange Oppositionszeit gewachsene Selbstverständnis als kritische und kontrollierende Protestpartei, das durch den signifikant hohen Wechselwähleranteil immer wieder bestätigt wird. Dieses Anliegen als Protestpartei umfaßt alle Bereiche menschlichen Lebens: den Schutz der Bürger- und Freiheitsrechte ebenso wie die Zurückdämmung überbordender anonymer Machtapparate (Genossenschaften, Kartelle, Monopole, aber auch Staatsapparat und ausufernde Bürokratie). Daraus wird auch verständlich, warum die „Betonlobby" mit all ihren „Sachzwängen" quer durch alle Schichten und Strömungen innerhalb der FPÖ auf so viel Ablehnung stößt – selbst bei jenen, denen Umweltschutz a priori kein überragendes Anliegen ist.

Aus diesen Gründen forderte die FPÖ schon im Jahre 1969 in einer parlamentarischen Anfrage die Abhaltung einer Enquete über die Sicherheit von Atomkraftwerken und brachte sie 1972 im Parlament im Rahmen des Energieanleihegesetzes ihre ablehnende Haltung zum Atomkraftwerk in der Debatte und Abstimmung zum Ausdruck. Auf Antrag des FPÖ-Klubobmannes im Wiener Rathaus, Dr. Erwin Hirnschall, bekräftigte die FPÖ-Bundesparteileitung am 18. Juni 1977 ihre durch das Freiheitliche Energiekonzept aus dem Jahre 1973 vorgezeichnete Haltung: „Die Inbetriebnahme des Gemeinschaftskraftwerkes Tullnerfeld (Zwentendorf) ist vor der nachweisbaren Lösung der damit zusammenhängenden Sicherheitsfragen einschließlich der sicheren Verwahrung des Atommülls nicht zu verantworten." Auch die Konferenz der FPÖ-Landesparteiobmänner lehnte im Juni 1978 das Gesetz zur Inbetriebnahme Zwentendorfs, das der Volksabstimmung unterworfen werden sollte, ab und forderte alle verantwortungsbewußten Bürger auf, die ernsten Bedenken gegen die Nutzung der Kernenergie in ihre Überlegungen miteinzubeziehen. Bei den Expertenhearings im Parlamentsunterausschuß „Kernenergie" trat insbesondere durch die bohrenden Fragen und qualifizierten Einwände der beiden FPÖ-Abgeordneten Prim. Dr. Otto Scrinzi und Energiesprecher Dr. Gerulf Stix eine Fülle schwerwiegender Risikofaktoren und ungelöster Folgeprobleme ans Tageslicht. Scrinzis Ablehnung der Atomenergie stützte sich berufsbedingt eher auf biologisch-humangenetische Gesichtspunkte, Stix näherte sich dem Problemkreis von der energiepolitisch-technischen Seite.

Neben den offiziellen Parteistellungnahmen trugen ganz besonders FPÖ-Vorfeldorganisationen wie der *Ring Freiheitlicher Jugend* und der *Atterseekreis* mit ihren Exponenten dazu bei, die ablehnende Haltung der FPÖ in der Öffentlichkeit zu untermauern. Der damalige Abgeordnete z. NR Dr. Friedhelm Frischenschlager etwa nahm an der legendären Anti-Zwentendorf-Demonstration am 12.6.1977 in Zwentendorf teil. Die FPÖ unterhielt in den Jahren 1977/78 rege Beziehungen zu diversen Anti-Atom-Bürgerinitiativen und zu den führenden Ökologen dieser Bewegung. Als „Grünbeauftragter" der Landesgruppe Wien nahm das Mitglied des Wiener Landesparteivorstandes, Dr. Jörg Schmiedbauer, laufend an allen Treffen und Aktionen der *Arbeitsgemeinschaft Nein zu Zwentendorf* teil und unterstützte über die FPÖ-Landesgeschäftsstelle Wien die Bürgerinitiativen mit technischen Hilfsmitteln (Adressieren von Aussendungen, Vervielfältigungen, Plakatiertrupps etc.). In der Endphase vor der Volksabstimmung vom 5. November 1978 plakatierte die FPÖ ihr Nein zu Zwentendorf in den Bundesländern Vorarlberg, Salzburg und Wien und überließ der *ARGE Nein zu Zwentendorf* die Hälfte ihrer Plakatflächen.

Seit dem 5. November 1978 hat es immer wieder Vorstöße seitens des ÖGB und der Regierung Kreisky in Richtung Inbetriebnahme des Kernkraftwerks Zwentendorf gegeben. Die FPÖ hat alle derartigen Ansinnen einhellig mit der nach wie vor gültigen Begründung zurückgewiesen, daß weder die offenen Sicherheitsfragen geklärt sind noch Lösungen für die Aufbereitung und Endlagerung von Atommüll auf dauerhaft befriedigende Art und Weise bestehen. Vielmehr beweist ihr z.B. der Unfall im KKW Three Miles Island, daß die Betriebssicherheit der Atomtechnologie absolut nicht gegeben ist.

Die Grüne Plattform der FPÖ

Die langanhaltende Debatte und die Volksabstimmung über das Kernkraftwerk Zwentendorf haben die österreichische Bevölkerung insgesamt für den Umweltschutzgedanken stark mobilisiert. Insbesondere der positive Ausgang der Volksabstimmung wirkte auf alle grünen Gruppen innerhalb und außerhalb der Parteien sehr motivierend. Ihnen stellte sich nun die Frage, wie sie weiterarbeiten sollten.

Anstatt Grundlagenarbeit an der Basis zu beginnen und Bürgerunmut und -protest über kommunal- und regionalpolitische Initiativen und Projekte sinnvoll zu sammeln und zu kanalisieren, begaben sich nun manche selbsternannten

Grün-Apostel auf einen politischen Ego-Trip – so etwa Alexander Tollmann mit dem Versuch, zum Bundespräsidenten zu kandidieren, der von den meisten Umweltschützern schon aus Sorge vor einer Minderheitenfeststellung abgelehnt wurde. In weiterer Folge gab es Parteigründungsspektakel und Machtkämpfe (Tollmann, Schmitz, Warton, Fronz, Häusler etc.), schließlich die geradezu groteske Situation, daß sowohl Tollmann als auch Schmitz sich 1982, wenige Monate vor der Nationalratswahl, noch auf der Suche nach Basis und Anhängerschaft befanden. Viele Kollegen aus der Anti-AKW-Bewegung waren damals der Meinung, eine grüne Partei müsse von unten wachsen („small is beautiful") – ein Prinzip, dem sich die *Alternative Liste* konsequent verschrieben hat und dem auch Johannes Voggenhuber von der Salzburger *Bürgerliste* anhing, weshalb es dort bezüglich Fux' Nationalratskandidatur zu Spannungen kam.

Das neu entstandene Selbstbewußtsein der Umweltschützer und das Erfolgserlebnis, das engagierte Gruppenarbeit vermittelt, führte innerhalb der FPÖ und in deren Nahbereich schon 1978 zum Zusammenschluß der Engagiertesten in einem losen Verband, der sich den Namen *Grüne Plattform* gab. Zu den führenden Exponenten der ersten Stunde zählten Jörg Schmiedbauer und Wolfgang Pelikan, damals Landesparteiobmann der FPÖ-Burgenland. Ziel der Grünen Plattform war es, über den Grundkonsens des „Nein zu Zwentendorf" hinaus, den über siebzig Prozent der FPÖ-Anhänger teilten, einen Prozeß des Umdenkens zu fördern und die Politik um die grüne Dimension zu bereichern. In diesem Sinne begannen die Plattform-Mitglieder sehr rasch mit der Umsetzung ihrer Vorstellungen in die politische Praxis. So startete beispielsweise die Grüne Plattform Salzburg unter Mitwirkung Friedhelm Frischenschlagers eine breitangelegte Informationskampagne gegen grenznahe Atomkraftwerke (Rosenheim in Bayern) und sammelte Tausende von Unterschriften. (Auch im Nationalrat hatten mehrere parlamentarische Anfragen seitens der Abgeordneten Stix und Frischenschlager an den Außenminister die Frage „grenznahe Atomkraftwerke" zum Inhalt.) Neben der parlamentarischen Arbeit, die im Laufe vieler Jahre zu einer fast unübersehbaren Anzahl von umweltrelevanten Anfragen seitens der FPÖ-Abgeordneten führte – etwa über die Altölbeseitigung und die Benzinentbleiung bereits Anfang der siebziger Jahre – widmete die Salzburger Plattform der Umweltinformation breiten Raum. Themen wie Saurer Regen oder Streusalz wurden dort bereits frühzeitig in vielbeachteten öffentlichen Vorträgen aufgegriffen.

Uwe Seyr, der in den Jahren 1980 bis 1983 Stadtrat für Umwelthygiene in Linz war, ist einer der Hauptexponenten der Grünen Plattform Oberösterreich. Seine Aktivität als Umweltstadtrat in einem der schwerst belasteten Gebiete Österreichs umfaßte alle Bereiche des Umweltschutzes. In Form von Anträgen, Anfragen und Pressegesprächen wurden Vorschläge zu den Themen Lärmschutz, Energiekonzept, Energiesparen, Abwärmenutzung, Luftreinhaltung, Verkehrskonzept, Streusalz, Gewässer- und Grundwasserschutz und Rohstoff-Recycling gemacht. Seyr initiierte eine Bausteinaktion zur Errichtung einer modernen Salpetersäureanlage durch die Chemie Linz AG, damit die Altanlage, die rund

2.000 ppm Stickoxid in den Abgasen zuließ, endlich geschlossen werden kann. 25.000 Linzer haben sich durch den Kauf von Bausteinen an der Aktion beteiligt. Sollte die neue Anlage nicht innerhalb von drei Jahren gebaut werden, muß das Geld an das Linzer Tierheim abgeführt werden. Die Schließung der inzwischen stark in Mißkredit gekommenen Dioxin-Anlage der Chemie Linz AG hat die FPÖ schon im Wahlprogramm 1979 vehement verlangt, auch die Dioxin-Verbrennung oder -Verkochung inmitten eines so dicht besiedelten Gebietes lehnt sie ab. Im Zusammenhang mit der Luftverschmutzung im Großraum Linz-Steyregg unterstützte Seyr von Anfang an die berechtigten Anliegen der Steyregger Bürgerinitiative. Mit Josef Buchner, dem Initiator dieser Bürgerinitiative und nunmehrigen Vorsitzenden der Vereinten Grünen, verbindet Seyr der jahrelang gepflegte Informationsaustausch. In kooperativer Weise ließ ihm Seyr nicht öffentlich zugängliche Unterlagen und Informationen zukommen, er besuchte Veranstaltungen der Bürgerinitiative und der Vereinten Grünen und vertrat die gemeinsamen Anliegen nach innen und außen. Unter Seyrs Ägide wurde der Streusalzverbrauch in Linz von 2.494 Tonnen 1980/81 auf 318 Tonnen im Winter 1982/83 gesenkt. Eine von Seyr 1980 selbst ins Leben gerufene Bürgerinitiative zur Erhaltung des Weidingerbaches hatte Erfolg.

Wie schwer es für eine kleine Fraktion wie die FPÖ ist, sich gegen den Druck und die Machtausübung der Großparteien zur Wehr zu setzen, zeigt sich am Beispiel von Uwe Seyr besonders deutlich. Offenbar weil er seine Aufgabe als Umweltstadtrat sehr ernst nahm und auf diesem Gebiet auch viele Erfolge zu verzeichnen hatte, riß der damalige SPÖ-Bürgermeister von Linz, Franz Hillinger, der bis dahin wenig Verständnis für den Umweltschutz gezeigt hatte, Mitte 1983 die Kompetenzen des Umweltstadtrates an sich. Stadtrat Seyr wurde von Hillinger das überaus wichtige Ressort „Freiwillige Feuerwehr" übertragen. Doch Uwe Seyr ließ sich von diesem Willkürakt nicht entmutigen: Im Rahmen seiner Fraktion und der Grünen Plattform kämpft er auch weiterhin für den Umweltschutz. Ein besonderes Anliegen ist ihm derzeit die Bewahrung des Reichraminger Hintergebirges vor einem geplanten Kraftwerksprojekt und die Unterstützung der Bürgerinitiative zur Schaffung eines Nationalparks im Hintergebirge.

Um in der Partei und nach außen hin stärker konturiert auftreten und straffer arbeiten zu können, konstituierte sich die Grüne Plattform im Jänner 1983 als Verein. Wolfgang Pelikan wurde zum Vorsitzenden, ich, in meiner Eigenschaft als Mitarbeiterin des *Freiheitlichen Bildungswerkes* und langjährige engagierte Umweltschützerin, zu seiner Stellvertreterin gewählt. Der nunmehrige Verein Grüne Plattform steht jedem zur Mitgliedschaft offen, der sich liberaler Politik und ökologischem Denken verpflichtet fühlt, selbstverständlich auch ohne Parteizugehörigkeit zur FPÖ. Durch die Unterstützung des Freiheitlichen Bildungswerkes, der Politischen Akademie der FPÖ, hat die Grüne Plattform ein organisatorisches und administratives Zentrum.

In diesem Zusammenhang muß ich kurz auf Wolfgang Pelikans Übertritt zu den Vereinten Grünen eingehen. Seit deren Parteigründung im Frühjahr 1982 war Alexander Tollmann nicht nur auf der Suche nach seiner Basis, sondern auch nach attraktiven Spitzenkandidaten und Galionsfiguren. Tollmanns oft undemokratischer und autoritärer Führungsstil, sein Fanatismus und persönliches Sendungsbewußtsein, nicht zuletzt seine Instinktlosigkeit gegenüber unübersehbaren Brauntönen in seiner engsten Anhängerschaft, die mit panischen Berührungsängsten Linken gegenüber verbunden war, haben mich damals abgehalten, auf seine Werbung einzugehen. Wolfgang Pelikan, der einerseits Tollmann viel weniger gut als ich kannte, andererseits sehr ehrgeizig ein Nationalratsmandat anstrebte, das ihm aufgrund der damaligen Meinungsumfragen durch die Vereinten Grünen eher als durch die FPÖ gewährleistet schien, ging den umgekehrten Weg. (Von der FPÖ war Pelikan auf einen Listenplatz hinter Helene Partik-Pablé gesetzt worden – eine Reihung, die sich Pablé sicher durch ihr mutiges Auftreten im Zuge des AKH-Skandals verdient hatte und erstmals in der FPÖ auch einer Frau die reelle Chance auf ein Mandat bot.) Wir Grüne in der FPÖ haben Pelikans Übertritt sehr bedauert. Und im Hinblick auf den Ausgang der Nationalratswahl 1983 und die nachfolgende Regierungsbildung stellt sich die Frage, ob Pelikan durch seinen Rückzug zur „reinen Lehre" (wie er ihn verschiedentlich vor sich selbst gerechtfertigt hat), also um den Preis, auf Jahre hinaus auf gestaltende politische Einflußnahme verzichtet zu haben, der Sache wirklich gedient hat.

Nach Pelikan wurde ich von der Grünen Plattform zur Vorsitzenden und Friedhelm Frischenschlager zu meinem Stellvertreter gewählt. Ein Kontinuitätsbruch trat durch Pelikans Parteiwechsel nicht ein. Die Arbeit an den *Grünen Thesen* ging ungestört weiter. (*Die Grünen Thesen, ein Beitrag zu liberaler Politik und ökologischem Denken,* 48 Seiten, sind erhältlich über das FBW.) Da bereits im Atterseekreis wichtige Vorarbeiten geleistet worden waren, konnte die Herausgabe noch im März 1983 stattfinden. In zehn Thesen werden die Bereiche Mensch, Umwelt, Wirtschaft, Entwicklungshilfe und Frieden aus liberaler Sicht behandelt. Der Öffentlichkeit wurde das Papier von Bundesparteiobmann Dr. Norbert Steger, der selbst zwar nicht Mitglied der Grünen Plattform ist, sie aber stets gefördert hat und sich persönlich ihren Inhalten verpflichtet fühlt, im Rahmen einer Pressekonferenz vorgestellt. Das Thesenpapier fand auch Eingang in die FPÖ-Programmkonferenz, die unter Leitung von Stix und Frischenschlager mit der Erstellung des neuen Parteiprogrammes betraut ist.

Die Grüne Plattform unterhält über ihre Mitglieder zu anderen Grün-Gruppierungen und Initiativen rege Kontakte und ist derzeit verstärkt darum bemüht, diese zu institutionalisieren.

Die Arbeit im Wiener Gemeinderat und im Nationalrat

Im Einklang mit ihrer Programmatik nahm die FPÖ auf allen zu Verfügung stehenden politischen Ebenen die Anliegen des Umweltschutzes wahr. Ich möchte nur einige Punkte herausgreifen. Sie erscheinen mir vor allem deswegen bemerkenswert, weil die FPÖ hier sehr früh aktiv wurde.

– In einem Beschlußantrag forderte der Wiener Gemeinderat Dr. Erwin Hirnschall im Dezember 1971 die Bestellung eines Landesbeauftragten für Umweltschutz, der Schutzmaßnahmen veranlassen sowie einen Dringlichkeitskatalog noch zu lösender Aufgaben vorlegen sollte. Der Umweltschutzbeauftragte wurde bis heute von der Rathausmehrheit verhindert.

– Im September 1972 stellte Hirnschall den Antrag auf Einführung einer Abgabe auf Einweggebinde (Wegwerf-Flaschen), deren Ertrag für Zwecke des Umweltschutzes zu verwenden sei. Ein weiterer Antrag aus dem Jahre 1975 erweiterte die Zweckbindung dieser Abgabe auf die Untersuchung zur Aussonderung und Wiederverwertung von Rohstoffen im Müll. Diese wichtige Forderung, die später noch um Forderungen zur Getränkedosenproblematik erweitert wurde, ist bisher nicht erfüllt worden.

– Im Februar 1973 brachte Hirnschall den Antrag ein, Bürgerinitiativen ein Anhörungsrecht vor den zuständigen Gemeinderatsausschüssen und den Bezirksvertretungen einzuräumen. Der Antrag wurde abgelehnt.

– In einem Beschlußantrag von Dezember 1973 wurde die Reduzierung der im Bundesstraßengesetz von 1971 vorgesehenen Stadtautobahnen und Schnellstraßen, unter anderem der B 222 (Abschnitt Hietzing), gefordert. Statt weiterer Autobahnen schlug die FPÖ die rasche Verwirklichung des „Wiener Verkehrsverbundes" unter Einbeziehung der Umlandgemeinden in das S-Bahnsystem vor.

– In der Gemeinderatssitzung vom 27. Juni 1979 erhob GR Dr. Rainer Pawkowicz die Forderung, den Bau der Flötzersteig-Hochleistungsstraße aus verkehrspolitischen und umweltschutzbestimmten Überlegungen nicht durchzuführen. Obwohl dieser Straßenbau zurückgestellt wurde, kauft die Gemeinde Wien nach wie vor in diesem Bereich Grundstücke auf.

– Ein Antrag vom Juni 1980 auf Abhaltung einer Volksbefragung im 14. und 16. Wiener Gemeindebezirk über die künftige Widmung der Steinhofgründe wurde negativ beschieden.

– Nachdem sie ab 1973 verschiedene Anträge auf Schließung des Wald- und Wiesengürtels um Wien gestellt hatten, beantragten Pawkowicz und Hirnschall im Dezember 1978 eine Änderung des Budget-Voranschlages zugunsten eines „Grünlandfonds" mit einer Dotierung von fünfzig Millionen Schilling zum Ankauf geeigneter Flächen.

– Im Zusammenhang mit der gesundheitsschädlichen Luftverschmutzung führt die freiheitliche Fraktion im Wiener Rathaus seit 1980 einen zähen Kleinkrieg: Sie fordert Umstellung auf schwefelarme Brennstoffe bei kalorischen Kraftwerken (Reduktion des Schwefelgehaltes bei schwerem Heizöl von 2,5 Prozent auf 0,5 Prozent); Abschaltpläne und Emissionsbegrenzungen für staub- und gasförmige Stoffe bei Müllverbrennungs-, Industrie- und Gewerbeanlagen; die Möglichkeit der Verfügung von Verkehrsbeschränkungen bei bestimmten Wetterlagen.

– Die im Jahre 1980 vorgebrachten Vorbehalte gegen die Vergabe des Müllentsorgungsauftrages an die Firma Rinter AG (Antrag von Hirnschall an das Kontrollamt der Stadt Wien) haben sich zwischenzeitlich als voll berechtigt herausgestellt. Auch der andere Wiener Umweltskandal, die Verklappung der Klär-schlämme der Wiener Hauptkläranlage durch die Entsorgungsbetriebe Simmering (EBS) in den Donaukanal, wurde im September 1982 von der FPÖ dem Kontrollamt zur Überprüfung nahegelegt.

– Im Rahmen einer Parlamentssitzung erhob der Abgeordnete Prim. Dr. Otto Scrinzi im November 1971 die Forderung nach Einführung eines Umwelt-schutz-Unterrichtes an allen Schulen und Fortbildungskursen in diesem Fach für alle Lehrer. Dieser Vorschlag wurde damals von Unterrichtsminister Sinowatz zwar befürwortet, harrt aber bisher immer noch seiner Verwirklichung.

– 1973 brachte Scrinzi einen Antrag zur Schaffung eines Altölbeseitigungsgesetzes ein, der nach jahrelangen Verhandlungen 1979 seinen gesetzlichen Niederschlag fand.

– Zur Benzinentbleiung richtete Scrinzi im November 1974 eine erste parlamentarische Anfrage an Minister Leodolter. Weitere Anfragen zu diesem Thema folgten 1976 und 1981. Insbesondere wurde in diesem Zusammenhang die Beimengung von Bio-Sprit anstelle der kanzerogenen aromatisierten Kohlenwasserstoffe gefordert - mittlerweile ist allerdings die Verwendung von Bio-Sprit aus ethischen und wirtschaftlichen Gründen umstritten.

– Einen zähen Kampf führte die freiheitliche Parlamentsfraktion in der Frage Entschwefelung von Heizöl, die Bund, Länder und ÖMV seit 1976 verschleppt haben.

– Im Rahmen einer Enquete bekannte sich der Abgeordnete Dr. Gerulf Stix im November 1980 zum Nationalpark Hohe Tauern, forderte die Herausnahme der Gschlößbäche und der Oberen Isel im Umbaltal aus der Kraftwerksplanung und warnte vor der Zerstörung durch „eine mit Blindheit geschlagene technokratische Überzivilisation".

– Auf Betreiben Stix' wurde 1981 gemeinsam mit der SPÖ eine Verordnungsermächtigung des Handelsministers in der Gewerbeordnung gesetzlich verankert. Danach kann er „Mindestanforderungen zur volkswirtschaftlich sinnvollen Nutzung von Energie" festlegen, „wobei auf den Stand der Technik Bedacht zu nehmen ist". Diese bundesweite Verordnung zum Energiesparen wurde von der ÖVP beim Verfassungsgerichtshof angefochten mit der Begründung, daß ein Minister solche Verordnungen nur unter den Voraussetzungen eines „Kriegsfolgentatbestandes" erlassen dürfe.

Die FPÖ in der Regierungsverantwortung

Mit dem Eintritt der FPÖ in die Regierung haben sich für die Partei neue Chancen zur Umsetzung der umweltpolitischen Zielvorstellungen eröffnet.

In die Regierungserkärung wurde der Punkt: Wahrung des Natur- und Umweltschutzes beim Ausbau der heimischen Wasserkräfte, von der FPÖ hineinreklamiert. Diese Auflage wirkt sich bereits bei dem in Planung befindlichen Donaukraftwerk Hainburg aus und bietet uns Umweltschützern eine fundierte Handhabe, auf die vielschichtigen ökologischen Probleme, die sich durch den Bau dieses Kraftwerkes ergeben, immer wieder hinzuweisen und eine transparente Planung zu verlangen. Auch die *Initiative Marchfeld* zur Rettung der Donau-March-Auen, die gemeinsam mit der Hainburger Bürgerinitiative bis jetzt rund 130.000 Unterschriften gegen das Kraftwerk gesammelt hat, ist die Gründung eines freiheitlichen Gemeinderates aus dem Marchfeld. Dank seines glaubwürdigen und unermüdlichen Engagements in dieser Frage war Dr. Herwig Raab bei der Landtagswahl im Oktober 1983 trotz der massiven Anti-Ofner-Kampagne der ÖVP und bei schweren Verlusten der Partei auf Landesebene in der Lage, den Stimmenanteil der FPÖ in seiner Gemeinde zu halten. Die FPÖ-Niederösterreich mit ihrem Obmann, Bundesminister Dr. Harald Ofner, und dem Abgeordneten Sepp Hintermayer hat sich immer wieder anläßlich von Veranstaltungen und Pressekonferenzen gegen den Totalausbau der Donau ausgesprochen. Dieses Anliegen richtet sich auch gegen andere naturzerstörerische Projekte der E-Wirtschaft, z.B. das geplante Kraftwerk im Reichraminger Hintergebirge bzw. im Nationalpark Hohe Tauern, und wird von vielen Repräsentanten der FPÖ und der Grünen Plattform geteilt.

Weitere Schritte in Richtung zukunftsweisende Umweltpolitik sind: die Installierung des Umweltfonds, mit dessen Koordination der freiheitliche Staatssekretär Dr. Mario Ferrari-Brunnenfeld betraut ist; die Schaffung einer Bundesanstalt für Umweltkontrolle und Strahlenschutz und die geplante Benzinentbleiung (zwei von der FPÖ seit rund einem Jahrzehnt erhobene Forderungen); rigorose Auflagen für den Betrieb von Kraftwerks- und Industrieanlagen durch die zweite Durchführungsverordnung zum Dampfkesselemissionsgesetz; die Errichtung einer Wiederverwertungsagentur; die Erstellung des ersten österreichischen *Energiekonzeptes* durch das Handelsministerium, in dem auch die soziale Verträglichkeit von Projekten ausdrücklich als Entscheidungsparameter genannt wird. Der Leiter des Büros des Handelsministers, Dr. Volker Kier, der insbesondere auch mit Energiefragen befaßt ist, hat bei der Ausarbeitung des Energiekonzeptes besonders auf die politischen Gesichtspunkte zu achten und ist im übrigen Gründungs- und Vorstandsmitglied der Grünen Plattform.

Ohne der weiteren Entwicklung vorgreifen zu wollen: Ich glaube, daß unter freiheitlicher Regierungsbeteiligung erstmals in Österreich, trotz des starken politischen Drucks von verschiedenen Seiten, fortschrittliche Umweltpolitik gemacht werden kann. Dem immer wieder vorgebrachten Argument der Arbeitsplatzgefährdung durch den Umweltschutz kann dabei mit dem Konzept einer ökologisch orientierten Marktwirtschaft begegnet werden. Dies ist umso besser möglich, als auf dem Umweltsektor ungeheure innovatorische Kapazitäten brachliegen und allein der Energiesparbereich oder der ökologische Landbau auch beschäftigungspolitisch positive Auswirkungen haben. Darüber hinaus ist das konsequente Eindringen von ökologischen Gesichtspunkten auch in die Diskussion von Fragen, die bei flüchtiger Beurteilung nichts mit Umweltschutz zu tun haben, durch die Mitwirkung der FPÖ in der Bundesregierung in einem erhöhten Maße zu erwarten, da gerade eine kleine Partei ihre politischen Ziele in erster Linie über Argumente und erst in zweiter Linie über die bloßen Mechanismen der Macht durchsetzen kann.

Leopold Spira
Wie grün ist die KPÖ?

Grüne als Bündnispartner und Konkurrenten

Die KPÖ steht zur kapitalistischen Industriegesellschaft in grundsätzlicher Opposition. Auf den ersten Blick könnte scheinen, es liege ihr nahe, sich als Träger ökologischer Ansichten, Proteste und Forderungen zu profilieren. Denn durch die zunehmende Gefährdung der Umwelt nähern sich immer mehr Österreicher, vor allem junge Menschen, einer gesellschaftskritischen Position. Über das Ausmaß dieser Entwicklung sagte Ernst Gehmacher, Leiter des Instituts für empirische Sozialforschung (IFES) nach der Nationalratswahl im April 1983 (*AZ*, 5. Mai 1983): „Der moderne kritische Geist breitet sich unaufhaltsam aus – das Reservoir der Österreicher, (...) die gegen die Regierung protestieren, wird von heute etwa zehn Prozent allmählich auf zwanzig und dreißig Prozent anwachsen (...)".

Ein wesentlicher Bestandteil dieses kritischen Geistes bezieht sich auf die Umweltproblematik. Die politische Bedeutung dieser Tatsache ist der Führung der KPÖ nicht entgangen. Auf einer Sitzung des Zentralkomitees der KPÖ, die sich mit der Vorbereitung der Nationalratswahl beschäftigte (siehe *Volksstimme* vom 19. Dezember 1982), führte der Berichterstatter Dr. Walter Silbermayr aus: „Wenn wir davon ausgehen, daß diese Protestbewegungen eine Reaktion auf die allgemeine Krise des Kapitalismus sind, dann folgt daraus, daß es sich nicht um eine kurzlebige, sondern um eine längerfristige Entwicklung handelt, die objektiv gegen den staatsmonopolistischen Kapitalismus gerichtet ist. (...) Die allgemeine Krise bedingt auch eine Sinn- und Wertkrise. Ein Teil der jüngeren Generation wendet sich von vorherrschenden Werten der bürgerlichen Gesellschaft ab und sucht nach alternativen Formen einer sinnvolleren Lebensweise."

Die KPÖ bietet sich an, den Suchenden die richtige Orientierung zu geben. Dies sei nötig, denn für die neuen sozialen Bewegungen, die unter überwiegendem Einfluß von Angehörigen der Mittelschichten stehen, sei charakteristisch – so meinte Dr. Silbermayr – „daß sie sich in Distanz zur organisierten Arbeiterbewegung entwickeln". Aufgabe der KPÖ sei es nun, „einen Teil dieser Bewegungen als Bündnispartner an die Seite des revolutionären Teiles der österreichischen Arbeiterklasse zu ziehen". Die ökologisch orientierten Bewegungen werden aber auch als Konkurrenten empfunden. Der Klassengegner trage bewußt „arbeiter- und marxismusfeindliche Tendenzen" in die Alternativbewegungen, heißt es in einem Artikel der KPÖ-Monatsschrift *Weg und Ziel* vom März 1983, um die für die herrschenden Klassen gefährliche Verbindung von „Alternativ- und revolutionär-marxistischer Arbeiterbewegung" zu verhindern. Und Dr. Silbermayr wies darauf hin, daß die Alternativen „Wählergruppen von kritischen Sozialisten und linken Katholiken" ansprechen, „die auch wir bei den Wahlen gewinnen wollen".

Die KPÖ gab im Wahlkampf eine eigene Broschüre heraus, in der sie sich mit den Positionen der Alternativbewegungen auseinandersetzte. Die Kurzformel, mit der die KPÖ ihren Standpunkt darlegte, lautete: „Umwelt stirbt. Profit steigt. Mehr Druck von links. KPÖ." Vor allem die Alternative Liste (ALÖ) wurde als Konkurrent empfunden. Am 24. April 1983, dem Tag der Wahl, hieß es in einer Polemik der *Volksstimme* gegen ein Friedens-Flugblatt der Wiener Alternativen Liste, das den österreichischen Verhältnissen nicht gerecht wurde: „So kann's einem gehen, wenn man gedankenlos westdeutsche Chaotenpapiere abschmiert." Dieses Schimpfwort gehört sonst nicht zum Vokabular der *Volksstimme*. Fehlleistungen dieser Art sind aber recht aufschlußreich.

Tatsächlich konnte die KPÖ keinen Einbruch in das breiter gewordene Protest-Potential erzielen. Im Gegenteil: Sie verlor einige tausend Stimmen, vor allem an die Alternativen, die bei der am selben Tag abgehaltenen Wiener Gemeinderatswahl auf Anhieb zweieinhalb Mal so viele Stimmen erzielten wie die KPÖ. Nach der Wahl sah sich der Vorsitzende der KPÖ, Franz Muhri, zu der Feststellung genötigt: „Insgesamt waren wir nicht imstande beziehungsweise ist es uns nicht gelungen, einen Teil des diesmal wesentlich größeren kritischen Wählerpotentials für uns zu motivieren." Die Grundsätze und die Beschlüsse der Partei seien richtig gewesen, aber die ALÖ habe die Unterstützung der Massenmedien gehabt, „während die KPÖ im Fernsehen besonders diskriminiert wurde". Allerdings wiederholte sich die Situation bei den Gemeinderatswahlen in Innsbruck im September 1983, bei denen das Fernsehen kaum eine Rolle spielte. Die KPÖ fiel von 680 auf 460 Stimmen zurück, eine erstmals kandidierende Alternative Liste erhielt 1.800 Stimmen und ein Mandat. Die Ursachen für diese Entwicklung dürften also eher in der Einstellung zu den ökologischen Grundfragen und zur allgemeinen Politik als in der Wirkung der Massenmedien liegen.

Testfall Zwentendorf

Die Verwendung von Atomenergie für friedliche Zwecke hatte in Österreich zunächst keinen Widerstand hervorgerufen, sondern eher Hoffnung auf eine Beschleunigung der technischen und auch sozialen Entwicklung. Aber mit der Zeit nahm die Zahl jener zu, denen die Problematik der Errichtung von Atomkraftwerken bewußt wurde, und mit diesem Bewußtwerden wuchs auch der Widerstand. Die Fertigstellung von Zwentendorf, dem ersten Atomkraftwerk in Österreich, erfolgte zu einem Zeitpunkt, als die Ablehnung des Einsatzes von Atomenergie schon sehr stark war. Die bevorstehende Inbetriebnahme des Atomkraftwerkes an der Donau, nicht weit von Wien, wurde zum Kristallisationspunkt einer Anti-Atomkraft-Bewegung. Diese ergab sich, wie in solchen Fällen üblich, aus mehreren Elementen und Motiven: echte Verunsicherung und Suche nach alternativen Lösungen; Ablehnung von etwas Unbekanntem, das als bedrohlich empfunden wurde; politische Kalkulation und Demagogie – die Beweggründe waren verschieden. Zwentendorf mobilisierte mehr Menschen, als das irgendeine andere Frage seit vielen Jahren vermocht hatte.

Auch die KPÖ befaßte sich mit Zwentendorf. So veranstaltete sie zum Beispiel im Juni 1977 in Wien eine Diskussion über dieses Thema. Darüber berichtete die *Volksstimme* (19. Juni): „Wie Diskussionsleiter Prof. Dr. Thomas Schönfeld ausführte, hat sie (die KPÖ; d. Verf.) als einzige Kraft auf Grund der marxistischen Wissenschaft den wirklichen Einblick in die gesellschaftliche Entwicklungsmöglichkeit und damit auch in die Zusammenhänge und Problematik der friedlichen Nutzung der Kernenergie als einen Teil der wissenschaftlich-technischen Revolution." Mit der Betonung der eigenen rationalen Einstellung distanzierte sich die KPÖ von der Anti-AKW-Bewegung, deren Parole „Atomenergie? Nein danke!" war. Die KPÖ berief sich auf den revolutionären Marxismus als ideologische Grundlage der wissenschaftlich-technischen Revolution, zu der die Nutzung der Kernenergie gehöre.

Mitte Oktober 1978 faßte das Zentralkomitee der KPÖ eine Resolution zur Volksabstimmung, die über die Inbetriebnahme von Zwentendorf entscheiden sollte. Darin hieß es: „Viele Österreicher haben ehrliche Bedenken gegen die Errichtung und den Betrieb von Kernkraftwerken. Aber wir wenden uns gegen die unsachliche und von Verantwortungslosigkeit gekennzeichnete Nein-Kampagne der VP und FP, der Neofaschisten und Maoisten. Diese Kräfte verfolgen lediglich das Ziel, Menschen, die in ehrlicher Sorge sind, irrezuführen und für ihre politischen Zwecke zu mißbrauchen." Damit wurde die Kampagne gegen die Inbetriebnahme von Zwentendorf als reaktionär, ja als faschistisch abqualifiziert.

Die KPÖ wollte sich allerdings auch mit den Führungen von SPÖ und ÖGB nicht identifizieren, die für die Inbetriebnahme eintraten. Daher erklärte sie, „daß viele Österreicher, auch Mitglieder und Anhänger der KPÖ, aus Protest nicht an der Volksabstimmung teilnehmen oder ungültig stimmen werden, haben sie doch Grund zur Annahme, daß die SP-Regierung das Ergebnis in eine Billigung ihrer bisherigen Politik umzudeuten versuchen wird". Aber „mit den Positionen der KPÖ ebenso vereinbar ist auch ein mit der genannten öffentlichen Kritik verbundenes Ja bei der Volksabstimmung." Die Empfehlung der KPÖ lautete: „Gegen Nein – entweder Stimmenthaltung oder kritisches Ja."

Die SPÖ rief mit ihrem „Ja" zu Zwentendorf die Kritik eines Teiles ihrer Anhänger hervor, konnte diese jedoch durch die Akzeptierung des Ergebnisses durch die Regierung – einundfünfzig Prozent stimmten gegen die Inbetriebnahme – auffangen. Die ÖVP konnte das Ziel, durch ihr „Nein" Wähler für die bald folgende Nationalratswahl zu mobilisieren, nicht verwirklichen, doch vermochte sie zumindest in Wien den Ruf einer „grünen" Partei zu begründen. Die KPÖ aber setzte sich mit ihrer Stellungnahme zu Zwentendorf zwischen alle

Stühle. Ein gewisses Unbehagen darüber wurde auch in einigen Artikeln deutlich: „Wenn wir für die friedliche Nutzung der Kernkraft sind, können wir nicht gut an einer Anti-Zwentendorf-Kampagne teilnehmen. Vielleicht aber wäre es möglich gewesen, in unserer Presse rechtzeitig eine Diskussion über diese Frage zu eröffnen, wodurch wir gezeigt hätten, daß die Bewegung uns nicht gleichgültig ist", hieß es in einem Artikel in *Weg und Ziel* im Jänner 1979. Aber es ging ja nicht so sehr um einen Diskussionsbeitrag der KPÖ an und für sich, sondern um dessen Inhalt. Und dieser brachte die Partei in einen Gegensatz gerade zu jenen kritisch eingestellten Gruppen, die sie gewinnen wollte und gewinnen will. Ausschlaggebend für ihre Position zur AKW-Frage waren allerdings nicht nur allgemein-ideologische Überlegungen, sondern auch opportunistische Erwägungen: Starker Druck kam von seiten der KP-Betriebsräte und Gewerkschaftsfunktionäre, die meinten, ein Anti-Votum ließe sich in den Betrieben nicht vermitteln.

Bei der Nationalratswahl im Frühjahr 1979 verlor die KPÖ Stimmen. Dieses für die Partei unbefriedigende Abschneiden wurde in einer Wahlanalyse unter anderem auf „politisch-ideologische und organisatorische Schwächen" zurückgeführt. In seinem Rechenschaftsbericht auf dem 24. Parteitag im Dezember 1980 beschäftigte sich Parteivorsitzender Franz Muhri unter anderem mit den Bürgerinitiativen und Alternativgruppen und stellte im Namen des Zentralkomitees „selbstkritisch fest, daß es diesen Problemen, einschließlich der Anti-Atomkraftwerk-Bewegung, längere Zeit hindurch zu wenig Augenmerk geschenkt hat". Diese Mängel sollten durch ein neues Parteiprogramm überwunden werden. Wie das geschehen ist, soll später näher untersucht werden.

Die „revolutionäre Pflicht" der Sowjetunion

Die Argumentation der KPÖ vor und nach der Volksabstimmung über die Inbetriebnahme des Atomkraftwerkes in Zwentendorf lautete: Die Nutzung der Atomenergie im Kapitalismus ist mit Gefahren verbunden und daher problematisch, im Sozialismus aber ist sie ungefährlich und zukunftverheißend. Knapp vor der Zwentendorf-Abstimmung im Oktober 1978 hieß es in einem *Weg und Ziel*-Artikel, in der Umgebung sowjetischer Kernkraftwerke sei keine Erhöhung der Radioaktivität festgestellt worden. „Dieses günstige Resultat ist dem Umstand zuzuschreiben, daß in den sozialistischen Staaten keine Kosten gescheut werden, um die Sicherheit zu gewährleisten. Anders liegen die Verhältnisse in den kapitalistischen Staaten, wo die Atomindustrie sich in Privatbesitz befindet. Unter diesen Umständen besteht immer die Gefahr, daß Sicherheitsmaßnahmen, die ja keinen Profit bringen, vernachlässigt werden."

In einer 1980 von den Jugendorganisationen der KPÖ herausgegebenen Broschüre mit dem Titel *Atomgefahr, Atomkraftwerke, Atombombe* wird von der „revolutionären Pflicht der Sowjetunion" gesprochen, „ihr know-how in der Atomtechnik weiterzuentwickeln. Ein Hinterherhinken in einer solch wichtigen

Technologie würde das politische Gewicht, das die Sowjetunion als Rückenstütze der revolutionären Kräfte in aller Welt in die Waagschale wirft, schwächen." Aber den Autoren dürfte das Bild von den sowjetischen Atomkraftwerken als Rückenstütze auch der KPÖ doch irgendwie verwirrend erschienen sein, denn sie fügten hinzu: „Es widerspricht dem sozialistischen Menschenbild, menschliches Leben fahrlässig zu gefährden, ja bewußt aufs Spiel zu setzen. Im Sozialismus ist das Maß der Dinge der Mensch. Wenn eine Technologie dem Menschen und seiner Umwelt mehr schadet als nützt, dann wird auf sie so lange verzichtet, bis die möglichen Schäden durch Gegenmaßnahmen ausgeschlossen werden können oder sich eine menschen- und umweltfreundlichere Alternative anbietet." Das war allerdings nicht als Darlegung sozialistischer Grundsätze gedacht, sondern als Schilderung der Situation im „realen Sozialismus".

In der Broschüre wird zur Haltung der KPÖ bei der Volksabstimmung über Zwentendorf erklärt: „Die Kommunisten stimmten nur unter Vorbehalten 1978 für das 'Kernenergiesicherungsgesetz' oder boykottierten die Abstimmung. (...) Nach wie vor weiß niemand, wo und wie der Atommüll gelagert wird (...)". Ist das in der Sowjetunion anders? In der Broschüre heißt es dazu: „Als noch nicht zufriedenstellend gelöst betrachten Fachleute der sozialistischen Länder die Frage der langfristigen Entsorgung hochradioaktiven Mülls." In Österreich plädiert nun die KPÖ für einen Aufschub der Inbetriebnahme von Kernkraftwerken, bis die Frage der Entsorgung gelöst ist – in der Sowjetunion, wo nach eigenen Angaben ein Vierteljahrhundert nach Inbetriebnahme des ersten Atomkraftwerkes diese Frage auch noch nicht gelöst ist, scheint ihr das nicht nötig.

Drei Jahre nach Erscheinen der Broschüre, im Juli 1983, brachte die Moskauer *Prawda* die Meldung, das Politische Büro der KPdSU habe sich eingehend mit der Reaktorenfabrik „Atommasch" in Wolgodansk beschäftigt, in der im Jahr sechs Atomkraftwerke hergestellt werden sollen. Es seien schwere Verfehlungen zu Tage getreten und strenge Untersuchungen im Gange. Kurz darauf wurde mitgeteilt, der zuständige Minister habe um seine Pensionierung angesucht. Die *Volksstimme* (22. Juli 1983) beschränkte sich auf eine kurze Glosse, in der gegen die Sensationsmacherei der österreichischen Presse Stellung genommen wurde; die ganze Angelegenheit sei eine „Kritik, wie sie heute zu Hunderten in sowjetischen Zeitungen zu finden ist (...)". Zwei Tage später druckte die *Volksstimme* einen Leserbrief ab, in dem die betreffende Meldung aus *Neues Leben,* Zentralzeitung der sowjetdeutschen Bevölkerung, (20. Juli 1983) zitiert wurde: „Ferner wurden in der Sitzung die Vorschläge des Ministerrats der UdSSR über zusätzliche Maßnahmen zur Erhöhung der Betriebstüchtigkeit und Sicherheit der Kernkraftwerke sowie über die Bildung des Staatskomitees der UdSSR für Aufsicht über gefahrlose Ausführung der Arbeiten in der Kernenergie gebilligt. Das Politbüro des ZK der KPdSU nahm die Mitteilung des Komitees für Volkskontrolle der UdSSR über die grobe Verletzung der Staatsdisziplin bei Projektierung, Bau und Nutzung von Objekten mit Produktions- und sozial-kultureller Bestimmung in der Stadt Wolgodansk entgegen. Gegen die schuldigen Amtspersonen wurden strenge Strafen verhängt (...)". Aber die

Redaktion der *Volksstimme* blieb bei ihrer ersten Version und fügte dem Leserbrief hinzu: „Kritik an Mißständen dieser Art gibt es in der UdSSR häufig (...)"

Eine weitere Kritik dieser Art, deren offenbar große Tragweite nur angedeutet ist, ist bisher nicht bekannt geworden. Aber die KPÖ sieht sich gezwungen, die Sache zu bagatellisieren, weil sonst der Boden, auf dem ihre Argumentation in der Frage der Kernenergie ruht, ins Wanken gerät. Diese widerspruchsvollen Tendenzen kommen auch im Parteiprogramm der KPÖ zum Ausdruck, das im Dezember 1980 beschlossen wurde.

Das Parteiprogramm der KPÖ vom Dezember 1980

Im prinzipiellen Teil des Programms ist von Umweltfragen kaum die Rede. Seit jeher, so heißt es, verfahre der Kapitalismus rücksichtslos mit den zwei Quellen gesellschaftlichen Reichtums: mit der menschlichen Arbeitskraft und der Natur. „Wo immer Kapitalisten an einer Produktion profitieren, welche Umweltschäden hervorruft, wo immer sie Raubbau an Menschen oder der Natur treiben, sind sie für die Verhinderung oder Beseitigung dieser Folgen haftbar zu machen." Bei dieser Betrachtung fehlt die besondere Dringlichkeit der Umweltproblematik, die eine neue Qualität erreicht hat. Freilich hat der Kapitalismus seit jeher Raubbau an Menschen und Natur betrieben, aber während der Raubbau an Menschen durch gewerkschaftliche und politische Aktionen eingeschränkt werden konnte, ist das beim Raubbau an der Natur nur in sehr geringem Umfang geschehen. Das liegt nicht zuletzt daran, daß die Arbeiterbewegung bisher dieser Frage nur relativ geringe Bedeutung geschenkt hat. Es klingt überzeugend, daß „die Bändigung der zerstörerischen Kräfte" die „Befreiung von den Fesseln des Profites, die Überwindung des Kapitalismus" verlangt, wie es im KPÖ-Programm heißt. Aber diese Überwindung wird in Ländern wie der Bundesrepublik oder Österreich noch eine Weile dauern. Kann die Eindämmung der Bedrohung der Umwelt so lange warten? Kann man Menschen, die durch die rasch zunehmende Gefährdung und Zerstörung der Umwelt betroffen sind und aktiviert werden, davon überzeugen, daß erst die Gesellschaftsordnung geändert werden muß, bevor man da etwas ändern kann? Der Einwand läßt sich nicht widerlegen, daß schon vorher Schäden eingetreten sein würden, die nicht mehr gutgemacht werden könnten, daß eine Wendung im Denken und Verhalten in Fragen der Ökologie also noch unter kapitalistischen Bedingungen erreicht werden muß.

Im tagespolitischen Aktionsprogramm, das dem Parteiprogramm angefügt ist, nähert die KPÖ sich dieser Einsicht. Im Aktionsprogramm fehlt allerdings jeder Hinweis auf die Energiepolitik, die ja im Vordergrund der ökologischen Auseinandersetzung steht. Überdies wird daran festgehalten, daß ein erfolgreicher Kampf gegen die Umweltzerstörung eng zusammen mit dem Kampf gegen das in- und ausländische Kapital und die Politik der „Sozialpartnerschaft" geführt werden muß. Das entspricht der Bündnispolitik der KPÖ, beschränkt aber die

Bewegung zur Rettung der Umwelt auf jenen Teil der Bevölkerung, dessen anti-kapitalistisches Bewußtsein voll entwickelt ist. Das müßte der Bewegung den Umfang und die Durchschlagskraft nehmen, die für eine ökologische Wende unerläßlich sind.

Im Aktionsprogramm der KPÖ ist auch von der Notwendigkeit einer gesamt-europäischen Kooperation zur Förderung des Umweltschutzes die Rede, und das „vor allem mit unseren sozialistischen Nachbarstaaten". Dieses „vor allem" entspringt einer allgemeinen politischen Orientierung und nicht den wirklichen Erfordernissen des Umweltschutzes: Der Saure Regen kommt vor allem aus der Bundesrepublik nach Österreich, und der in großen Teilen des Landes vor-herrschende Westwind hat keine ideologischen Ursachen.

Das „vor allem mit unseren sozialistischen Nachbarstaaten" weist auf eine ideologische Konstante hin, die bei sämtlichen von der KPÖ behandelten Fragen sichtbar wird: die Bindung an den „realen Sozialismus" im allgemeinen und an die Sowjetunion im besonderen. In der Sowjetunion gilt die rasche Expansion der industriellen Produktion als vordringlich und bestimmt die offizielle Ideolo-gie. Dort hat die Rüstungsindustrie Vorrang, die, so wie im Westen, nicht erst im Kriegsfall eine der Hauptursachen der Umweltbedrohung und Umweltzer-störung ist. Dort werden autonome Bürgerbewegungen unterbunden und gelten als konterrevolutionär, da sie die Allmacht der herrschenden Partei in Frage stel-len.

***

Die ökologische Bewegung bemüht sich, ein neues Konzept der Weiterent-wicklung der Industriegesellschaft herauszuarbeiten, sie ringt um Antworten auf Fragen, die durch die sprunghaft zunehmenden Folgen des Raubbaus an der Natur und die sich daraus ergebende Gefährdung der Umwelt aufgerollt werden. Sie ist bestrebt, Ökologie und Ökonomie miteinander in Einklang zu bringen. Hier ergibt sich ein weites Feld für die theoretische und praktische Arbeit einer gesellschaftskritischen Partei. Die KPÖ hat diese Chancen nicht genutzt, besser gesagt: Sie ist ihrer selbstgestellten Funktion als revolutio-närer Vortrupp nicht gerecht geworden.

Ali Gonner
VGÖ und ALÖ –
grün-alternative Gruppierungen in Österreich

Vorbemerkung

Eine Untersuchung der auch in Österreich während der letzten Jahre entstandenen Parteien und parteiähnlichen Gruppierungen des grün-alternativen Spektrums stößt auf eine Reihe von Schwierigkeiten. Es handelt sich kaum um Parteien im üblichen Sinn, d.h. um Parteien mit einer entwickelten Programmatik und einer kontinuierlichen politischen Praxis. Meist erst kurz vor den Nationalratswahlen 1983 entstanden, beschränkte sich ihre bisherige politische Praxis weitgehend auf die oft mühsame Konstituierung, das Erbringen der formalen Voraussetzungen für die Kandidatur (gesetzlich vorgeschriebene Unterstützungserklärungen) und diverse Aktionen im engen Rahmen des Wahlkampfes. Eine kollektive Identität hat sich noch nicht herausgebildet, es sind bestenfalls Ansätze zu bemerken. Die buntscheckige Vielfalt dieser Parteien, die sich in stark ausgeprägten Besonderheiten der regionalen und lokalen Gruppierungen zeigt, und, im Falle der Alternativen, der vergleichsweise gering entwickelte Zentralismus erschweren darüber hinaus die Entwicklung einer politischen Linie. Ganz verschiedenartige politische Kulturen stoßen in diesen Parteien – vor allem bei den Alternativen – aufeinander. Menschen, die ganz anders denken, unterschiedlichste Wertvorstellungen und Begriffe aus ihrer Vergangenheit mitgebracht haben, sollen plötzlich miteinander gut auskommen und solidarisch eine gemeinsame Politik entwickeln.

Vorweg sei gesagt: Die grün-alternativen Parteien sind die späten Erben vorangegangener Radikalisierungen, Politisierungs- oder Aktivierungsprozesse. Ohne Achtundsechzig, ohne Frauenbewegung, ohne Arena, ohne Anti-AKW-Bewegung wären diese Parteien nicht denkbar. Alles, was sich in diesem Land während der letzten fünfzehn Jahre bewegt hat, hat – einer archäologischen Schichtung gleich – Spuren hinterlassen, in den Menschen dieser Bewegung, in ihrem Denken und Fühlen. Auch die negativen Erfahrungen der sogenannten „Organisierungsphase", als die späte Studentenbewegung Sicherheit und Zuflucht suchte in der Übernahme verschiedener Traditionsstränge der traditionellen Arbeiterbewegung, sind in das neue Bewußtsein der Grün-Alternativen eingeflossen.

Die neuen Parteien sind aber zugleich die glücklicheren Erben. Die alt gewordene Neue Linke war Anfang der siebziger Jahre konfrontiert mit einer reformträchtigen Sozialdemokratie, die als Trägerin einer, wenn auch vorsichtigen, Änderung der Gesellschaft hin zu mehr Demokratie und Lebensqualität vor dem Hintergrund einer anhaltenden wirtschaftlichen Prosperität handelte. Die grün-alternativen Parteien agieren in einem weitgehend veränderten Szenario: Eine reformgesättigte und geistig träge gewordene, durch allzulangen Machtgebrauch korrumpierte SP steuert das Staatsschiff hart an der Grenze zur Austeritätspolitik durch das Meer einer nun auch in Österreich spürbar werdenden ökonomischen, ökologischen, politischen, ideologischen und moralischen Krise des Spätkapitalismus, begleitet von den Kommentaren einer wenig überzeugenden bürgerlichen Opposition. Neue Fragestellungen (Ökologie, Frauenemanzipation, Sexualität, Selbstverwaltung usw.), die von den traditionellen Parteien – unter Einschluß jener der Arbeiterbewegung – nicht oder zu wenig beachtet wurden, haben stark an Bedeutung gewonnen und werden heute vor allem von den Grün-Alternativen artikuliert. Die objektiven Bedingungen begünstigen den Aufbau neuer, unverbrauchter Oppositionsparteien also nicht unbeträchtlich.

Die grün-alternative Wahlbewegung insgesamt umfaßt eine Vielzahl von parteiähnlichen Gruppierungen, Organisationen, Strömungen und oft auch Einzelpersonen, die am Formationsprozeß eines mehrschichtigen politischen Lagers außerhalb des historischen Parteienspektrums aus SPÖ, ÖVP, FPÖ und KPÖ teilnehmen. „Parteien" sind die meisten dieser Gruppierungen nur im formaljuridischen Sinn des Parteiengesetzes von 1975. Viele „Parteien" (z.B. das *Grüne Forum* der Anti-AKW-Aktivistin Dr. Elisabeth Schmitz oder die *Grüne Union* und die *Grün-Alternative Liste* des Ex-SPÖ-Abgeordneten Dr. Stefan Tull oder die *Grüne Mitte Österreichs*) wurden von Einzelpersonen angemeldet, um eine bestimmte Parteibezeichnung im Innenministerium zu „reservieren", und haben keinerlei reale Existenz. Die Verschiebungen im Parteiengefüge mit den mitunter spektakulären Erfolgen Grüner oder Alternativer Listen in der BRD sowie die unkritische, von Wunschdenken geprägte Rezeption diverser heimischer Meinungsumfragen hatten bei vielen Personen am Rande des politischen Spektrums die Hoffnung geweckt, mittels einer „grünen" Gruppierung auf der Woge eines herbeigesehnten Potentials von Protestwählern aus der politischen Bedeutungslosigkeit zu parlamentarischen Ämtern und Würden getragen zu werden.

Die Beziehungen jener parteiähnlichen Gruppierungen, die tatsächlich über einen aktionsfähigen politischen, personellen und organisatorischen Rahmen verfügen, nämlich der *Vereinten Grünen Österreichs* und der *Alternativen Liste Österreich,* zu den diversen Basisinitiativen, Umweltschutzgruppen, Bürgerinitiativen usw. müssen sehr differenziert betrachtet werden. Die „Parteien" sind keineswegs direkter und unmittelbarer Ausdruck der vielfältigen „Basisbewegungen", stehen aber in einer Wechselbeziehung mit ihnen: über einzelne Mitarbeiter/innen; durch die Übernahme von Forderungen dieser Initiative ins Parteiprogramm; ganz allgemein durch die Formulierung bestimmter Ideologieelemente, die auf jeweils unterschiedliche Teile der Bewegung Attraktion ausüben.

Die politische Bandbreite der Aktivist/inn/en der grün-alternativen Bewegung reicht von ehemaligen Angehörigen radikal-linker Gruppen über unzufriedene Ex-Sozialdemokraten, verärgerte umweltbewußte Bürgerliche bis zu nur notdürftig „grün"-maskierten rechtsextremen und neofaschistischen Kreisen.

Aus der Menge der grün-alternativen Parteigründungen ragen zwei Gruppierungen deutlich heraus: die Vereinten Grünen Österreichs und die Alternative Liste Österreich (ALÖ). Allein diese beiden Parteien haben bei den Nationalratswahlen '83 eine umfassende Kandidatur in allen neun Bundesländern geschafft und mit 93.766 Stimmen oder 1,93 Prozent (VGÖ, die mit dem Zusatz „Liste Tollmann" kandidierte) bzw. 65.792 Stimmen oder 1,36 Prozent (ALÖ) sich als viert- und fünftstärkste österreichische Parteien erwiesen.

Diese beiden Kleinparteien repräsentieren auch die beiden Hauptstränge der österreichischen grün-alternativen Bewegung. Während die Alternativen eher die Notwendigkeit einer gesellschaftlichen Veränderung insgesamt betonen, sind die Grünen hauptsächlich um die Achsen Umweltschutz und Frontstellung gegen Machtmißbrauch durch die etablierten Parteien und Politiker zentriert. Allerdings sind die Konturen unscharf und die Übergänge zwischen beiden Gruppierungen fließend. Bei den Alternativen existiert ein starker ökologisch orientierter Flügel, und manche, die ideologisch ihre Heimat wohl eher bei den VGÖ hätten, sind nur wegen der von ihnen als undemokratisch empfundenen Strukturen der VGÖ zu den Alternativen Listen gekommen.

Vor vereinfachenden Vergleichen mit bundesrepublikanischen Verhältnissen sei gewarnt. Wohl entspricht die ALÖ noch am ehesten der westdeutschen Partei *Die Grünen* und wird von dieser auch als Schwesterpartei betrachtet, doch es bestehen beträchtliche Unterschiede. Die Alternativen Listen können sich nicht auf so entwickelte außerparlamentarische Bewegungen stützen wie ihre bundesrepublikanischen Gesinnungsfreunde, sie sind programmatisch, organisatorisch und personell noch ein, zwei Stufen hinter den BRD-Grünen. Auch die VGÖ können keineswegs als Gegenstück zu der von Gruhl und Springmann gegründeten rechts-grünen *Ökologisch-Demokratischen Partei (ÖDP)* betrachtet werden. Die VGÖ sind ein österreichisches Spezifikum ohne direktes Pendant in der bundesdeutschen Politlandschaft.

Eine nähere Beschäftigung mit ALÖ und VGÖ liegt also auf der Hand. In einem weiteren Abschnitt wird aus der Menge der lokalen Alternativen Listen die *Alternative Liste Wien (ALW)* gesondert behandelt. Die ALW nimmt innerhalb der Alternativen Listen eine Sonderstellung ein: das gesellschaftsverändernde Moment und die Betonung emanzipatorischer Aspekte sind bei dieser mehrheitlich von Linken getragenen Partei deutlich ausgeprägt, die ideologische Nähe zu Gruppierungen in der Bundesrepublik wie der *Alternativen Liste Berlin* oder der *Grün-Alternativen Liste Hamburg* ist offensichtlich. Zum Schluß gibt es noch einen knappen Überblick über jene kurzlebigen und in ständig wechselnden Personenkombinationen begriffenen Klein- und Kleinstgruppen, deren Bedeutungslosigkeit u.a. auch im Scheitern an den formalen Hürden einer Kandidatur zum Ausdruck gekommen ist.

Die Vereinten Grünen Österreichs

Diese Partei wurde von dem Wiener Geologen und Universitätsprofessor Alexander Tollmann und dem Konsul a.D. Alois Englander im Frühsommer 1982 gegründet. Beide waren führende Vertreter der *Arbeitsgemeinschaft Nein zu Zwentendorf* und hatten sich in der Anti-AKW-Bewegung vor der legendären Volksabstimmung einen Namen gemacht. Tollmann, der bereits eine Kandidatur zu den Bundespräsidentenwahlen 1980 in Erwägung gezogen hatte, stellte sich sofort an die Spitze des Parteiaufbauprojektes, was schließlich in der Beifügung der zusätzlichen Kennzeichnung „Liste Tollmann" zum Parteinamen gipfelte.

Den eigentlichen Startschuß stellte ein im Herbst 1982 veröffentlichter Aufruf samt Grundsatzprogramm dar, beides erschienen in der Nummer 1/82 der *Blätter der Vereinten Grünen Österreichs*. In dem Aufruf heißt es: „Umweltzerstörung, dauernde Parteipackelei, Niederschlagung von Skandalen, Machtmißbrauch durch die Parteifunktionäre, mangelnde Kontrolle der Steuerausgaben, die alles überwuchernde Korruption und die Mißachtung der Bürgerrechte haben den Unwillen der Bevölkerung hervorgerufen. Viele Österreicher wünschen eine andere Wahlmöglichkeit zu SPÖ, ÖVP und FPÖ. Diese Alternative kann nur durch politische Aktivität von freien Bürgern entstehen, die bereit sind, sich in ihrer Freizeit der Probleme der Allgemeinheit anzunehmen. Professor Tollmann und seine Freunde sind bereit, Anliegen der Bevölkerung, die von den Parteien zu wenig beachtet werden, im Nationalrat zu vertreten und die Mißstände in unserem Staat schonungslos aufzudecken." Das Grundsatzprogramm umfaßt zwei Druckseiten und gliedert sich in die Abschnitte „Bürger und Staat", „Mensch und Umwelt" sowie „Friedenssicherung". Den Löwenanteil des sehr schlagwortartig argumentierenden Programms nimmt dabei der erste Punkt ein, die Friedenssicherung muß sich mit acht Zeilen begnügen.

Zum Selbstverständnis der neuen Partei äußerte diese sich in den *Blättern der Vereinten Grünen Österreichs* (Nr. 1/83) zu Jahresanfang: „Unsere Vereinigung ist durch Persönlichkeiten aus dem Kreis der Atomgegnerverbände und anderer Bürgerinitiativen erwachsen. (...) Sie will endlich verantwortungsbewußten Kräften, die ihre Uneigennützigkeit im bisherigen Einsatz für Umwelterhaltung und Bürgerrechte schon unter Beweis gestellt haben, ein Mitspracherecht auch im gesetzgebenden Gremium unseres Landes sichern. (...) Ziel unserer Vereinigung ist es, den Zusammenschluß oder die Mitarbeit all jener Gruppen zu erreichen, die sich ihrerseits für die Erhaltung einer gesunden Ökologie, für Umweltschutz in ganzer Breite einschließlich des Tierschutzes einsetzen, die aber andererseits für die demokratischen Rechte der Bürger und für Sicherung und Ausbau der demokratischen Ordnung unseres Staates kämpfen."

Die Glaubwürdigkeit und Seriosität der neuen Partei sollte durch die Unterstützung prominenter Persönlichkeiten aus Wissenschaft und Kunst betont werden. Der Gründungsaufruf war von dem Nobelpreisträger Konrad Lorenz und vom Maler Friedensreich Hundertwasser mitunterzeichnet worden, die sich bald zurückzogen. Später *(Blätter, Nr. 1/83)* wurden noch einige Universitäts-professoren und ein Burgschauspieler als Unterstützer genannt, von denen sich allerdings kein einziger tatsächlich im Wahlkampf für die Vereinten Grünen engagierte.

Standort und Abgrenzungen

Ihren politischen Standort definierten die VGÖ bereits im Gründungsaufruf als „eine Gruppe, die sich von allen Links- und Rechtsextremen abgrenzt" *(Blätter*, Nr. 1/82), was später präzisiert wurde: „Auf der anderen Seite aber ist es nicht unser Bestreben, auch jene Verbände oder Parteien einzubeziehen, die zwar ebenfalls Umweltschutz im Programm führen, aber eindeutig in Richtung einer stark rechts- oder linksgerichteten Gesellschaftspolitik orientiert sind. Hierher gehört etwa R. Drechslers Volksunion/Wahlpartei der Unabhängigen auf der rechten Seite und die Alternative Liste Österreich mit einem gesellschaftspoli-tisch klar links orientierten Programm."*(Blätter*, Nr.3/83)

Diese Absage der VGÖ beendete eine kurze Periode der Diskussion der bei-den grün-alternativen Hauptparteien zur Bildung einer Wahlgemeinschaft, die von der ALÖ initiiert und angestrebt worden war. In einem Antworttelex (veröf-fentlicht in *Netzwerk-Zeitung*, Nr. 28) auf das diesbezügliche Angebot von seiten der ALÖ hatte Tollmann von den „Alternativen" die Aufgabe der folgenden, für sie wesentlichen Programmpunkte als Vorausleistung für eine etwaige Diskus-sion verlangt: 1. Rotationsprinzip; 2. Imperatives Mandat; 3. Basisgehalt (d.h. die Bereitstellung der notwendigen Subsistenzmittel für jeden Menschen, unab-hängig davon, ob er einer Beschäftigung nachgeht und welcher); 4. Betonung bis Bevorzugung von Randgruppen (Homosexuellen, Lesben etc.) und ethnischen Minderheiten; 5. fünfzig-zu-fünfzig-Prinzip zur Aufteilung politischer Funktio-nen zwischen den Geschlechtern; 6. Selbstverwaltung der Betriebe. Diesen – für die VGÖ inakzeptablen – gesellschaftspolitischen Fragen gegenüber betonte Tollmann in eben diesem Telex: „Wir sind eine Gruppierung, die Verfassung und Parlamentarismus ebenso wie die Bedeutung der Familie voll respektiert."

Folgerichtig sieht das Statut der VGÖ eine traditionell gehaltene, hierarchisch gegliederte Parteistruktur mit Bundes- und Landesvorsitzendem, Bundes- und Landesausschüssen mit Vorstandsfunktion und mit einem Generalsekretär vor.

Wen konnten die Vereinten Grünen Österreichs unter ihren Fittichen ver-einen? Der wohl spektakulärste und medienwirksamste Zugang zur VGÖ war der bekannte Filmschauspieler und langjährige Mandatar der erfolgreichen Salz-burger *Bürgerliste*, Herbert Fux. Seine Kandidatur für die VGÖ wurde allerdings nicht von der gesamten Bürgerliste gebilligt und führte zu einer öffentlich ausge-tragenen Kontroverse innerhalb dieser Gruppe. Als wertvoll für die VGÖ erwies sich der Beitritt des Vizebürgermeisters von Steyregg, Josef Buchner, der mit einer eigenen Liste in dieser oberösterreichischen Gemeinde vier Mandate errungen hatte. Mitten im Wahlkampf stieß der Landesparteiobmann der FPÖ im Burgenland, Wolfgang Pelikan, zu den Vereinten Grünen. Ferner wurden die VGÖ unterstützt von der *Österreichischen Umweltschutzbewegung (USB)*, von der *Wahlgemeinschaft für Bürgerinitiativen und Umweltschutz (WBU)* (die in Wien und Niederösterreich bereits bei den Landtagswahlen angetreten war und es auf 7.000 bzw. 11.000 Stimmen gebracht hatte), von der *Arbeitsgemeinschaft der Grünen Oberösterreichs*, dem *Freundeskreis der Grünen* der WSL-Organisationen *(Weltbund zum Schutz des Lebens)*, dem *Freundeskreis Gesundes Leben*, der *Plangemeinschaft Schöneborn*, dem *Freundeskreis für grüne Politik* und der Zeitschrift *Die Umwelt*.

Diese Auflistung zeigt, daß entgegen der erklärten Abgrenzung nach links *und* rechts nur die Scheidelinie nach links, zur ALÖ, konsequent gezogen wurde. Die WBU war bei ihrem Wahlantritt in Wien 1978 von Rechtsextremen u.a. der *Volkssozialistischen Arbeiterpartei* durchsetzt. (Dies war bei der Gemeinderatskandidatur '83 nicht mehr der Fall, inzwischen hat sich die WBU in den VGÖ aufgelöst.) Die *Plangemeinschaft Schöneborn* scheint in der Dokumentation *Rechtsextremismus in Österreich nach 1945* als „unbedeutende Kleingruppe, die in verschleierter Form deutschnationales Gedankengut vertritt", auf. Dr. Roschall, einige Zeit hindurch Kontaktperson der VGÖ für Oberösterreich, ist in der rechtsextremen Szene um den *Dichterstein Offenhausen* (Charakterisierung der oben genannten Dokumentation: „wichtige kulturpolitische Kleingruppe innerhalb des rechtsextremen Lagers") herum bestens bekannt. Zur Charakterisierung der „grünen" Zeitschrift *Die Umwelt* genügen zwei Zitate: Frauen aus der Frauenbewegung sind „lesbische Flintenweiber, die kein Mann schwängern würde", Fristenlösungsbefürworter sind in der Diktion dieses Umweltschutzorganes „gesetzesbrechender Abschaum".

Ein Wahlkampf in Zank und Streit

Der weitere Werdegang der jungen Grünpartei war nicht frei von Schwierigkeiten. Zunächst schien die Rechnung der Gründer voll aufzugehen und die Anmaßung, sich selbst zu den „Vereinten Grünen" zu ernennen, durch den Erfolg im nachhinein legitimiert. Es gelang eine Sammlung der Mehrheit des bürgerlichen bis konservativen Flügels der ökologisch orientierten Wahlbewegung, die Massenmedien (allen voran die *Kronen-Zeitung*) berichteten in ausführlicher und wohlwollender Weise über die neue Partei, nach den Umfragen aller Meinungsforschungsinstitute konnten die VGÖ sicher mit ihrem Einzug ins Parlament rechnen (im Gegensatz zur ALÖ, der keine Mandatschancen gegeben wurden).

Doch das Bild änderte sich. Es kam zu Machtkämpfen und Auseinandersetzungen innerhalb der VGÖ. Der Tenor der Massenmedien schlug zu Ungunsten der Grünen um. Das Zugpferd Fux geriet durch einen ehrabschneiderischen und verfälschenden Artikel des Monatsmagazins *Basta* über sein angeblich quantitativ aufgeblähtes Sexualleben und seine Haltung zum Geld ins Schußfeld

– sogar der Parteivorsitzende Tollmann feuerte öffentlich Breitseiten auf den angeschlagenen Schauspieler ab, ja forderte ihn sogar auf, seine Nationalrats-Kandidatur zurückzuziehen. Es folgte eine Reihe von spektakulären Parteiaustritten und -ausschlüssen: der Parteigründer Englander verließ die Partei, der *Profil*-Journalist und kurzzeitige Wirtschaftssprecher F. Hanke, zwei kurzzeitige Generalsekretäre gingen – einer davon, der Kärntner Rebasso, da die Staatsanwaltschaft ein Strafverfahren wegen Beteiligung an Geldwucher gegen ihn eingeleitet hatte.

Immer wieder wurde von den Ausscheidenden der undemokratische, autoritäre Führungsstil Tollmanns als Grund genannt. Die vorher so wohlmeinenden Zeitungen schossen sich voll auf die Skandale innerhalb der eher entzweit wirkenden „Vereinten" Grünen ein und legten durch die Verbreitung von Gerüchten und die bereitwillige Öffnung ihrer Spalten für die Enthüllungen diverser VGÖ-Dissidenten noch ein Schäufelchen nach. Mag sein, daß auch die Weigerung Tollmanns, eine etwaige Koalition mit der SPÖ oder die Tolerierung einer SP-Minderheitsregierung prinzipiell auszuschließen (er machte seine Haltung in dieser Frage von der Stellung der Parteien zum Umweltschutz abhängig), die Zuneigung der bürgerlichen Zeitungen erkalten ließ.

Der Bruch zwischen Tollmann und Fux wurde nach außen hin vor den Wahlen notdürftig gekittet. Nach dem von ihnen als Niederlage begriffenen Wahlausgang zogen sich die beiden Kontrahenten aus der Parteiführung zurück. Buchner (Vorsitzender) und Pelikan (Generalsekretär) nahmen nunmehr die Zügel in die Hand.

Zur Einschätzung der VGÖ

Welche politische Charakterisierung ergibt sich aus alledem für die VGÖ-Liste Tollmann?

Die neue Gruppierung unterscheidet sich in Politikverständnis und -methode nicht nennenswert von den „etablierten" Parteien. Hierarchische Führungsstruktur mit entsprechendem „Personenkult" um die Spitzenexponenten, starke Konzentration auf ein publicity-wirksames Auftreten in den Massenmedien anstelle kontinuierlicher Basisarbeit lassen die VGÖ eher als traditionellen Wahlverein erscheinen, der von Honoratioren geführt wird. Prominente und Experten sollen den Wähler locken.

Die VGÖ sind zur Zeit eine typische Protestpartei mit den zwei Schwerpunkten Umweltschutz und Bürgerrechte. Um eine sehr geringe Zahl von Aktivist/inn/en herum (am Höhepunkt des Wahlkampfs ca. dreihundertfünfzig Personen in ganz Österreich) existiert ein vergleichsweise großes Spektrum potentieller und tatsächlicher Wähler/innen. Nach einer Analyse der Wählerströme bei der Nationalratswahl '83 (*Franz Birk/Ernst Gehmacher/Kurt Traar: Eine veränderte politische Landschaft; in: Journal für Sozialforschung, Nr. 3/1983*) kamen 45.000 Stimmen für die VGÖ von bisherigen SPÖ-Wähler/inn/en, 10.000 von der ÖVP, 15.000 von der FPÖ und 20.000 von Erstwähler/inne/n. Die VGÖ profitiert offensichtlich von ihrer „Seriosität" (geringe Radikalität, Führung durch „Persönlichkeiten") und von dem durch die intensive Berichterstattung der Medien geförderten relativ hohen Bekanntheitsgrad.

Die Vereinten Grünen stellen der *Realität* des Parlamentarismus (Entscheidungen hinter verschlossenen Türen, Klubzwang, Interessenlobbies, Korruption, Ämterkumulierung, Politikerprivilegien usw.) das *Ideal* gegenüber: den sachkundigen, moralisch „sauberen", nur seinem Gewissen verantwortlichen Bürgerabgeordneten. Einer in naher Zukunft drohenden Katastrophe, die primär als ökologische (vergiftete Luft, Schwefelsäureregen, Krebserkrankungen, Grundwasservergiftung, Atomtechnologie etc.) und moralische (Korruption, Machtmißbrauch) gesehen wird, soll durch eine möglichst starke grüne Parlamentsfraktion entgegengetreten werden. Der Glaube an die Möglichkeiten des Parlaments ist unerschüttert. „Denn hier sind überall Lücken, in denen einige wenige Gesetze, ein paar unabhängige Kontrollinstanzen Wunder wirken können." (Tollmann in der *Furche* vom 19.1.1983). Eine Analyse der gesellschaftlichen, ökonomischen und politischen Ursachen für die angenommene Katastrophe fehlt gänzlich. Letztlich bleibt nur die menschliche Unzulänglichkeit als Erklärung, der es mit einer neuen oder erneuerten Moral beizukommen gilt. Das bestehende soziale und politische System wird trotz der katastrophistischen Sicht grundsätzlich bejaht. „Wir wollen, auf dem Bestehenden aufbauend, eine Reform der Parteien, Privilegienabbau, Stärkung der Bürgerrechte sowie eine Korrektur der Mißstände in der Politik und im Umweltschutz". (Tollmann im oben erwähnten Telex an die ALÖ)

Pointiert ausgedrückt könnte man die VGÖ als eine ökologisch orientierte Formation der bürgerlichen Mitte bezeichnen (mit etwas ausgefranstem rechten Rand), die viele ideologische Gemeinsamkeiten mit der Wiener ÖVP hat (deren Vorstellungen im allgemeinen konkreter sind). Die größere Verbundenheit mit einzelnen Bürgerinitiativen und ökologisch orientierten Gruppen, der Wille eines Teils der Mitglieder und die fehlende Einbindung in etablierte Interessenverbände und Institutionen (Wirtschaftsbund, Bauernbund, Industriellenvereinigung, Parlamente usw.) geben den Vereinten Grünen aber eine besondere politische Dynamik.

Die Alternative Liste Österreich (ALÖ)

Die Alternative Liste Österreich (ALÖ) ist der bundesweite Zusammenschluß von neun regionalen Alternativen Listen und einer Vertretung aus ethnischen Minderheiten (Slowenen, Kroaten, Ungarn etc.), die den Status eines „zehnten Bundeslandes" genießt. Die formale Gründung der ALÖ erfolgte am 5. November 1982, dem vierten Jahrestag der Volksabstimmung über die Kernkraft in Österreich, in Anwesenheit Petra Kellys (von den westdeutschen Grünen) in Graz.

Der Gründungsort war kein Zufall. In dem langwierigen Vorbereitungsprozeß, der dieser Konstituierung vorangegangen war, hatten sich die Grazer Alternativen als Motor des Projektes erwiesen. Gestützt auf eine organisch gewachsene politische und organisatorische Infrastruktur, die *Erklärung von Graz* (eine auf Selbstbesteuerung basierende Dritte-Welt-Gruppe) und die *Dezentrale für Alternativen* (ein seit längerer Zeit in Graz bestehendes Kommunikationszentrum verschiedener Alternativgruppen und Bürgerinitiativen), hatte die *Alternative Liste Graz (ALG)* bereits im Frühjahr 1982 eine rege Tätigkeit entfaltet, die – unterstützt von einer wohlwollenden Berichterstattung einiger Grazer Medien – auf eine positive Resonanz in der Öffentlichkeit gestoßen war. Als die Grazer immer stärker die Gründung einer bundesweiten AL forcierten, gab es nur wenige lokale Listen. Seit 1980 existierte in Baden bei Wien eine *Alternative Liste,* die es zu einem Sitz im Gemeinderat gebracht hatte, etwa um die Zeit der ALG-Gründung war die *Alternative Liste Wien (ALW)* entstanden, die aber schwächer als die Grazer Liste war, in zwei kleinen oberösterreichischen Städten gab es seit längerer Zeit vergleichbare Listen mit je einem Gemeinderatsabgeordneten *(Demokratische Initiative (DI)* Schärding und *Partei für Umweltschutz und Menschlichkeit (PUM)* Schwanenstadt). Der oft erhobene Vorwurf, die ALÖ sei ein aufgesetzter Wahlverein, hat somit durchaus eine gewisse Berechtigung.

Hinter den Bestrebungen zur Bildung einer bundesweiten AL steckte die Absicht, zu den Nationalratswahlen 1983 unbedingt zu kandidieren und das Feld keineswegs den zahlreichen Politabenteurern in Grün zu überlassen, die bereits einigen Medienwind um ihre angeblich bevorstehende Kandidatur entfacht hatten. (Die Fronz, Schmitz, Steindl, Wallner, Tull und wie die selbsternannten Parteiführer alle hießen, sind dann allesamt an den Unterstützungserklärungen gescheitert.) Beflügelnd auf die Grazer und die Alternativen insgesamt wirkte das Ergebnis der Grazer Gemeinderatswahl, bei der die ALG rund 10.000 Stimmen, das sind sieben Prozent der Stimmen, erhielt und mit vier Mandatar/inn/en Einzug im Rathaus hielt.

Die geplante Kandidatur war nicht unumstritten. Besonders in der Wiener AL formierte sich eine Opposition, die Bedenken gegen eine Nationalratskandidatur zum gegebenen Zeitpunkt vortrug. In der *Netzwerk-Zeitung* (Nr. 25) wurden folgende Argumente vorgetragen: Die Vernetzung der einzelnen Basisinitiativen sei noch sehr unterentwickelt; der Aufbau einer nationalen AL müsse von unten nach oben erfolgen, d.h. über eine erste Verankerung (und erste Wahlerfolge) auf lokaler Ebene allmählich fortschreitend bis zu der abgehobeneren Bundesebene; der dauernde Sachzwang wegen der Kürze der zur Verfügung stehenden Zeit stehe in krassem Gegensatz zum Grundprinzip der Basisdemokratie, die nun einmal schwerfälliger sei und mehr Zeitaufwand erfordere; die programmatisch-politischen Grundlagen seien noch allzu dürftig; in Wien bedeute eine Nationalratskandidatur wegen der kurze Zeit später anstehenden Gemeinderatswahl einen permanenten Wahlkampf von neun Monaten Dauer, eine ungeheure Anstrengung für die noch junge und ungefestigte Organisation. Mit einer ähnlich lautenden Argumentation zog sich die DI Schärding aus dem Parteigründungsprozeß zurück. Heftige Kontroversen, die bis an den Rand der Spaltung führten, gab es mit Teilen der AL Wien auch in anderen Fragen (siehe dazu das Kapitel über die ALW).

Schließlich setzten sich die ALÖ-Gründer um die beiden Steirer Kitzmüller und Pritz und den Badener Gemeinderat Fritz Zaun durch. Im Gefolge der Nationalratswahlkampagne bildeten sich nach und nach in allen Bundesländern regionale Alternative Listen als Landesverbände der ALÖ. Von großer Bedeutung war der Beitritt eines Flügels der Kärntner Slowenen um die *Kärntner Einheitsliste (KEL),* der zu der oben erwähnten Minderheitenregelung führte und die ALÖ zur wohl minderheitenfreundlichsten Partei Österreichs machte.

Programmatische Grundlagen der ALÖ

Die programmatischen Grundlagen der ALÖ sind am ausführlichsten in ihrem Manifest dargelegt. Als Anstoß zur Organisierung in den Alternativen Listen werden Umweltzerstörung und ökologischer Ruin, Machtmißbrauch, Mangel an Solidarität, schließlich die Kriegsdrohung bezeichnet. Zum Selbstverständnis heißt es: „Die Alternativen Listen verstehen sich als Werkzeug der Friedens- und Alternativenbewegung. Sie mischen sich ein in Wahlen und in den Parlamenten, weil sie sich als die heutige Form der Befreiungsbewegung verstehen, die mit politischen Mitteln Öffentlichkeit und Zustimmung gewinnen will." Die Grundsätze der Alternativen Listen werden mit den Worten: ökologisch, basisdemokratisch, solidarisch und gewaltfrei bezeichnet. Das Manifest definiert sie wie folgt:

„Ökologisch: (...) Ökologisch bedeutet daher viel mehr als nur Natur- und Umweltschutz. Das Umschwenken in eine ökologisch tragfähige Gesellschaft geschieht als Abbau der Verdrängungskonkurrenz zwischen den Menschen, als Abbau des Patriarchats und anderer Herrschaftsverhältnisse. (...)

Basis-
demokratisch: Demokratie soll zu dem gemacht werden, als was sie gedacht war: eine Organisationsform, in der die Menschen eigenverantlich über ihr Leben entscheiden, und an Beschlüssen, die sie betreffen, von der Basis her teilnehmen.

Solidarisch: Unser Arbeiten und Wirtschaften soll von den Lebenswünschen und Bedürfnissen der Menschen her neu organisiert werden. Die Menschen selber bestimmen, was, wozu und wie produziert wird. (...) Die soziale Sicherheit soll auf überschaubaren, menschengerechten Lebensformen aufbauen. Auch der Umgang miteinander soll durch Verständnis, Toleranz, Einfühlungsvermögen bestimmt sein.

Gewaltfrei: Wir streben die Verringerung von Gewalt an, mit dem Ziel der Gewaltfreiheit. Wir wenden uns gegen Kriegsvorbereitungen, Kriegsdrohungen und Waffenproduktion, ebenso wie gegen ihre Ursachen. Gewaltfreiheit verlangt keine Passivität gegen Unrecht und Herrschaft. Sie ist der Anspruch, aktiv Widerstand zu leisten gegen Unrecht und lebensbedrohende Aggression. (...)"

Diese Grundsätze werden im Manifest dann näher ausgeführt. Österreich soll vorbildhaft zur Friedensrepublik gemacht werden; als erste Schritte werden eine Erziehung zum Frieden, eine Verringerung des Militärbudgets, ein Stop der Waffenexporte und schließlich der Waffenproduktion überhaupt genannt. Auf dem Wirtschaftssektor fordert das Manifest eine ökologische und soziale Buchhaltung, die ökologisch bedenkliche Produktionszweige schrumpfen lassen, den selbstverwalteten und alternativen Sektor aber wachsen lassen soll. Stop den Pleiteinvestitionen, Vorrang für die eigene Region, Begrenzung der Spitzeneinkommen, Auflösung der Machtverfilzung durch eine Erweiterung der direkten Demokratie, Senkung der Politikereinkommen sind weitere Forderungen des Dokuments. Neben dem Manifest lagen bis zu den Wahlen noch Kurzpapiere zu den Themen Frieden, Umwelt, Wirtschaft, Ausländer und Schule vor. Eine Fortsetzung der Programmarbeit der ALÖ erfolgt über die themenorientierten Fachkongresse.

Zu den anderen Parteien hat die ALÖ nicht konkret Stellung bezogen, eine politische Auseinandersetzung ist nicht erfolgt. Unter dem Etikett „etablierte Parteien" werden SPÖ, ÖVP und FPÖ undifferenziert als eine einheitliche politische Masse gesehen, die Existenz der KPÖ wird verdrängt. Ein nicht näher ausgewiesenes Wohlwollen besteht gegenüber „anderen Grünparteien" (VGÖ), die laut Beschluß des Bundeskongresses nicht im Wahlkampf angegriffen werden sollten.

Zur politischen und sozialen Zusammensetzung der ALÖ

Ihrer politischen Zusammensetzung nach ist die ALÖ heterogener als die VGÖ. Gewiß kommt ein beachtlicher Teil der Aktivist/inn/en aus der Anti-AKW-Bewegung oder sonstigen ökologisch orientierten Initiativen (die *Aktion Umwelt* etwa ist der Kern der ALS), es sind aber auch „Friedensbewegte", Feministinnen, Mitarbeiter/innen aus dem Kulturbereich und aus Dritte-Welt-Gruppen anzutreffen.

Zur sozialen Zusammensetzung gibt es keine umfassende empirische Untersuchung über die Mitgliedschaft der ALÖ, doch dürfte die Auswertung einer Fragebogenaktion in der AL Graz (Franz Merli in *Uhrwurm,* Nr. 18/83) ein für die Bundesländer (mit Ausnahme Wiens) einigermaßen treffendes Bild ergeben. In dieser Untersuchung heißt es: „Insgesamt wurden einundfünfzig gelegentliche oder regelmäßige Plenumsteilnehmer erfaßt (= hundert Prozent). (...) Sozialstruktur: Die ALG besteht zunächst fast ausschließlich aus jungen Leuten:

neunundvierzig Prozent sind zwischen zwanzig und neunundzwanzig, siebenunddreißig Prozent zwischen dreißig und neununddreißig Jahren alt. Mit rund zwei Dritteln sind die Männer auch hier überrepräsentiert. Das Bildungsniveau ist sehr hoch – dreiundfünfzig Prozent haben Matura, neununddreißig Prozent ein abgeschlossenes Hochschulstudium. Fast die Hälfte ist nicht berufstätig: Mit dreiunddreißig Prozent aller ALG-ler stellen die Student/inn/en den Hauptteil dieser Gruppe (neben Hausfrauen sowie vereinzelt Pensionisten und ‚Pfuschern‘). Von den Berufstätigen stellen allein die öffentlich Bediensteten die Hälfte. Darunter sind viele Lehrer. Nimmt man nun Studenten, Schüler, Lehrer und Hochschulangestellte zusammen, ergibt sich mehr als die Hälfte aller ALG-ler, die somit im Bildungsbereich tätig ist. Arbeiter gibt es bislang nicht, Angestellte kaum. Mit dem großen Anteil der Nichtberufstätigen hängt natürlich auch die Einkommensverteilung zusammen: Rund die Hälfte (neunundvierzig Prozent) verfügt über kein Einkommen oder verdient nicht mehr als öS 5.000,–. Dem Rest geht es nicht schlecht: er verteilt sich gleichmäßig auf die Einkommensgruppen bis 10.000,–, bis 15.000,– und bis 20.000,– monatlich (immer netto). Mehr als 20.000,– verdient niemand.“

Merli zieht folgendes Resumee: „Die ALG ist weder ein diffuses ‚Protestpotential‘ noch eine Volksbewegung, sondern Teil einer bestimmten – nämlich gutbürgerlichen – Bevölkerungsgruppe, der schon vorher politisch aktiv war und dies jetzt in neuer Form versucht. Die ALG hat also nicht Sprach- oder Machtlosen zu ein bißchen Mitreden verholfen, denn die ALG-Plenumsteilnehmer sind in vieler Hinsicht privilegiert: Sie verfügen über hohe Bildung, (soweit berufstätig) über ein überdurchschnittliches Einkommen und über größere Gestaltungsmöglichkeiten bei ihrer Zeiteinteilung.“

Das interne Organisationsleben

Der interne Aufbau der ALÖ unterscheidet sich deutlich von dem aller anderen österreichischen Parteien. So war die ALÖ die einzige Partei, die über keinen Bundesvorstand oder ein ähnliches Organ verfügte. Sie behalf sich mit vier Pressesprecher/inne/n. Inzwischen wurde eine dreiköpfige Geschäftsführung eingerichtet. Die ALÖ setzt sich aus autonomen Landesorganisationen zusammen und hat ihren Sitz in Graz. Das oberste beschlußfassende Organ ist der Bundeskongreß, der aus je zehn Delegierten jedes Bundeslandes und den zehn Delegierten der Volksgruppen besteht. Beschlüsse werden in programmatischen und statutarischen Fragen mit Zweidrittel-Mehrheit gefaßt, was einen starken Zwang zum Konsens bedeutet. Die administrativen Entscheidungen zwischen den Bundeskongressen werden von der Koordinationsgruppe getroffen, die sich aus je zwei Vertreter/inne/n nach dem genannten Schlüssel zusammensetzt.

Das Statut sieht einen Frauenbasiskongreß vor. „Stimmberechtigt sind alle weiblichen Stimmberechtigten der ALÖ. Sie können mit Zweidrittel-Mehrheit Entscheidungen treffen, die für die gesamte ALÖ bindend sind. Frauen entscheiden in allen Fragen, in denen Frauen sich fremdbestimmt fühlen.“

Die Kandidat/inn/enfindung erfolgt durch die autonomen Landesorganisationen. Es ist auf Geschlechterparität zu achten. Mandatare sind in ihrem Stimmverhalten an die Beschlüsse des Bundeskongresses gebunden und können gegebenenfalls von einem solchen vorzeitig zum Rücktritt von ihrem Mandat aufgefordert werden. Eine Rotation ist zur Halbzeit der Legislaturperiode vorgesehen. Niemand darf mehr als ein Mandat gleichzeitig ausüben, es bestehen Unvereinbarkeitsklauseln bezüglich diverser Parteifunktionen. Die Bezüge der Mandatare haben sich am österreichischen Durchschnittseinkommen und am tatsächlichen Arbeitsaufwand zu orientieren. Mit diesen Regelungen will die ALÖ in den eigenen Reihen die Grundsätze der Basisdemokratie vorwegnehmend praktizieren.

Die Entwicklung der ALÖ nach den Nationalratswahlen 1983

Der Wahlkampf und das Ergebnis wurden in den Reihen der ALÖ weitgehend positiv eingeschätzt. Die Wahlanalyse von Birk/Gehmacher/Traar zeigt (S. 313): Die ALÖ erhielt je 10.000 ihrer Stimmen von bisherigen Wähler/inne/n der beiden Großparteien SPÖ und ÖVP. Von der FPÖ kam kein statistisch ausweisbarer Stimmenanteil zu den Alternativen, hingegen konnten von bisherigen Nichtwählern und von der KPÖ jeweils 5.000 Stimmen gewonnen werden. Bemerkenswert ist der hohe Anteil an Erstwählerstimmen (36.000): Zehn Prozent der österreichischen Erstwähler/innen haben im April '83 ALÖ gewählt, fast dreimal so viele Erstwähler/innen wie die FPÖ (12.000) für sich buchen konnte. „Nach den Ergebnissen der vorliegenden Wählerstromanalyse zu schließen, war die VGÖ zum großen Teil eine Protestpartei für die Wähler, die noch bei der Nationalratswahl 1979 eine etablierte Partei (hauptsächlich die SPÖ) unterstützten, die ALÖ hingegen ist eine 'Jugendpartei', die hauptsächlich von Erst- und Jungwählern getragen wird."

Nach den Wahlen hat eine innerorganisatorische Beruhigung eingesetzt. Als Reaktion auf die vielen Sachzwänge und raschen Entscheidungen der Vorwahlzeit wurde auf dem Bundeskongreß in Innsbruck (1. Mai 1983) eine Regelung beschlossen, derzufolge nur mehr Beschlüsse über Themen gefaßt werden dürfen, die vorher in den Landesverbänden diskutiert wurden. Es machte sich überhaupt ein starker Zug in Richtung regionale Dezentralisierung bemerkbar. Bezüglich VGÖ wurde empfohlen, etwaige Verhandlungen zu den anstehenden Landtags- und Gemeinderatswahlen der alleinigen Kompetenz der jeweils betroffenen regionalen und lokalen Alternativen Liste zu überlassen und keine Gespräche auf Bundesebene zu führen. Bei der vorverlegten Landtagswahl in Niederösterreich (16.10.1983) kam es zu keiner Einigung zwischen ALÖ und VGÖ, beide Listen kandidierten getrennt in zwei von vier Wahlkreisen (in den restlichen beiden konnten die gesetzlich vorgeschriebenen Unterstützungserklärungen nicht erbracht werden), wobei die ALNÖ den Stimmenanteil der Nationalratswahl halten konnte, die VGÖ den Verlust von 1.000 Stimmen gegenüber den Aprilwahlen hinnehmen mußten (ALNÖ 5.500 Stimmen gleich 0,6 Prozent,

VGÖ 9.000 Stimmen gleich 1 Prozent). In Innsbruck erreichte die Alternative Liste Innsbruck bei der Gemeinderatswahl vom 25.9.1983 mit 1.800 Stimmen gleich 2,9 Prozent ein Mandat, der Versuch einer Kandidatur von VGÖ und Bürgerinitiativen scheiterte an internen Querelen. Eine Ausweitung ihres Einflusses in andere gesellschaftliche Sektoren ist den Alternativen Listen durch ihre Kooperation mit der *Gewerkschaftlichen Einheit (GE)* anläßlich der Arbeiterkammerwahlen 1984 gelungen. (Die GE war ursprünglich die Gewerkschaftsfraktion der KPÖ, hat sich aber nach 1968 – CSSR-Intervention des Warschauer Paktes – vom Stalinismus gelöst und stellt heute eine autonome, unabhängige Gewerkschaftsströmung dar, in der eurokommunistische, undogmatische, alternative und linkssozialdemokratische Positionen koexistieren.) In Wien hat die Alternative Liste an den Hochschulen Fuß gefaßt, ihre Studentengruppe hat im Bündnis mit anderen linken Strömungen bei den Wahlen zu den Organen der Hochschülerschaft 1983 beachtliche Erfolge erzielt (11 Prozent gleich vier Mandate am Hauptausschuß der Uni Wien für die *Linke Alternative Liste (LAL),* klare Mehrheiten an einigen Fakultäten).

Zur Einschätzung der ALÖ

Die Situation der ALÖ wird geprägt von einer Reihe von Widersprüchen. Einerseits versteht sie sich als Ausdruck einer Bewegung und bloßes Sprachrohr diverser Basisinitiativen, andererseits ist sie eine politische Partei mit einer entsprechenden Eigendynamik. Partei und Antipartei gleichzeitig zu sein, schafft Probleme. Viele Aktivist/inn/en fühlen sich nicht als Mitglieder in einem formalen Sinn, häufig existieren Basisgruppen mit einem nur losen Zugehörigkeitsgefühl zur jeweiligen Landesorganisation. Das Fehlen eines vorstandsähnlichen Gremiums hat in den Monaten nach der Wahl zu einer weitgehenden Absenz der ALÖ auf dem Felde aktueller Tagespolitik geführt. Ebenso wurden nach dem Wahlkampf die realen Mängel und Schwächen der jungen Partei wieder unverhüllt sichtbar. Die ALÖ ist eine noch junge Gruppierung, die durch die Spannung zwischen einem mehr ökologisch orientierten und einem mehr auf umfassende Gesellschaftsveränderung ausgerichteten Flügel in ihrer Entwicklung bestimmt wird. Sie enthält Ansätze einer „Linkspartei neuen Typs", die sich beträchtlich von den traditionellen Organisationen der Arbeiterbewegung unterscheidet. Die ALÖ ist basisbezogener als die VGÖ und zählt mehr Aktivist/inn/en – am Höhepunkt der Wahlbewegung etwa 1.200, davon rund 500 in Wien. Programmatisch und analytisch ist auch die ALÖ noch reichlich unterentwickelt. Die ALÖ trägt zwar Züge einer Protestpartei, sie zeigt aber bereits auch Konturen einer Partei der „lohnabhängigen neuen Mittelschichten". Die schon zitierte Studie von Birk/Gehmacher/Traar gibt (S. 313) folgende Charakterisierung dieses im Entstehen begriffenen Lagers: „Die modernen Kritiker mit neuen Lebensauffassungen, alternativen Ideen ('Postmaterialisten'), das sind vor allem jüngere Menschen mit höherer Bildung und mit einem neuen Wertsystem, die sich für Umwelt, Frieden, Demokratisierung, Partizipation, Völker der Dritten Welt, für Zukunftsaspekte und gegen Kernkraft und Umweltschädigung stark engagieren."

Der Entschluß zu der doch eher aufgesetzten und frühen Nationalratskandidatur hat sich letztlich als positiv erwiesen. Es ist im Zuge der Wahlbewegung gelungen, die Alternativen Listen österreichweit aufzubauen, das Wahlergebnis war gut genug, um eine Basis für künftige erfolgreichere Wahlbeteiligungen zu legen. Zur Zeit wären die Alternativen Listen noch politisch wie organisatorisch mit der Entwicklung und Kontrolle einer parlamentarischen Bundespolitik überfordert. Nun aber haben sie die Chance, durch eine Verbreiterung und Vertiefung ihrer Politik auf lokaler und regionaler Ebene und eine längerfristig angelegte Programmentwicklung ohne von außen aufgenötigten Zwang zur raschen Entscheidung sich zu einer wirklichen politischen Alternative zu entwickeln, der auch der Einzug in den Nationalrat gelingen könnte.

Die Alternative Liste Wien (ALW)

Die Alternative Liste Wien hat innerhalb der Alternativen Listen eine sehr eigenständige Entwicklung genommen. Als Vorläufer der ALW kann die *Kommunalpolitische Initiative* angesehen werden, ein Diskussionsforum verschiedener Bürger- und anderer Initiativen, das ein eher kümmerliches Dasein fristete, bis der spektakuläre Wahlerfolg der Alternativen Liste Berlin im Frühjahr 1981 auch in Wien das Projekt einer Gemeinderatskandidatur überlegenswert machte.

Auf den ersten Plenarsitzungen der neugegründeten AL waren vor allem „Altlinke" der 68er-Bewegung anwesend, diese zogen sich jedoch zurück, da sie ein Defizit an Theoriebildung, Sozialismus und effizienter Organisationsstruktur konstatierten. Aber auch viele Bürgerinitiativler, die sich in erster Linie organisatorische Unterstützung und technische Hilfe erhofft hatten, stellten einen klaren Mangel an Praxisbezug fest und blieben bald den chaotischen Sitzungen fern. Ausgeprägte antihierarchisch-antiautoritäre Vorstellungen anderer Diskussionsteilnehmer/innen rückten immer wieder die Frage nach der Notwendigkeit einer Diskussionsleitung in den Mittelpunkt der Debatte, eine kleine, aber lautstarke anarchistische Minderheit war redlich bemüht, die „legistische Mißgeburt" ALW an der Entwicklung minimaler arbeitsfähiger Strukturen zu hindern. Mit der Verabschiedung eines Manifestes und eines Statuts, der einigermaßen kontinuierlichen Herausgabe der gedruckten *Netzwerk-Zeitung* und ersten Spuren einer politischen Praxis (Rettung des Auwalds beim Alberner Hafen, EBS, eine Müll- und Dosenaktion, Friedenscamp, antifaschistische Aktivitäten usw.) endete diese erste Phase und die ALW wurde wenigstens im Ansatz von einer Idee zur Wirklichkeit.

Konfliktreich gestaltete sich das Verhältnis der Wiener AL zum Projekt einer bundesweiten Alternativen Liste. Die Mehrheit der ALW („Montagsgruppe") kritisierte die vier programmatischen Grundprinzipien (ökologisch, solidarisch, basisdemokratisch und gewaltfrei) wegen deren Undifferenziertheit – vor allem den Punkt „gewaltfrei" unter Hinweis auf Befreiungsbewegungen der Dritten Welt und den antifaschistischen Widerstand – und sprach sich nach einigem Zögern gegen eine Nationalratskandidatur aus. Dagegen bildete sich eine Minderheitsgruppe („Donnerstagsgruppe"), die sich voll mit den in Graz entwickelten Grundlagen der ALÖ identifizierte und die Bundeskandidatur unterstützte. Hinter diesen Auseinandersetzungen standen handfeste ideologische Differenzen. Die Mehrheit der ALW wurde getragen von marxistischen Linken, Radikalfeministinnen, Aktivisten von Schwulen-Gruppen etc. Sie betonte den gesellschaftsverändernden Aufgabenbereich einer Alternativen Liste, die nur links von der SPÖ angesiedelt sein könne, wohingegen sich die Mehrheitsströmung der ALÖ (und die Wiener Donnerstagsgruppe) als Ausdruck einer Ökologie- und Friedensbewegung verstand, für welche die Begriffe „rechts" und „links" keine Gültigkeit mehr hätten.

Als sich nach der Zusammenlegung der Wahltermine (sowohl Nationalratswahlen als auch Wiener Gemeinderatswahlen fanden am 24. April statt) die ALW für einen Beitritt zur ALÖ aussprach und einen bekannten Aktivisten der Schwulenbewegung nebst einer Radikalfeministin an die Spitze der Liste für die Nationalratswahl im Wahlkreis Wien stellte, erreichte der Konflikt seinen Höhepunkt. Die Donnerstagsgruppe spaltete sich von der ALW ab und ersuchte ihrerseits um Aufnahme als Wiener Landesorganisation in die ALÖ. Auf einem Anfang Februar 1983 in Linz durchgeführten, sehr emotionell gestimmten Bundeskongreß erhielt keine der zwei Wiener Gruppierungen die für eine Aufnahme notwendige Zweidrittel-Mehrheit. Der damalige Chefideologe der ALÖ, Erich Kitzmüller, bezeichnete die ALW als „Reste roter Sekten, schrille Emanzen und Homosexuelle", der Sprecher der ALW lehnte das von Kitzmüller verfaßte Manifest der ALÖ als „grüne Kurzschlußfibel" des steirischen „Paters" ab. Schließlich kam es mittels eines komplizierten und gruppendynamisch sorgsam ausgeklügelten Verfahrens noch zu einer Fusion der beiden Wiener Gruppen und einer gemeinsamen Kandidatenliste für die ALÖ-Nationalratsliste im Wahlkreis Wien. Eine honorige Universitätsassistentin von der Donnerstagsgruppe führte die Liste vor einer Sozialhilfempfängerin der Montagsgruppe und dem Schwulenaktivisten an.

Die Wahlbewegung selbst erwies sich als ungemein erfolgreich. Ein Zustrom von Mitarbeiter/inne/n ermöglichte die Gründung von Bezirksgruppen in allen dreiundzwanzig Wiener Bezirken sowie die Aufbringung der über 3.000 erforderlichen Unterstützungserklärungen für die Kandidatur auf allen Ebenen. Das Wahlergebnis brachte der ALW für Gemeinderat und Bezirksvertretungen jeweils 24.000 Stimmen oder 2,5 Prozent, womit zwar der Einzug in den Gemeinderat klar verfehlt (Fünf-Prozent-Klausel), aber in den Bezirken Eins bis Zehn je ein Mandat in der Bezirksvertretung erreicht wurde. Die ALW schnitt damit von den kleinen Parteien mit Abstand am besten ab (KPÖ 10.500 Stimmen gleich 1,1 Prozent; WBU-Grüne Liste, von den VGÖ unterstützt, 7.000 Stimmen gleich 0,66 Prozent). Dieses Ergebnis wurde unter den erschwerenden Umständen der Vorverlegung der Gemeinderatswahl und trotz der Vorzugsstimmenkampagne für den Juso-Chef Cap erzielt, die erfolgreich linke, kritische Stimmen an die SPÖ band.

Die ALW ist in ihrer politischen und sozialen Zusammensetzung noch bunter als die ALÖ. Viele Aktivist/inn/en kommen aus einer linken Organisationstradition, aus autonom-alternativen Arbeitszusammenhängen, aus Friedensinitiativen, Frauen- und Schwulengruppen, aber auch aus Bürgerinitiativen (Flötzersteig, Steinhofgründe, Denzelgründe, Bürgerinitiative gegen das Zentrum am Stadtpark), der Anti-AKW-Bewegung, studentischen Basisgruppen, der *Kritischen Medizin, Demokratischen Psychiatrie,* antifaschistischen Gruppen usw. Kaum vorhanden ist das in den anderen Alternativen Listen verhältnismäßig stark vertretene linkskatholische Milieu. Der Anteil der „Aussteiger" ist in Wien sicher höher, dafür gibt es nur wenige Lehrer. Vor allem dank der Mitarbeit der *Gewerkschaftlichen Einheit* gibt es auch Aktive aus dem Betriebs- und Gewerkschaftssektor, darunter Betriebsräte und – man staune – sogar vereinzelt Arbeiter. Von den zehn Bezirksmandataren sind vier Frauen, einer der Männer ist ein naturalisierter Vietnamese, der als Ausländer für die Funktion nominiert wurde.

Die ALW hat bisher neben einem eigenen Manifest ausführlichere Papiere zu Frieden, Verkehr, Stadtentwicklung und Wohnen, Wohnstraßen, einen umfangreichen Katalog von Frauenforderungen, die größtenteils mit denen der autonomen Frauenbewegung ident sind, entwickelt. Dazu gibt es einige Bezirksforderungsprogramme. Die Wahlkampfschwerpunkte der ALW waren: 35-Stunden-Woche, Kampf gegen Ausländerfeindlichkeit, Frauen- und Schwulenrechte, die Forderungen: Keine Inbetriebnahme von Zwentendorf, Vorrang für den öffentlichen Verkehr, Gegen Mietwucher und Spekulation. Neben den Bezirksgruppen, in die auch die alten fraktionellen Gruppen aufgegangen sind, gibt es sachbezogene Arbeitsgruppen zu einzelnen Themen oder Bereichen (Antifaschismus, Gesundheit und Soziales, Frauen, Männer, Problemjugend, Rüstungskonversion etc.). Das Statut der ALW entspricht weitgehend dem der ALÖ, der Frauenbasiskongreß ist eine „Wiener Erfindung".

Nach den Wahlen hat ein gewisser Ernüchterungsprozeß in der ALW eingesetzt. Die weitgehende Dezentralisierung hat neben positiven Auswirkungen auch ihre Schattenseiten gezeigt: Gefahr des Versinkens in einer Bezirksborniertheit und Lähmung zentraler Aktivitäten. Der Zusammenhang zwischen der dezentralen Grätzel- und Bezirksarbeit und dem Agieren als politische Partei auf gesamtgesellschaftlicher Ebene ist noch längst nicht befriedigend gelöst. Der naive Glaube, Basisdemokratie sei die Beschäftigung der Grundeinheiten mit unausgegorenem und technizistischem Kram, und der Hang zum Erfinden komplizierter, bürokratischer Macht-Verhinderungs-Mechanismen sind weit verbreitet und führen mitunter zu seltsamen Blüten...

Grüne Kleinstgruppen, Sekten und Eintagsfliegen

Über die zahlreichen Grün-Parteien, die von ehrgeizigen Einzelpersonen oder Kleinstgruppen vor den Wahlen formal im Innenministerium angemeldet wurden, hat sich zu Recht der gnädige Mantel des Vergessens gebreitet. An der Hürde der gesetzlich vorgesehenen Unterstützungserklärungen scheiterte ihre Kandidatur, und so sind sie wieder in die Anonymität verschwunden. Von der Vielzahl der Kleinstgrüppchen, die in ständig wechselnden Bündniskonstellationen an das Licht der Öffentlichkeit drängten, sind zwei Formationen wegen des besonderen politischen Profils ihrer Hauptexponenten interessant – das *Grüne Forum* der Elisabeth Schmitz und die *Volksunion/Wahlpartei der Unabhängigen/ Grüne Plattform* des Robert H. Drechsler.

Das Grüne Forum ist die ureigene Schöpfung der bekannten Anti-AKW-Kämpferin Dr. Elisabeth Schmitz. Sie gehörte zeitweilig der Bundesparteileitung der ÖVP an und ist stark von der christlichen Sozialleihre, aber auch von einem fast „fundamentalistischen" Christentum geprägt. Vor den Wahlen versuchte sie, ihr Grünes Forum als *die* Anti-Atom- und Friedenspartei zu präsentieren. Im Programm dieser Gruppierung finden sich typische grün-alternative Forderungen (Ablehnung der Kernkraft, Opposition gegen Prestige- und Monsterbauten, Gleichberechtigung der Frau, gleiche Arbeit – gleicher Lohn, Förderung des öffentlichen Verkehrs, Dezentralisierung von Wirtschaft und Verwaltung) neben alten ÖVP-Themen wie Förderung der Klein- und Mittelbetriebe, Absage an eine „nivellierende" Schulpolitik und „mehr Sicherheit in Stadt und Land". Frau Schmitz' persönliches Verhältnis zu Tollmann war durch heftige Abneigung gekennzeichnet, in Wien unterstützte sie die Gemeinderatskandidatur der ALW, in der Wahlnacht verkündete sie ihren Beitritt zu den VGÖ.

Die Volksunion/Wahlpartei der Unabhängigen/Grüne Plattform ist schwer rechtslastig. In ihrer Grundsatzerklärung bekennt sie sich zu den „sittlich-ethischen Grundwerten christlich abendländischer Bildung", zum (deutschen) Volkstum, zu „gesunden Familien als Keimzellen des Volksganzen" und zum Bundesheer. Sie fordert „wirksamen Schutz der Bürger vor Gewaltverbrechen", den „Abbau fremdländischer Arbeiter" und die „Reinhaltung der deutschen Muttersprache". Sie tritt gegen die die „wirtschaftliche Leistungskraft hemmende Steuergesetzgebung" und die Subvention für „Fäkalienkunst" auf. Ihr Motto lautet: „Saubere Volksherrschaft, Gesunde Umwelt, Gesundes Volk, Fort mit Sumpf und sauren Wiesen!" Der Hauptexponent, Robert Drechsler, ist als Südtirol-Aktivist in der rechtsextremen Szene bestens bekannt. Sein Konzept zielt auf eine Sammlung der Unzufriedenen, der „Denkzettelwähler" ab und strebt ein Bündnis von „Völkischen, Kameraden aus der FPÖ und anderswo, Konservativen und Grünen" ab. „Grün" ist dabei bloß ein stimmträchtiges Beiwerk. Selbst der „Bau und Betrieb von Atomkraftwerken" wird bloß „beim gegenwärtigen Stand der technischen Wissenschaften" abgelehnt – und dies ist die einzige ökologische Forderung im achtzehn Punkte umfassenden Grundsatzprogramm. Die grüne Lackschicht über der braunen Grundfarbe ist bei der Volksunion also sehr dünn... Drechslers Gruppierung hat, als ihr selbst kein größeres Projekt zu den Nationalratswahlen gelang, zur Wahl der ÖVP aufgerufen.

Markus Scheucher
AL Graz –
Wahlkampf, Aktionen, Arbeit im Gemeinderat

Warum ist es gerade in Graz zur Bildung einer starken Alternativen Liste gekommen?
Welche Erfahrungen und Gruppen sind in den Gründungsprozeß eingeflossen?

Die allgemein in Österreich festzustellende Politik- und Parteienverdrossenheit
hat sich in Graz in den siebziger Jahren besonders stark entwickelt. Der Konsens
der im Rathaus vertretenen Parteien war so groß, daß Auseinandersetzungen
über brennende Fragen, sei es Müll, sei es Verkehr, in der Öffentlichkeit gar nicht
stattgefunden haben. Die Entscheidungen wurden nicht im Gemeinderat debat-
tiert und gefällt, sondern in Gremien hinter verschlossenen Türen, in der Klub-
obmänner-Konferenz etwa und im Stadtsenat. Darüber hinaus gab und gibt es in
Graz einige besonders brisante Probleme. Da ist einmal die Privilegienwirt-
schaft, die in der Bevölkerung einigen Unmut hervorruft: In Graz sind die Politi-
kerbezüge, Pensionen und Abfindungen besonders hoch, obwohl die Stadt dem
Steueraufkommen nach zu den relativ ärmsten Gemeinden Österreichs zählt,
und das besondere Verhältnis Alexander Götzs, des FPÖ-Bürgermeisters der
Jahre 1973–1983, zum Geld (Bürgermeisterbezug 135.000 monatlich brutto, dazu kommen Einnahmen aus Nebenämtern) ist stadtbekannt. Das zweite ganz
heiße Thema ist die Müllbeseitigung. Der Vorgänger des jetzigen Stadtrates hat
dafür gesorgt, daß auf diesem Gebiet nichts passiert ist. Eine Grube nach der
anderen wurde mit Müll angefüllt, dann wurde eine Schotterdecke darüberge-
legt, das war alles. Das dritte Thema ist das Verkehrsproblem, das für die Entwicklung der Bürgerinitiativen vielleicht sogar am wichtigsten war – die Mißachtung der Wünsche der Bürgerinitiative gegen den Bau der Pyhrnautobahn
war einer der wichtigsten Gründe dafür, daß die seit Jahrzehnten vorherrschen-
de SPÖ bei den Gemeinderatswahlen 1973 ihre führende Stellung verlor.

Die Probleme waren bereits Anfang der siebziger Jahre so brisant, daß zahlreiche Bürgerinitiativen gegründet wurden – Graz ist als Hauptstadt der Bürgerini-
tiativ-Bewegung bekannt, es gibt mehr als zweihundert. Nach 1973 wurden ein
Büro für Bürgerinitiativen und *Kommunalpolitische Arbeitskreise* für Bürger eingerichtet – stark gefördert von seiten der FPÖ. Die Aktivbürger haben gehofft,
hiermit Verbindungsstellen zwischen Bürgeranliegen und Stadtverwaltung
erreicht zu haben, durch die ihre Wünsche in die Stadtpolitik eingehen würden.
Diese Hoffnungen sind enttäuscht worden. Die Arbeitskreise haben Parteivertreter als Profilierungsfeld benutzt, das Büro ist mehr und mehr zu einem Instrument zur Legitimierung von Parteipolitik geworden. Die Bürgerversammlungen, die das Büro einberufen hat, dienten vor allem den Parteien dazu, den

Bürgern ihre Vorstellungen unterzuschieben. Die Erfahrungen dieser Zeit, die Enttäuschung der Hoffnungen der Aktivbürger, haben den Boden für die Alternative Liste bereitet. Menschen, deren Parteiloyalität anfangs ungebrochen war, die nur zu einem Punkt aktiv werden wollten, sahen, daß sie so ihre Ziele nicht durchsetzen konnten, daß eine umfassende Alternative nötig ist. Es gibt zwar keine lineare Entwicklung hin zur Gründung der Alternativen Liste Graz, aber eine ihrer Trägergruppen sind Aktivbürger der damaligen Zeit, und die Erfahrungen der Bürgerinitiativen gingen in das kollektive Bewußtsein ein.

Die zweite wichtige Erfahrung war die der Bewegung gegen die Atomkraftwerke, die in Graz sehr stark war – Mitglieder der BIGA, der *Bürgerinitiative gegen Atomkraftwerke*, z.B. Doris Kammerländer, Peter Pritz und Erich Kitzmüller, haben später die AL-Bildung besonders engagiert betrieben. Auch Erfahrungen der Neuen Linken sind für die AL-Bildung wichtig gewesen, allerdings gibt es hier wenig personelle Kontinuität. Dann hat natürlich die Wahrnehmung der Erfolge der Grünen und Alternativen in der BRD, mit denen wir gute Kontakte hatten, und der Salzburger Bürgerliste ganz maßgeblich gewirkt. Besonders wichtig bei der AL-Gründung war die EvG, die *Erklärung von Graz für solidarische Entwicklung,* eine Selbstbesteuerungsgruppe, die sich hauptsächlich für die Dritte Welt engagiert, durch deren Initiative der Dritte-Welt-Laden und der Bauernladen für heimische Produkte entstanden sind. Angehörige der etablierten Parteien hingegen haben bei der AL-Gründung keine Rolle gespielt; es hat zwar Sympathien gegenüber progressiven Gruppen innerhalb der ÖVP und der SPÖ gegeben, aber organisatorisch waren diese AL-Mitglieder selten in die etablierten Parteien eingebunden.

Auf diesen Boden, auf die Erfahrungen mit verschiedenen Bewegungen und die anstehenden brisanten Probleme, ist die Initiative einiger theoretisch gefestigter Personen gesetzt worden, in erster Linie Peter Pritz und Erich Kitzmüller.

Welches Selbstverständnis und welche Perspektive hatte die Alternative Liste Graz, als sie am 5. November 1981 gegründet wurde?

Die AL Graz wurde von vornherein mit dem Ziel gegründet, bei den Gemeinderatswahlen zu kandidieren und sich massiv in jene Gebiete der Kommunalpolitik einzumischen, die die AL-Träger für katastrophenträchtig hielten. Die Perspektive einer nationalen Organisierung als Alternative Liste war damals noch nicht gegeben – die war erst das Produkt der Erfahrung, daß sich die meisten Fragen im kommunalen Rahmen nicht stellen, geschweige denn beantworten lassen. Auch in anderer Hinsicht war die Gründung nicht unproblematisch: Die AL-Träger hatten eine Scheu vor der Organisierung als Partei, sie haben sich immer als eine Art Anti-Partei begriffen, trotz des im Vordergrund stehenden Projektes der Wahlbeteiligung. Außerdem sind wir ja politisch keineswegs homogen. Aber das gehört zum Selbstverständnis der ALG, und es ist wichtig für die weiteren Perspektiven: Eine unserer Stärken ist, daß es uns gelungen ist,

Leute zu einem gemeinsamen Handeln zu bringen, ja sogar in eine gemeinsame Organisation, die vor zehn Jahren noch nicht einmal miteinander reden wollten. Man soll sich darüber klar sein, daß diese Spannbreite aufrechterhalten werden muß, daß nicht ausgegrenzt werden darf, daß alle Strömungen dazu beitragen müssen, daß sich Formen der Auseinandersetzung entwickeln, die die Organisation nicht sprengen. Niemandem kann man Positionen aufdrängen, man muß Leuten Zeit lassen – was richtig ist, wird sich, so hoffe ich, ohnehin durchsetzen. Das gilt im übrigen genauso für die ALÖ wie für die ALG. Das heißt nicht, daß man nicht scharfe inhaltliche Auseinandersetzungen führt. Man soll sich aber hüten, vorschnell über Menschen und Meinungen den Stab zu brechen, sonst landet man im sektiererischen Sumpf.

Der Zusammenhalt der ALG wurde, über die Grundprinzipien hinaus, vor allem über die gemeinsame Auffassung von der notwendigen politischen Aktionsform, über den Aktionismus, wie wir sagen, hergestellt. Wir versuchen, ein brisantes Problem mit Aktionen aufzuzeigen und dabei eine Menge Hintergrundinformationen zu geben. So haben wir etwa vor den Wahlen eine Geldsack-Aktion durchgeführt, bei der wir hundertfünfundvierzig Säcke mit der Aufschrift „1.000 Schilling" vor das Rathaus gestellt haben, um das Einkommen des Bürgermeisters Goetz zu symbolisieren. Dazu haben wir eine Broschüre veröffentlicht und viel Aufklärungsarbeit geleistet – mit gutem Erfolg. Hinter den Aktionismus und die allseits als brisant begriffenen Probleme sind die ideologischen Differenzen, die es innerhalb der AL Graz natürlich auch gibt, immer zurückgetreten.

Mit welchen Themen und wie hat die ALG den Wahlkampf geführt?

Der Wahlkampf hat relativ früh, im Sommer 1982, ein halbes Jahr vor den Wahlen begonnen. Etwa dreißig bis fünfzig Aktive haben unsere Arbeit getragen. Wir hatten nur geringe materielle Mittel zur Verfügung, nämlich 65.000 Schilling, mußten also zu unkonventionellen Mitteln greifen. Sympathisanten haben etwa Sprechblasen auf die Plakate der anderen Parteien geklebt, wodurch die Politiker sagten, was sie wirklich tun und denken, z.B. Götz: „Verdienen Sie auch so viel wie ich? 134.900,– 14 x im Jahr." Besonders wichtig war, daß wir bei den Fragen, auf die wir uns konzentriert haben, nämlich Müllbeseitigung, Verkehr und Politikerprivilegien, detaillierte Vorschläge vorgebracht haben. Das hat die anderen Parteien irritiert, weil sie uns nicht als protestierende Spinner hinstellen konnten, ja es hat sie und uns sogar dazu geführt, unsere politische Kraft und Kompetenz zu überschätzen. Wir haben unseren Aktionismus auch im Wahlkampf eingesetzt. Zum Müllproblem haben wir eine Milchpaket-Aktion durchgeführt, bei der wir die leeren Pakete vor dem Milchhof in Graz abgeladen haben; und eine Klärschlamm-Aktion, bei der wir den verantwortlichen Politikern den giftigen Schlamm vor die Tür ihrer Ämter gekarrt haben. Dann haben wir eine Straßensperre im Stadtpark durchgeführt, mit der wir auf die prekäre Verkehrssituation und die Zerstückelung der Grünflächen hingewiesen haben. In den Straßenbahnen sind wir als Stewards und Stewardessen verkleidet aufgetreten und haben die Fahrgäste mit Kaffee und Kuchen bewirtet, um darauf hinzuweisen, daß auf den Kilometer umgerechnet die Tarife der Grazer Verkehrsbetriebe höher liegen als die Flugtarife – daher sollten die Leute auch einen entsprechenden Service geboten bekommen. Dann hat es die Geldsack-Aktion gegeben... In diesem Stil haben wir den Wahlkampf betrieben, und damit sind wir in der Öffentlichkeit angekommen. Wir hatten eine sehr gute Presse, und eigentlich haben uns in unseren sachlichen Anliegen alle Grazer zugestimmt, die nicht blinde Parteigänger der etablierten Parteien waren. Möglicherweise konnten wir auch von Widersprüchen innerhalb der etablierten Parteien profitieren, d.h. das manchen Kreisen vielleicht unser Auftreten ganz recht war, um Rivalen und politische Kontrahenten aus dem Feld zu schlagen – das Ergebnis, der Gewinn von vier Gemeinderatssitzen durch die ALG, dürfte denen allerdings nicht ins Kalkül gepaßt haben.

Wie war das Wahlergebnis? Wer hat Euch am 23. Jänner gewählt?

Die ALG gewann 10.933 Stimmen, das sind 7,0 Prozent, und vier Mandate. Das Ergebnis der anderen Parteien lautete: ÖVP 32,4 Prozent (bei den Gemeinderatswahlen 1978 31,3), SPÖ 42,0 Prozent (41,3), FPÖ 15,5 Prozent (24,9), KPÖ 1,8 Prozent (2,0), GMÖ (Grüne Mitte Österreichs, eine lokale Umweltschutzpartei um den Fuhrunternehmer Steindl) 1,3 Prozent. Eine Umfrage des Fessel-Instituts ergab folgende Herkunft der ALG-Stimmen: 14 Prozent der ALG-Wähler bezeichneten sich als frühere Nicht-Wähler, 10 bis 13 Prozent als Erstwähler, 28 Prozent als frühere FPÖ-Wähler, 22 Prozent als frühere ÖVP-Wähler, 20 Prozent als frühere SPÖ-Wähler. Weiters ergab diese Umfrage: 25 Prozent der ALG-Wähler sind zwischen achtzehn und neunundzwanzig Jahre alt; 40 Prozent hatten sich erst in den letzten vier Wochen vor der Wahl zur Stimmabgabe für die ALG entschlossen; 87 Prozent gaben den Umweltschutz, 72 Prozent Parteienverdrossenheit als Motiv für ihre Stimmabgabe an; 18 Prozent schätzten die ALG als eher linke, 5 Prozent als eher rechte, 60 Prozent als nicht einzuordnende Gruppierung ein. Die Wahlergebnisse der ALG in den sechzehn Grazer Bezirken lagen zwischen 5,4 Prozent und 11,3 Prozent, wobei die Ergebnisse in den Arbeitervierteln relativ schlecht waren. Besonders interessant ist, daß Anfang Feber 12 Prozent der Grazer behaupteten, sie hätten die ALG gewählt, wir haben aber nur 7 Prozent erzielt.

Was hat die ALG bisher im Gemeinderat unternommen?

Wir haben uns unseren Wahlkampfthemen entsprechend auf die Punkte Müllbeseitigung, Energie, Verkehr und Politikerprivilegien konzentriert. Auf allen diesen Gebieten werden Vorschläge jetzt aufgegriffen, die wir eingebracht haben. So in der Müllproblematik: Wir hatten eine großtechnische Lösung abgelehnt und einen Dreischritt vorgeschlagen: 1. Müllvermeidung , etwa durch verschiedene Container-Typen, in die die Bevölkerung den Müll sortiert abladen kann; 2. Müllsortierung im größeren Stil, d.h. Nutzung aller Möglichkeiten des Recycling; 3. Endlagerung.

Zur Frage Politikerprivilegien haben wir auf der ersten Sitzung des Gemeinderates einen dringlichen Antrag folgenden Inhalts gestellt: 1. Kürzung der Bezüge der Mitglieder des Stadtsenats und des Bürgermeisters um die Hälfte; 2. Möglichkeit des Verzichts auf die Bezüge als Gemeinderat mit einer Untergrenze, die bei der Hälfte des durchschnittlichen Einkommens des Österreichers liegt; 3. Festlegung des Höchstbezuges für Gemeinderäte auf das Durchschnittseinkommen des Österreichers. Wir sind nicht der Meinung, daß Politiker für ihre Tätigkeit nicht bezahlt werden sollen, denn sonst würden bald nur noch finanzkräftige Leute Politik betreiben. Aus diesem Grunde haben wir auch nur eine partielle Verzichtsmöglichkeit gefordert, andernfalls könnten finanzschwache Mandatare durch demonstrative Akte finanziell abgesicherter Gemeinderäte unter Druck gesetzt werden. Mit unserem Antrag sind wir nicht durchgekommen. Dadurch hat sich ein neues Problem ergeben, durch das wir die Angelegenheit brisant halten können. Auf Grund des Paragraph 39 des Grazer Gemeindestatuts ist es den Mandataren untersagt, auf ihre Bezüge oder Teile derselben zu verzichten. Wir tun das aber, wir nehmen nur die Hälfte der 22.000 Schilling an, während wir für den anderen Teil eine Verzichtserklärung bei den Banken hinterlegt haben. Streng genommen ist das illegal. Die Stadt hat mehrfach versucht, uns das Geld zukommen zu lassen, momentan wird es beim Gericht hinterlegt. Da wir allerdings den Gesamtbetrag versteuern müssen, leisten wir heute Gemeinderatsarbeit zum Nulltarif – diesen Punkt wollen wir steuerrechtlich klären lassen. Im Punkt Privilegienabbau sind wir natürlich auf Zustimmung in der Bevölkerung gestoßen, und auch die anderen Parteien haben jetzt Vorschläge eingebracht, die natürlich nicht so weit wie unsere gehen. Unsere persönliche Aktion allerdings hat auch andere Reaktionen hervorgerufen: Daß Menschen freiwillig auf 11.000 Schilling monatlich verzichten, glauben manche einfach nicht, andere wiederum halten uns für ausgesprochen blöd.

Einige Monate nach den Wahlen wurde unsere Forderung nach Einrichtung eines Energiereferates erfüllt. Dort soll ein integriertes, von der Elektrizitätsgesellschaft unabhängiges kommunales Energiekonzept erarbeitet werden. Auf dem Verkehrssektor hat sich bisher nur wenig geändert, die Straßenbahnen fahren immer noch sehr langsam, die Straßen sind nach wie vor verstopft. Hier haben wir bisher nur kleinere Erfolge erzielen können (z.B. Baumbepflanzung und neue Radfahrwege in zwei breiten Straßen), und wir müssen uns auf längere Auseinandersetzungen einstellen. Aber allein die direkten und indirekten Auswirkungen unseres Wahlerfolges und unserer Arbeit sollten für Bürger in anderen österreichischen Städten genug Ansporn sein, unserem Beispiel zu folgen.

Ist die ALG den Anforderungen einer konstruktiven Arbeit im Parlament gewachsen? Wie begegnet sie dem Problem, daß sie in vielen Fragen keine genauen programmatischen Vorstellungen hat?

Wir mußten feststellen, daß die Fragen, die wir im Wahlkampf aufgegriffen hatten, nur dreißig oder vierzig Prozent der Probleme abdecken, die im parlamentarischen Alltag eine Rolle spielen. Bei den Fragen, die wir politisch aufgegriffen hatten, zeigte sich allerdings, daß unsere rein fachliche Kompetenz mindestens so hoch ist wie die eines Durchschnittsmandatars der anderen Parteien. In den Debatten über Müllbeseitigung, über die Energiesituation und über die Reform des Statuts der Stadt Graz haben wir keine schlechte Figur gemacht, sehr zur Überraschung mancher Vertreter der anderen Parteien. In der Energiefrage waren wir sogar überlegen, denn auf diesem Gebiet hatten die etablierten Kräfte sich überhaupt keine Gedanken gemacht. Probleme hatten und haben wir selbstverständlich bei all den Fragen, vor allem beim Budget, wo wir uns alles mühsam erarbeiten müssen. Da können wir momentan Detailvorschläge nur zu einzelnen Punkten machen. Man darf aber nicht übersehen, daß die Budgetfragen im Grunde unter Ausschluß der Öffentlichkeit verhandelt und entschieden werden, unter Ausschluß auch der gewählten Mandatare der anderen Parteien – da liegt alles in der Hand des Finanzstadtrates. Wir konnten sehen, daß in den Klubs der anderen Parteien eine strenge Hierarchie besteht, daß der normale Mandatar nach den Weisungen einiger Experten stimmt, weil er gar nicht die Übersicht und Kompetenz hat in all den Einzelfragen.

Wir können mit vier Leuten im Gemeinderat und mit dreißig Leuten in Graz keine Bäume ausreißen, wir müssen Schwerpunkte setzen und können nicht zu allem Stellung nehmen. Wir sind auch gar nicht in allen Gremien vertreten, denn die etablierten Parteien haben es verstanden, uns von wichtigen Angelegenheiten fernzuhalten – anfangs waren wir nur in der Hälfte der vierunddreißig Gemeinderatsausschüsse vertreten, erst vor kurzem haben wir unsere Mitgliedschaft in allen Ausschüssen erzwungen.

Unser größtes Defizit haben wir im Bereich Soziales, den haben wir bisher am wenigsten aufgegriffen. In Graz ist er traditionell die Domäne der SPÖ, die auch die entsprechenden kommunalen Ressorts besetzt. Den Problemen der Alten, der Jugendlichen, der Obdachlosen, und, immer wichtiger, der Arbeitslosen werden wir uns verstärkt zuwenden müssen. Bisher haben wir auf diesem Gebiet nur sehr allgemeine Vorstellungen und kaum Konkretisierungen. Erschwerend kommt hinzu, daß wir keinerlei organisierte Kontakte zu den Gewerkschaften haben, die übrigens in der Steiermark besonders konservativ sind. Hier versuchen wir durch die Zusammenarbeit mit der *Gewerkschaftlichen Einheit* bei den Arbeiterkammerwahlen einiges zu ändern. Im übrigen wird uns immer klarer, daß die Behandlung der sozialen Fragen auf kommunaler Ebene viel weniger möglich ist als die Behandlung anderer Fragen. Die wesentlichen Kompetenzen und das Geld sind beim Bund konzentriert.

Von Insidern der kommunalen Politik, langjährigen Mandataren und Beamten, ist uns bestätigt worden, daß durch unsere Arbeit das Niveau der Auseinandersetzungen im Gemeinderat und in den Ausschüssen erhöht worden ist. Auf den Gemeinderatssitzungen werden uns zwar jedes Mal Moralpredigten gehalten, weil wir die Würde des Hauses und ähnliches verletzten, und beinhart geht es oft in den nicht-öffentlichen Teilen der Sitzungen zu. Aber wir sind nach außen hin nicht ohne weiteres als Bürgerschreck zu diskreditieren, und ich habe den Eindruck, daß die meisten Parteivertreter überrascht über unsere Fähigkeit zu konstruktiver Arbeit sind.

Wie ist das Verhältnis der ALG zu den Klubs der anderen Parteien?

Auf kommunaler und landespolitischer Ebene gibt es kaum Auseinandersetzungen zwischen den drei etablierten Parteien. Besonders auf kommunaler Ebene treten die sogenannten ideologischen Differenzen vollständig hinter Sachproblemen zurück. Da wir grundsätzlich andere Vorstellungen haben, etwa in der Energiefrage, wo wir nicht von der Nutzung der vorhandenen Kapazitäten ausgehen, sondern vom Bedarf, haben wir uns relativ leicht damit getan, die anderen Parteien in einen Topf zu werfen – wir haben allerdings immer betont, daß das auf nationaler Ebene falsch ist. Bei den Bürgermeisterverhandlungen nach den Wahlen haben wir mit allen drei Parteien gesprochen, auch mit der FPÖ, aber das hatte auch taktische Gründe – sonst hätten wir nur mit der SPÖ verhandeln können, denn AL und ÖVP haben zusammen keine Mehrheit.

Bei unserer Arbeit im Gemeinderat haben wir ungefähr die gleiche Distanz zur ÖVP wie zur SPÖ und eine etwas größere Distanz zur FPÖ. Gute Kontakte haben wir zum Stadtrat Gartler (SPÖ) und zum Stadtrat Edegger (ÖVP), die die Ressorts verwalten, in die die Müllbeseitigung und der Verkehr fallen – beide bemühen sich sehr um positive Lösungen. Im Gemeinderat wird im allgemeinen einheitlich gegen uns gestimmt, sodaß der Vorwurf der Einheitspartei gegenüber den etablierten Parteien sich immer wieder bewahrheitet. In einigen Fällen haben die SPÖ, die ÖVP, aber auch die FPÖ mit uns gestimmt. Der Abgeordnete der KPÖ schließt sich häufig unseren Anträgen an, aber ich habe den Eindruck, daß die Kommunisten die Gemeinderatsarbeit und ihre Bedeutung nicht besonders wichtig nehmen.

Wenn ich sage, daß es bei unserer Arbeit generell nicht mehr Berührungspunkte mit der SPÖ als mit der ÖVP gibt, so muß man auf der anderen Seite aber auch sehen, daß wir für gewisse Teile der SPÖ, die Junge Generation und die sogenannten Kritischen Sozialisten, eine Art Sprachrohr-Funktion haben. Wir greifen ihre Vorschläge auf, die sie parteiintern nicht durchsetzen können, etwa in der Statutenreformkommission. Man muß aber sehen, daß es ebenso in der ÖVP progressive Tendenzen gibt, um den Stadtrat Edegger, der eine Politik ähnlich der Buseks in Wien versucht. Die Kontakte zur FPÖ sind schlechter, da haben wir keine Ansprechperson, die ein Ressort so betreuen würde, daß es unseren Vorstellungen nahekommt.

Alles in allem will ich aber niemanden darüber hinwegtäuschen, daß die etablierten Parteien uns so rasch wie möglich wieder loswerden wollen. Zu diesem Zweck werden sie sich sicher noch einiges einfallen lassen.

Hat sich die Alternative Liste Graz durch die Arbeit im Gemeinderat verändert?

Unser Hauptproblem ist, daß von der Gemeinderatsarbeit Druck auf unsere Strukturen und Vorstellungen ausgeübt wird, sodaß die Gefahr besteht, daß wir alles den Erfordernissen der parlamentarischen Tätigkeit anpassen, daß die Gemeinderatsarbeit das alleinige Beschäftigungsfeld der gesamten Organisation wird und die Gemeinderats-Tagesordnung jeweils die Themen der AL-Arbeit bestimmt. Es gibt Tendenzen in diese Richtung, aber wir haben die Gefahren frühzeitig erkannt. Wir müssen überdies Vorkehrungen dafür treffen, daß wir unserem Anspruch gerecht werden, nicht stellvertretend für die Menschen zu handeln, sondern als Schmiermittel für die Entwicklung selbständiger politischer Bewegungen zu den verschiedensten kommunalpolitischen Anliegen wirken – eigentlich sollen diese Initiativen uns benutzen, als Sprachrohr und als Informationsquelle. Einer unser wesentlichen Grundsätze ist, daß wir eine Art Anti-Partei sind, bis zu einem gewissen Grad Politiker wider Willen. In Richtung Stellvertreter-Politik gibt es aber eine Dynamik, die schon wirksam geworden ist. Es besteht Einigkeit darin, beide Tendenzen zu bekämpfen. Allerdings gibt es bereits einige Teile der AL, die die Situation überzeichnen und behaupten, daß wir uns von unseren ursprünglichen Zielen schon sehr weit entfernt haben – um diesen Punkt läuft momentan eine Debatte. Teil dieser Problematik ist auch, daß die Zahl der Aktivisten der ALG heute geringer ist als während des Wahlkampfes.

Letztlich geht es darum, die parlamentarische Arbeit so zu gestalten, daß sie sich in unsere generelle Perspektive einordnet. Wir sind der Auffassung, daß der Politiker als Spezialist für die Wahrnehmung öffentlicher Angelegenheiten langsam verschwinden muß und die Bürger ihre gemeinsamen Angelegenheiten selbst regeln müssen. Es gibt sicher Bereiche, wo das noch nicht möglich ist und wo eine repräsentative Demokratie bis zu einem gewissen Grad nötig ist. In anderen Bereichen aber, etwa bei selbstorganisierten Kindergärten, ist das sehr wohl möglich, die Stadt muß hier Rahmenbedingungen schaffen, sodaß die Selbstorganisation durchgeführt werden kann. Entsprechend werden wir in Zukunft mehr versuchen müssen, Kontakte zu den verschiedensten Gruppen und Initiativen aufzubauen und ihre Anliegen durchzusetzen. In diesem Sinne halten wir auch unsere Mitarbeit in der Statutenreformkommission der Stadt für sehr wichtig. Wir versuchen, direkt-demokratische Elemente in die Verfassung hineinzubringen, Institutionen, durch die sich die Bürger in die öffentlichen Angelegenheiten einmischen können und durch die sie informiert werden. Die Entscheidungen sollen so weit wie möglich an den Bürger herangeführt werden. Aus diesem Grund forcieren wir sehr stark die Errichtung von Vertretungsgremien auf Bezirks- und Stadtteilebene, die bestimmte Entscheidungsbefugnisse haben sollen, die bisher der Gemeinderat hatte. Teil dieser Problematik des Selbstverständnisses als Gruppe, die im Parlament vertreten ist, ist auch die nationale Organisierung der Alternativen Listen. Wir müssen erkennen, daß wir bei der Lösung kommunaler Probleme letztlich nicht weiterkommen, wenn auf nationaler Ebene nichts geschieht. Die wesentlichen Impulse für die Organisierung der ALÖ sind zwar aus Graz gekommen, aber wir haben zu wenig für die Fortführung getan. Wir müssen die Zeit nutzen, denn die günstigen Bedingungen, die heute in Österreich für die Alternativen bestehen, werden nicht ewig gegeben sein. Wir benötigen einen nationalen Informationsapparat, müssen gemeinsam Schwerpunkte setzen, Medienarbeit leisten... Gerade weil sich diese Perspektive aus unseren kommunalen Erfahrungen ergibt, weil alle erkennen, daß wir im Kleinkram zu ersticken drohen und bestimmte Probleme übergehen, die nur national angegangen werden können – die Frauenbefreiung etwa, soweit sie gesetzliche Maßnahmen erfordert –, gerade deshalb besteht in dieser Frage auch Übereinstimmung in der ALG.

Welche Bilanz kann die ALG heute, zehn Monate nach ihrem Eintritt in den Gemeinderat, von ihrer Arbeit ziehen?

Es gibt keine kommunalpolitische Frage, die einer Lösung zugeführt wird, von der wir behaupten könnten: „Das haben wir gemacht!" Es gibt aber eine Menge indirekter Wirkungen: Bei der Müllproblematik etwa wurde innerhalb von sechs Monaten ein vernünftiges Konzept vorgelegt – zehn Jahre lang war nichts geschehen. Erstmals gibt es auch eine Kommission, die damit beginnt, einen Energieplan zu entwickeln – die zweitgrößte Stadt Österreichs hatte bisher keinen. Auf einmal beginnt man, Politikerprivilegien abzubauen und das Statut zu reformieren. All das sind indirekte Wirkungen unserer Präsenz und Arbeit im Gemeinderat, ohne uns wäre all das nicht geschehen. Ich glaube, daß die Parteien auch in Zukunft nichts von sich aus tun werden, weil sie verkrustet sind und kritische Elemente sich nicht durchsetzen können. Wir wollen aber gar nicht ihr Konkurrent sein, wir haben eine andere Aufgabe: Wir artikulieren eine Strömung innerhalb der Bevölkerung, die dahin geht, daß die Bürger sich politische Kompetenz zurückholen, die ihnen vom Staat und von den Parteien abgenommen wurde. Unser politische Weg ist eine Gratwanderung, die Gefahr, selbst eine etablierte Partei zu werden, ist groß. Wir müssen Voraussetzungen schaffen, institutionelle Formen, die die Aneignung der politischen Kompetenz durch den Bürger erleichtern. Dieser Aneignungsprozeß ist langwierig und schwierig, aber wir glauben, daß er nicht mehr endgültig gebrochen werden kann.

Raimund Gutmann / Werner Pleschberger

Die Bürgerliste – grüne Mitte in Salzburg

Die Salzburger Bürgerliste – ein lokales Phänomen?

Seit Ende 1982 stellt die Bürgerliste (BL) den Stadtrat mit der Ressortzuständigkeit Umweltschutz, Straßenbau, Altstadterhaltung, Raumplanung u.a. Damit besetzt sie, nachdem sie zuvor fünf Jahre als parlamentarische Opposition gewirkt hat, neuralgische Punkte der kommunalen Politik und Verwaltung. Ihre Entwicklung von der Basisinitiative zur parlamentarischen Opposition und zur Exekutivmacht ist nicht nur innerhalb Österreichs eine Ausnahme. Daraus erklärt sich die internationale Aufmerksamkeit für ein lokales „Phänomen", das zumindest vorerst die geläufigen Vorstellungen von Parteien sprengt.

Die „Wunder" von 1977 und 1982 sind bis heute nicht zureichend erfaßt. Begrifflich variiert die Einschätzung der Medien zwischen schlicht „grün" *(Neue Kronenzeitung),* „hellgrün" *(Frankfurter Rundschau)* und „lodengrün" *(tribüne).* Immerhin legen diese Einschätzungen die Frage nahe, ob es eine spezifische Variante, die „bürgerliche", in der grünen Bewegung gibt, oder ob „grün" einfach „grün" ist. Die bescheidenen wissenschaftlichen Exkurse zur BL haken sich an einigen Manifestationen fest, ohne an den Kern vorzudringen. Ihnen genügt die Selbsteinschätzung der BL als systemkonformes Phänomen. Werden Phänomene so zu ihrem selbst artikulierten „Nennwert" [1] akzeptiert – generell Verfahrensweise einer naiv-objektivistischen Politikwissenschaft –, scheiden wesentliche Fragen aus der Analyse aus: soziokultureller Wandel, biographische Brüche, Auffaserung von Weltbildern, neue Formen der politischen Sozialisation und des politischen Handelns.

Produktiver sind die Feststellungen, daß die Wähler nicht mehr traditionellen Weltbildern folgen, Zugehörigkeiten zum politischen Lager plötzlich aufkündigen und politisches Verhalten wider die wahlpolitische Kalkulation mit „Emotion" vermischen, kurzum irrational und nicht mehr planbar werden. „Es ist für mich unverständlich, aber eine feststehende Tatsache, daß gerade aus bürgerlichen Kreisen die Sympathien zur Bürgerliste gehen, und zwar von Persönlichkeiten, die vom Land, von der ÖVP, von mir persönlich, immer wieder die Wahrnehmung der pflichtgemäßen Aufgaben auch in ihrem Interesse verlangen, aber die dann bei Wahlen ihrer Emotion freien Lauf lassen und eine gewisse Antiposition gegenüber den etablierten Parteien einnehmen wollen", sagt der Salzburger Landeshauptmann Haslauer *(Salzburger Nachrichten,* 10.2.1983). Dahinter steckt, zwar verengt auf Erfahrungen schon erlittener und auf Annahmen möglicher Wahlniederlagen, das Gefühl, daß hier eine Form des Widerstandes und der politischen Entstabilisierung vorliegt.

Für eine solche Angst besteht einiger Anlaß. Im Frühjahr 1983 versuchten Teile der BL, ihr politisches Konzept durch die Teilnahme an den Nationalratswahlen zu „nationalisieren". Ein wichtiger Vertreter stellte sich einer anderen Partei (*Vereinte Grüne*) als Integrationsfigur zur Verfügung. Nach den Nationalratswahlen gründete die BL zusammen mit den Vereinten Grünen und der *Alternativen Liste Salzburg* eine Wahlgemeinschaft für die Salzburger Landtagswahlen im März 1984, die *Grün-Alternative-Bürgerliste (GABL)*. In diesem Wahlbündnis nimmt sie aufgrund ihres politischen und finanziellen Gewichts eine eindeutige Vormachtstellung ein. Obwohl die Alternative Liste ihre programmatischen Vorstellungen mehr oder weniger durchsetzen konnte, in der Mitgliederversammlung der GABL eine klare Mehrheit aufweist und ihre tatsächlich aktive Basis stellt, besitzt die BL zusammen mit dem Grüppchen der Vereinten Grünen die faktische politische Macht. Gelingt der Einzug der GABL in den Salzburger Landtag, ist die Gründung einer „Bundes-GABL" nach dem Bürgerlisten-Modell nur mehr eine Frage der Zeit.

Diese Entwicklung verdeutlicht, daß die BL in einem Zusammenhang mit breiteren politischen Bewegungen steht, die Österreichs politische Kultur seit einigen Jahren aufgebrochen haben. [2] Daher sind alle Besonderheiten des Phänomens Bürgerliste im Kontext der neuen sozialen Bewegungen zu analysieren. Die Grundfrage dabei bleibt, inwieweit es einen spezifisch bürgerlichen Basisprotest gibt und welchen politischen Stellenwert er im Rahmen künftiger städtischer Perspektiven besitzen kann. Anfangs wird versucht, Traditionslinien aufzuspüren, in denen die BL steht, und dabei ihre Geschichte teilweise als Stadtgeschichte zu begreifen.

Aspekte der Gesellschaftsgeschichte Salzburgs

Ökonomisch prägte Salzburg mindestens seit 1873, dem Jahr der Wirtschaftskrise, eine gemischte Struktur aus Industrie- und Handelskapital und kleinen Gewerbetreibenden. [3] Obwohl zahlenmäßig gering, dominierte das großbürgerliche Kapital die Repräsentationsorgane der Wirtschaftstreibenden. Zu Beginn der neunziger Jahre waren viele kleine Gewerbetreibende durch die lang andauernde Wirtschaftskrise grundlegend bedroht. Kapitalkonzentration und technische Veränderungen der Produktion richteten kleine Betriebe zugrunde. Allein durch die Errichtung eines Filialbetriebes einer in Mödling ansässigen Schuhfabrik wurden einhundertfünfzig Schumachermeister proletarisiert.

Dem Zeitgeist entsprechend antisemitisch verfärbt, wandten sich „Salzburgs Kleinbürger vor allem gegen Großprojekte, wie Brückenbauten und die Errichtung von Tramwaylinien, die die städtischen Finanzen überforderten. Sie sprachen sich gegen Neuerungen aus, die ihre wirtschaftliche Existenz gefährdeten.

So opponierten etwa die Lohnkutscher und alle damit in Verbindung stehenden Betriebe, wie Sattler, Riemer, Wagner, Schmiede und Wirte, gegen die Straßenbahn. Lebensmittelhändler und Fleischhauer wiederum lehnten die strengen sanitätspolizeilichen Vorschriften ab. Bier- und Fleischpreise bildeten ständig wiederkehrende Streitobjekte. Die Etablierung von auswärtigen Kleiderkonfektionären und Schuhfabriken wurde vom Handwerk vergeblich bekämpft." [4] Politisch gelang es dem zahlenmäßig dominierenden Mittelstand nicht, einen wichtigen Einfluß auf die kommunale Politik zu erhalten. Zwar wurde die politisch liberal gesinnte Gruppierung des großen Bürgertums durch eine antisemitische, stark vom Kleinbürgertum getragene Koalition Anfang der neunziger Jahre entmachtet. Doch nach kurzer Zeit wurde, unter anderem aufgrund des ungleichen Wahlrechts, das alte Kräfteverhältnis zwischen Groß- und Kleinbürgertum wiederhergestellt. Kern der nun einsetzenden großbürgerlichen Neuorientierung war der „Bürgerklub", ein Sammelbecken von Vertretern der verschiedenen Richtungen. Bis zum Ende der Habsburger Monarchie dominierte der „Bürgerblock" (Haas) den Salzburger Gemeinderat.

Die industrielle Rückständigkeit blieb auch in der Zwischenkriegszeit erhalten, denn die Schlüsselinnovationen lagen in der Elektrizitätswirtschaft und im Fremdenverkehr. [5] Der Verlust politischer Privilegien traf das nationalliberale Bürgertum, dessen politischer Einfluß so laufend zurückging. [6] An seiner Stelle übernahm die Christlichsoziale Partei die politische Hegemonie im Lande.

Mit den politischen Umwälzungen nach 1918 veränderte sich auch das politisch-kulturelle Selbstverständnis. Bei drei möglichen Identifikationen (Deutscher, Österreicher oder Salzburger) entschied sich die Mehrheit der regionalen (und wahrscheinlich auch der städtischen) Gesellschaft für das Selbstverständnis „Salzburger". [7] Probleme wie die Entwicklung der regionalen E-Wirtschaft boten Anlaß, das „antimetropolitane" Bewußtsein zu stärken. Auch auf kulturellem Gebiet wurde auf dem Hintergrund eines Gegensatzes zur alten Metropole Wien der Versuch gemacht, eine neue Identifikation zu schaffen. Von Hofmannsthal etwa wurde Salzburg zum „Herz vom Herzen Europas" hochstilisiert, begriffen als positives Gegenbild zur Großstadt: „Die Großstadt ist der Ort der Zerstreuung (...)". Die Residenzstadt hingegen liege „zwischen dem Städtischen und dem Ländlichen, dem Uralten und dem Neuzeitlichen, dem barocken Fürstlichen und dem lieblich ewig Bäuerlichen." [8] Die Stadt war in diesem Verständnis ein „unentschiedenes" Gegenmodell, das sich fremdenverkehrswirtschaftlich hervorragend kapitalisieren ließ.

Die Situation der Stadt heute

Mit den Worten Hofmannsthals ist ein Identifikationstyp bezeichnet, der sich nach 1945 fortsetzte. So ist vermutlich das prägende städtische Selbstverständnis der Bürger und politischen Eliten auch heute „unser Salzburg", „Rom des Nordens", „schönste Stadt der Welt", „Verschlafenheit" vermischt mit vornehmer „romantischer Zurückgezogenheit" usf. Gegen dieses Kollektivbewußtsein bildet sich allerdings seit einiger Zeit eine neue Identifikation. Ihr Entstehen deuten wieder literarische Reflexionen an: Peter Handke nimmt die städtische Realität als Doppelbödigkeit der Lebensbedingungen wahr, für ihn verknüpft sich Salzburg mit „automatischer Abwehr" und Faszination [9]; Thomas Bernhard literarisiert bereits ausschließlich eine kulturelle Abwehrstellung, die Stadt wird zur totalen Verkehrung des gewünschten Lebensraumes. [10]

Der Zweite Weltkrieg hatte zehn Prozent des Hausbestandes der Stadt total und rund siebenundvierzig Prozent teilweise zerstört – 14.563 Menschen waren obdachlos. [11] Die Zugehörigkeit Salzburgs zur amerikanischen Besatzungszone brachte neben einem eher oberflächlichen Arrangement mit der westlichen Demokratie „made in USA" wirtschaftliche Vorteile. Der rasche Wiederaufbau erfolgte fast zur Gänze als Ausbau des Tertiären Sektors (Handel, Transport, Fremdenverkehr usw.), was die ohnehin schwachen Ansätze einer Industrialisierung weitgehend stoppte. Diese Prioritätensetzung bestimmte die Dynamik des Verstädterungsprozesses nach 1945. Heute sind bereits sechsundsechzig Prozent der Bewohner des Salzburger Zentralraums im Tertiären Sektor beschäftigt. Eine hervorragende Stellung nahm und nimmt darin der Fremdenverkehr ein. Seit Kriegsende haben die Nächtigungen von Touristen von siebzigtausend auf über zwei Millionen im Jahr zugenommen. Damit zählt Salzburg zu den Regionen Österreichs, die den höchsten Anteil an Nächtigungen pro Hektar aufweisen. Daß somit der Erhaltung der städtebaulich und kunsthistorisch bedeutsamen Altstadt große Bedeutung zukommt, ist nicht verwunderlich. Um das wertvolle „Kapital" Altstadt auch langfristig zu verzinsen, gibt es seit 1967 ein Altstadterhaltungsgesetz (novelliert 1980), das im Sinne eines reinen Denkmalschutzes nur die Fassaden schützt, aber kaum auf die Probleme des Strukturwandels eingeht. Salzburg ist auf dem Weg, Österreichs bedeutendstes Zentrum des Import- und Großhandels zu werden. Während die Stadt im Speditionsgewerbe bereits führend ist, steht sie als Bankenplatz an zweiter Stelle hinter Wien. Seit 1964 verzeichnen die Geld-, Kredit- und Versicherungsinstitute eine Zunahme des Beschäftigungsstandes um siebenundsiebzig Prozent, die Handelsbetriebe um siebenundsechzig Prozent, der Bereich Verkehr und Transport fünfunddreißig Prozent und der Öffentliche Dienst achtundfünfzig Prozent. [12]

Basierend auf dem steten wirtschaftlichen Aufschwung, wurde die Stadt Salzburg mit ihrem Umland bald zur besonderen Zuwanderungsregion. Die Volkszählung 1981 erbrachte für die Stadt 138.213 Einwohner mit ordentlichem Wohnsitz, damit um sieben Prozent mehr als 1971 und um vierunddreißig Prozent mehr als im Jahre 1951 – im Vergleich zu anderen Landeshauptstädten ein massiver Zuwachs. [13] Anzumerken ist auch der überaus starke Arbeitskräftezuzug in den letzten zwanzig Jahren. Zwischen 1960 und 1980 stieg die Zahl der Arbeitnehmer von 56.750 auf 84.100 (*heute,* Nr. 12/1980). Die Zusiedler kamen überwiegend aus dem ländlichen Umland, aus der BRD und aus Jugoslawien. 27.500 – das sind um zweiundsiebzig Prozent mehr als 1971 – sind Einpendler. [14] Bevölkerungs- und Arbeitsmarktprognosen für den Zentralraum Salzburg-Stadt zeigen, daß sich dieser Trend in naher Zukunft nicht fortsetzen wird.

Trotzdem wird die Stadtregion ein „besonderes Zuwanderungsgebiet" [15] bleiben.

Diese Entwicklungen brachten und bringen gravierende Probleme der Wohnversorgung mit sich. Trotz des Wohnbaus am (nördlichen) Rande der Stadt und der Verdoppelung des Wohnungsbestands in den letzten zwanzig Jahren herrscht in Salzburg seit Jahren akute Wohnungsnot. Das städtische Wohnungsamt hat derzeit 4.700 vorgemerkte Wohnungssuchende. Es fehlen vor allem Wohnungen, die sich „Durchschnittsverdiener", kinderreiche Familien, junge und alte Menschen sowie Arbeitsemigranten leisten können. Das Problem wird verstärkt durch die steigende Zahl der Wahl-Salzburger. Allein in den Jahren von 1978 bis 1981 wählten 25.400 (meist finanzkräftige) Österreicher und Nicht-Österreicher Salzburg als Nebenwohnsitz. Die Anzahl der Zweitwohnungen stieg seit 1971 um rund vierzig Prozent. [16] Nicht zuletzt deshalb stehen etwa dreitausend Wohnungen leer – umgerechnet auf die Einwohnerzahl das Vierfache von Westberlin.

Die Stadtplaner reagierten auf die Entwicklung lange Zeit nur mit einer verwaltungsmäßigen Abwicklung der unzähligen Ausnahmegenehmigungen im Bereich der Flächenwidmung. Den ersten Versuch einer gesamtstadtbezogenen Entwicklungsplanung bildete 1971 das, später allerdings nie umgesetzte, „Stadtentwicklungsmodell". Eine eigene Abteilung im Magistrat wurde die Stadtplanung erst 1973. Auch danach zeichnete sich die Planungswirklichkeit – nunmehr zerlegt in stadtteilbezogene Strukturplanung – durch einen beinahe uneingeschränkten pragmatischen Opportunismus gegenüber den herrschenden kommunalen Besitzverhältnissen und Investitionsinteressen aus.

Die politische Praxis in der Stadt Salzburg ist nach 1945 gekennzeichnet durch die für das ganze Bundesland typische „breite Zusammenarbeit" aller parlamentarischen Parteien, einschließlich der – von ihren sozialistischen Programmgrundsätzen oft weit entfernten – Sozialdemokratie. In vielen politischen Festreden als „Salzburger Klima" gefeiert, zeigt sich die Verflechtung der verschiedenen gesellschaftlichen Kräfte im betonten Hang zur Einstimmigkeit in allen wichtigen Fragen. In Salzburg ist die Politik, so die verbreitete Selbsteinschätzung, nicht auf „Konfrontation", sondern auf „Interessenausgleich" aus. Sie sei damit der in Österreich gepflegten „Sozialpartnerschaft" sehr ähnlich – so heißt es etwa in der *Salzburger Landeszeitung* (Nr. 14/1980, S. 53 ff).

Die Entstehung der BL

Der Blick in die Geschichte zeigt, daß Formen des bürgerlichen Radikalismus in politischen Auseinandersetzungen durchaus nicht so neu sind. Basisprotest läßt sich bereits in lange zurückliegenden Auseinandersetzungen identifizieren – freilich war er noch als „klassischer" Interessenkonflikt angelegt. Interessant ist auch, daß seit Anfang der neunziger Jahre des vergangenen Jahrhunderts ein „Bürgerklub" als übergreifendes Sammelbecken für unterschiedliche politische

Kräfte existierte – ein solches politisches Organisationskonzept ist also nicht so neu.

Die BL hat ihre historischen, politischen und personellen Wurzeln zum überwiegenden Teil in der Bürgerinitiative *Schützt Salzburgs Landschaft*. Die im traditionell noblen Süden der Stadt agierende Honoratioreninitiative unter Führung einiger Adeliger, Gewerbetreibender und höherer Beamter sagte den für diesen Teil der Stadt projektierten Wohn-, Universitäts- und Verkehrsbauten den Kampf an. (Vgl. auch den Beitrag Anton Pelinkas in diesem Band.) Das Interesse an der Erhaltung von Grün im eigenen idyllisch-privilegierten Lebensraum war gepaart mit diffusen Ängsten davor, in einer gewandelten Stadtstruktur den erreichten überdurchschnittlichen Wohn-, Einkommens- und Sozialstatus zu verlieren. Damit einher gingen gewisse antimodernistische Affekte, die sich v.a. in der Ablehnung „nicht Salzburg-gemäßer", moderner Bauformen und insbesondere jeglicher – auch umweltschonender – Betriebsansiedlungen manifestierten. [17] Mehr als zwanzigtausend Unterschriften, die die Initiative erzielte, machten deutlich, daß hier mehr als eine egoistische Interessenverfolgung vorlag. Für die öffentlich formulierten Ziele: Schutz der Salzburger Stadtlandschaft vor „Verschandelung" und Erhaltung von Grünflächen, ließen sich viele Bewohner anderer Stadtteile gewinnen. Auch in den Stadtteilen, in denen nach Meinung der Bürgerinitiative die umstrittenen Bauten errichtet werden sollten, z.B. in Lehen im Norden der Stadt, unterschrieben viele.

Im Jahre 1977 gründeten Aktivisten der Bürgerinitiative *Schützt Salzburgs Landschaft* und anderer, ebenfalls im Süden der Stadt agierender informeller Anrainergruppen den Verein *Vereinigte Bürgerinitiativen – Rettet Salzburg* zur „Sammlung einsichtiger und verantwortungsbewußter Einzelpersonen". Die in den Statuten formulierten Ziele erstreckten sich von der Erhaltung des „Stadtbildes", dem Kampf gegen die „Häßlichkeit der Verbauung verschiedener Stadtviertel", dem Schutz der „letzten Grünflächen", dem Kampf gegen „eine weitere Steigerung der Lärm- und Abgasbelastung" bis zur Forderung nach „Entflechtung" politischer Doppelfunktionen und nach „Ausweitung der Bürgerbeteiligung".

Unter dem Namen *Bürgerliste* kandidierte die Gruppierung im selben Jahr bei den Gemeinderatswahlen und errang auf Anhieb sechs Prozent der Stimmen und zwei von vierzig Mandaten. Eine vom Salzburger Institut für Grundlagenforschung ausgearbeitete Wählerstromanalyse zeigt, daß rund fünfzig Prozent der BL-Wähler bei den Wahlen 1972 die ÖVP, fünfzehn bis zwanzig Prozent die FPÖ, fünf bis zehn Prozent die SPÖ und etwa fünfzehn bis zwanzig Prozent nicht gewählt hatten. Neben dem auffallend geringen Wählerzustrom von der SPÖ ist die Mobilisierung der Nichtwähler hervorzuheben. (*Salzburger Nachrichten*, 4.2.1977)

Im Mittelpunkt des Wahlkampfes und der Arbeit der ersten Gemeinderatsjahre standen folgende Themen: Aufdeckung einiger Wohnbau-Spekulationsskandale, Aufzeigen von „Parteienpackelei" in der „Einheitspartei", Politikerprivilegien, Abänderung beim Generalverkehrsplan, Altstadterhaltung, verstärkter Grünlandschutz, mehr „Bürgerbeteiligung" bei Planungen. Weitergehende programmatische Grundlagen und Lösungskonzepte gab es nicht. Mehr oder weniger zutreffende allgemeine Kritiken und populistische Forderungen, versehen mit viel Emotion und moralischen Appellen an die Politiker und an den „Bürger", wurden vorgebracht. In diesen Jahren versuchte die „einzige Opposition gegen die 'Einheitspartei' " (BL-Flugblatt) – stärker als später – Kontakte mit Bürgerinitiativen in anderen Stadtteilen zu knüpfen. Es schien, als ob alles, was sich jahrelang an Betroffenheit angesammelt hatte, im Sog der BL hervortrat. Doch bereits zu diesem Zeitpunkt stellte sich die Frage, ob die BL mit ihrem lautstarken Auftreten die zentralen Defizite der Salzburger kommunalen Politik „aufdeckte", oder ob sie bloß Randbereiche thematisierte.

Ideologische Festlegungen wurden anfänglich hintangestellt. Die BL begnügte sich mit dem Hinweis, eine „Umwelt- und Bürgerrechtsbewegung" zu sein, die weder links noch rechts stehe. Ihr sozialer Hintergrund kann beispielhaft mit dem ehrlichen Bekenntnis des späteren BL-Stadtrates Voggenhuber dargestellt werden: „Ich kann als Sohn einer bürgerlichen Familie nicht die Situation eines Arbeiters und eines Villenbesitzers in Parsch in meinem Kopf zu einer tragfähigen Einigung bringen." (*Zeitung,* November 1982)

Die Aktivisten der BL beeinflußten das versteinerte politische Leben in der Stadt Salzburg nachhaltig. Diese Tatsache hat auch vielen Linken und Alternativen Respekt oder zumindest skeptische Sympathie abgenötigt. Durch die Ausweitung der Interessen über Salzburg hinaus, größere Geldspenden, die überaus gut gesinnte Lokalpresse und einige personelle Veränderungen änderte die BL allerdings ihren Charakter. Sie bewegte sich schrittweise weg vom alten Selbstverständnis als „Fundamentalopposition" und reduzierte ihren Aktionskreis bald auf die parlamentarische Oppositionsarbeit. Nicht zuletzt durch den Rücktritt des Bäckermeisters Hörl, eines mutigen Einzelkämpfers in der Tradition von Michael Kohlhaas, übernahmen mit dem Richter Ziesel und dem Versicherungsangestellten Voggenhuber, der als „Sprecher" fungierte, „Politiker" des traditionellen professionellen Typs die Führung der BL.

Der „freie" und „aktive" Bürger als Bezugspunkt der BL-Politik

In der politischen Alltagsrhetorik der traditionellen Parteien steht „der Mensch" im Mittelpunkt. Die BL stellt demgegenüber den „Bürger" in den Mittelpunkt und kann damit auch wahlpolitische Erfolge erzielen. „Wir haben die Salzburger gefragt, ob sie freie Bürger oder Untertan sein wollen, sie haben sich klar für den freien Bürger entschieden." (*SN,* 4.10.1982) Allein der „aktive Bürger", heißt es, ist ein „richtiger Bürger". „Freiheit" und „Aktivität" bilden zentrale politische Formeln, deren Idee auf den athenischen Staatsmann Perikles zurückgeführt wird. (Perikles setzte für das gemeine Volk eine Reihe von „demosfreundlichen" Maßnahmen, u.a. die Öffnung der Geschworenengerichte und den Zugang zu kulturellen Veranstaltungen durch. In den kleinen Stadtrepubliken wäre es möglich gewesen, auf einer Versammlung aller Bürger am Markt einen Volkswillen festzustellen. Praktisch drängten regelmäßig große und kleine Agitatoren, wie Perikles und andere, der Menge ihre Meinung auf. Vom Bürgerstatus der athenischen Demokratie waren nicht nur die Sklaven, sondern auch große Teile der übrigen Bevölkerung ausgeschlossen.) In den Aussagen der BL findet sich nirgendwo der Hinweis, daß der Bürger nur als Besitzbürger politisches Subjekt ist. Der Begriff des Bürgers ist „offen". Damit ist der Bürger als eine klassen- und schichtübergreifende Entität im Grunde „politisch gereinigt" [18], was sich deutlich von der liberalen Theorie unterscheidet. [19]

Trotz ihres problematischen Rückbezuges ist im Demokratiemodell der BL die Vorstellung aufgehoben, daß Politik gemeinschaftliche Züge besitzt. Daher richtet sich ihr Bürger gegen die wirtschaftlich Mächtigen und den von ihnen gesteuerten kommunalen Staat: „Anstelle eines öffentlichen Lebens hat sich in dreißig Jahren 'Demokratie' eine Wirtschafts- und Verwaltungsmaschinerie entwickelt, die von anonymen Interessengruppen beherrscht, längst in die privaten Lebensbereiche der Menschen übergreift." [20] „Der Rückzug des Bürgers aus dem öffentlichen Leben ermöglichte es den wirtschaftlichen Mächtigen (...), den Bürger aus allen politischen Entscheidungen hinauszudrängen." [21]

Die Ablehnung des kommunalen Staates

In den oben zitierten Aussagen mischt sich eine instrumentelle Staatsanschauung, derzufolge der Staat in den Händen wirtschaftlich Mächtiger „liegt", mit der Vorstellung nicht faßbarer Machtverhältnisse, einer „Maschinerie". Eine tiefgreifendere Analyse des ökonomisch-politischen und staatlichen Komplexes unterbleibt. Er wird als Realität begriffen, die sich gegen menschliche Bedürfnisse richtet, sie deformiert, vernachlässigt: „(...) tiefgreifende Zerstörung einer der großen europäischen Landschaften, der historischen Altstadt, ein in Salzburg beispielloser Niedergang von Architektur und Städtebau, inhumane Umweltbedingungen bis hin zur Slumbildung (...)". [22] Da sie sich gegen seinen Bestand unter institutionellen und funktionalen Gesichtspunkten richtet, ist die Ablehnung des kommunalen Staates total.

Nicht jeder Bürger kann sich um seiner „schönen" Freiheit willen gegen den (kommunalen) Staat stellen, allein jene können es, die einen befriedigenden materiellen Lebensstandard erreicht haben und deren Lebenssituation unmittelbar nicht über staatliches Handeln gesichert wird. Gewerbetreibende, Rechtsanwälte, Notare, Ärzte, die Schicht pragmatisierter Beamter (die vom Staat abhängt, ohne ihn für ihre Privilegien noch zu benötigen) und bestimmte Kreise von Intellektuellen können infolge ihrer relativ politikfernen Sicherung von Lebensinteressen eine als Partei- und Verwaltungskritik vorgetragene Staatskritik zur zentralen politischen Ideologie erheben. Andere Bürger können den kommunalen Einrichtungen und Versorgungsleistungen, bürokratisch-deformiert wie auch immer, nicht entsagen, sondern stehen unter Beanspruchungszwang.

Hier ersetzt eine totalisierende Herrschaftskritik konkrete Reformpotentiale der kommunalen Institutionen und Praxis. Es scheint, daß die erstrebte Wiedereinsetzung des souveränen Bürgers per se verändernd wirkt.

Programmatisch unterscheidet sich die BL durch ihre „Bürgerdoktrin" deutlich vom übrigen Parteienspektrum, das innerhalb einer scheinbar konsistenten, globalen Programmatik positive Lösungen für die städtischen Problemlagen verspricht. Gegen das Handeln politischer Eliten und entsprechende Absichtserklärungen wird die Bürgermobilisierung als Lösungsansatz propagiert.

An dieser Stelle wäre erstens zu fragen, inwieweit mehr Partizipation unmittelbar mehr Kindergärten schafft, die Straßen beruhigt, Wohnungen schafft, Licht in Hinterhöfe bringt – anzunehmen ist doch wohl eher, daß unmittelbar ein „Partizipationsschub" nicht problemlösend wirkt, sondern die häufig beklagte Unregierbarkeit der Städte durch neue Bedürfnisse noch verschärft wird. Zweitens stellt sich die Frage, durch welche demokratischen Formen der Bürger zum kommunalen „Souverän" aufsteigen soll, wenn die in der kommunalen Debatte und in Praxisansätzen vorhandenen symbolisch-reformistischen Beteiligungsformen [23] nicht Maßstab werden sollen. Vorhandene Erscheinungen der Entmündigung des Souveräns in der Kommunalpolitik sind keineswegs zufällig, sondern strukturell bedingt – die kommunale Repräsentativdemokratie kann nur begrenzte Teilnahmeformen der Bürger rechtlich legitimieren und zulassen. Drittens überschätzt die Forderung nach Wiedereinsetzung des freien „Bürgers" den kommunalen Handlungsspielraum. Es steht fest, daß andere staatliche Akteure über alle relevanten Gesetzgebungskompetenzen verfügen, etwa in Fragen der Straßenverkehrsordnung oder der Raumplanung, und die selbständigen Steuereinnahmen der Gemeinde nur einen Teil des kommunalen Haushaltes abdecken können.

Wiewohl solche Argumente zum Beschwichtigungshaushalt politischer Eliten gehören, sind sie nicht falsch, stellen sie doch auch die Frage nach dem politischen Subjekt.

Traditionelle Zusatzideologie

Die zentralen Ziele, Stadterhaltung und Wiedergewinnung der Demokratie, bilden im strengen Sinne eine Einpunkt-Ideologie, denn sie sind miteinander vermittelt: Mehr Demokratie heißt ein höheres Maß an Stadterhaltung, umgekehrt erfordert die Erhaltung der städtischen Umwelt ein höheres Maß der demokratischen Beteiligung. Unterhalb dieser politischen Konzeption sammeln sich Fragmente einer traditionellen Zusatzideologie, die bruchlos ins Links-Rechts-Schema eingeordnet werden können. Vertreter der BL gehen auf Distanz zu „Alternativen" und „revolutionären Marxisten" und deren vermeintlich oder tatsächlich erhobenen Forderungen nach „Selbstverwaltung" und nach einem höheren Maß von Einkommensgleichheit: Forderungen dieser Art, so der BL-Mandatar Fux, deuten in Richtung „Ostblock". (*Neue Kronenzeitung,* 13.2.1983) Dagegen nähern sich die Aussagen, wie auch der Grundsatzteil der BL-Ideologie, ideologischen Positionen der Vereinten Grünen deutlich an. Mit den VGÖ kam es daher zur informellen Einigung. Für eine Einigung mit den Alternativen war die vage Einpunkt-Programmatik nicht geeignet, die sich in einer anderen Formulierung von Fux so liest: „Es ist doch unsere gemeinsame Luft und unser gemeinsames Wasser (...), da müßte es doch möglich sein, eine gemeinsame Vorgangsweise zu finden, statt sich in politologischen Auseinandersetzungen zu ergehen." (*Profil,* 24.1.1983, S. 16) Neue politische Bündnisse sind zwar, wie die jüngste Entwicklung lehrt, nicht ausgeschlossen, aber es ist fraglich, ob die grünen Basisanschauungen für undogmatische Formen der Kooperation langfristig ausreichen.

Während die BL hinsichtlich ihrer *subjektiven Programmatik* durchaus mehr als eine Einpunkt-Bewegung ist, bleibt ihre handlungsleitende *objektive Programmatik* konstituiert durch Fragen der städtischen Lebenswelt und Radikaldemokratie. Beide Ziele strukturieren die politische Identität der BL und der grünen Bewegung überhaupt. [24]

Die politische Form – jenseits der Partei?

Die Programmatik der BL spricht von einer tiefen Differenz zwischen den Bürgern und den bestehenden Parteien. Dies trifft auch die Form der Parteien: Sie wird als bürokratisches, Partizipation verhinderndes Organisationsprinzip bezeichnet, die von den Parteien repräsentierte politische Kultur als „Allgegenwart" und Dominanz der „verkrusteten Machtapparate" und der selbstherrlichen politischen Funktionäre. Das Konzept der BL lautet demgegenüber: Vereinigung der „politischen Menschen". Konkrete Hinweise auf das Organisationsmodell der BL finden sich nicht. Da nur ihre Ablehnung der traditionellen Organisationen konkret ist, kann von populistischer Politik gesprochen werden.

In ihrer Praxis mußte die BL sich stärker festlegen. Der Zusammenschluß im Jahre 1977 war locker, informell und offen. Die BL mußte zwangsläufig vereinsrechtlichen Richtlinien folgen und deshalb eine bestimmte Funktionsteilung und Hierarchisierung akzeptieren. Diese Bedingungen erfüllte sie aber auch „freiwillig". Sie beschloß feste Funktionszeiten, die Benennung der Vereinsmitglieder, die Ausstellung von Ausweisen, regelmäßige Zusammenkünfte usw. Diese Formen sind insofern undemokratisch, als sie feste Vorgaben sind, die auf Bürger hemmend wirken. Diese Problematik verstärkt sich, weil die Politik der BL im wesentlichen die Form symbolisch-medialer Aktionen angenommen hat und nicht der Basisaktivität. Der Mitgliederkreis war nie in verbindliche Formen (etwa eine „ideologische" Debatte) eingegliedert, noch wurde er praktisch in Entscheidungsprozesse einbezogen. Praxis wurde über die Medien gemacht, mit der Folge der Mediatisierung der Organisation durch die Medien. Darin liegt eine entscheidende Differenz zu den Alternativen, die über Modelle der Organisationsdemokratie Widerstand gegen die Definitionsmacht der Medien entfalten und dadurch Popularitätsverluste in Kauf nehmen.

Die BL repräsentieren „Spitzenpolitiker". Während des letzten NR-Wahlkampfes erreichte der BL-Mandatar Fux (der für die VGÖ kandidierte) bei Jungwählern Spitzenwerte. Unter siebzehn vorgegebenen Politikern lag er im Popularitätsprofil an dritter Stelle hinter dem Kanzler und Vizekanzler. (*SN*, 7.3.1983) Schon im Frühjahr 1978 waren BL-Mandatare bekannter als langjährig tätige Kommunalpolitiker. (*SN*, 20.4.1978) Der Bekanntheitsgrad von Fux stieg von sechsundsiebzig Prozent im Jahre 1980 auf fünfundachtzig Prozent im Jahre 1982, sodaß Fux die Position in der Skala hinter dem Bürgermeister einnahm. (*SN*, 5.10.1982)

Diese Entwicklungen sind keineswegs allein die Folge überragender Qualitäten von BL-Repräsentanten wie Fux, der den Medien Show-Effekt, den Nimbus des alternden Helden usw. gleichsam zum Nulltarif offeriert. [25] Die Irrelevanz der Organisation, verstanden als Ort kollektiver Diskussion, Entscheidungsfindung und Praxis von Bürgern, ist gewollt, weil die Organisation als Servicestelle für den Bürgerwillen, als eine Gleisanlage verstanden wird, auf der die Bürger fahren können. Keineswegs hat die Organisation einen Stellenwert in politischen Auseinandersetzungen. Diese gehen durch die BL hindurch, sie überschwemmen sie, und die Organisation bildet nicht selbst einen Faktor in der politischen Auseinandersetzung. Die Ausblendung der Organisation bezieht sich auch auf die Demokratisierungsdoktrin, denn Organisationsdemokratie hieße auch Umverteilung von Einkommen und politischer Macht – fürwahr heikle Punkte.

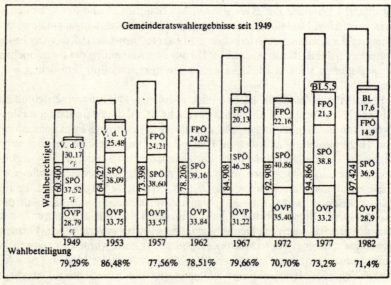

Quelle: SN 16./17. 10. 1982

Die Gemeinderatswahl 1982

Das Ergebnis der Gemeinderatswahl am 3. Oktober 1982 löste bei den etablierten Parteien einen Schock aus. Während die ÖVP viereinhalb Prozent verlor, die in Salzburg traditionell national-liberale FPÖ gar ein Minus von über sechs Prozent erzielte und auch das „dynamische" SPÖ-Team um Bürgermeister Reschen mit einem Rückgang von fast zwei Prozent Federn lassen mußte, konnte die BL ihren alten Stimmenanteil auf über siebzehn Prozent verdreifachen und damit zur drittstärksten Partei werden.

Die Wählerstromanalyse, die vom Salzburger Institut für Grundlagenforschung (IFG) gemeinsam mit den *Salzburger Nachrichten* erstellt wurde (*SN*, 5.10.1982), zeigt, daß die ÖVP auch 1982 der stärkste Stimmenlieferant für die BL war. Die Hälfte der FPÖ-Verluste ging an die BL, die SPÖ hingegen verlor hauptsächlich an Nichtwähler und kaum an die Bürgerliste. In erster Linie aus Angestellten- und Beamten-, aber auch aus Selbständigenkreisen kommend, sind BL-Wähler überdurchschnittlich gebildet und besitzen ein höheres Einkommen als der Durchschnittsbürger. Zwanzig Prozent der BL-Wähler können zur Unterschicht gezählt werden, vierundvierzig Prozent zur Mittel- und dreiunddreißig Prozent zur Oberschicht. Und trotzdem äußerten BL-Wähler bei einer Befragung deutlich weniger Zufriedenheit mit den Arbeits- und mit den Wohnverhältnissen als der Durchschnitt. Zwei von drei BL-Wählern sind keine gebürtigen Salzburger, sondern „zugewandert". Achtunddreißig Prozent sind unter dreißig Jahre, dreiundfünfzig Prozent zwischen dreißig und vierzig Jahre und nur neun Prozent sind über fünfzig Jahre alt, d.h. BL-Wähler sind auf jüngere Schichten konzentriert.

Aufgrund dieser Indizienkette schließt das IFG, daß es sich bei BL-Wählern „um eine Menschengruppe mit einem diffusen, latent vorhandenen Unbehagen handelt, das nicht unbedingt zu absoluter Unzufriedenheit, aber doch zu gesteigerter Kritikbereitschaft führt". Trotz seines Unbehagens sei der durchschnittliche Bürgerlisten-Wähler „nicht aus jenem Holz geschnitzt, aus dem Revolution und Umsturz entsteht". In seiner Selbsteinschätzung bewegt sich der BL-Wähler zum überwiegenden Teil „um die politische Mittelposition". Allerdings läßt die Wählerstromanalyse „eine gewisse Sogwirkung, insbesondere am äußersten linken Rand", erkennen. Auf ein entwickeltes ökologisches Bewußtsein der BL-Wählerschaft läßt die Beantwortung der Frage schließen, wie in Zukunft die Energieversorgung in Österreich am ehesten sichergestellt werden könne. Hier setzen BL-Wähler am stärksten auf alternative Energiegewinnung.

Neben dem Erfolg der BL verdient ein weiteres Ergebnis der Wahl 1982 Beachtung: Rund zwei Drittel der bis Vierundzwanzigjährigen und die Hälfte der bis Dreißigjährigen haben gar nicht gewählt. Dieser Entwicklung wird in Zukunft noch einige politische Sprengkraft zukommen, zumal die Wahlbeteiligung bei Salzburger Gemeinderatswahlen seit 1949 sinkt – und dies trotz der Mobilisierung traditioneller Nichtwähler durch die BL. Die Wählerquote scheint sich bei siebzig Prozent einzupendeln. Die politische Apathie hat also gute Chancen, bei einer der nächsten Wahlen zur stärksten „Partei" zu werden.

Das Wahlergebnis machte eine Neubestimmung des Standortes der einzelnen Parteien notwendig. Die FPÖ löste ihren Spitzenkandidaten ab und betonte, sie wolle in Zukunft noch stärker als „grüne" Umweltpartei auftreten. Bei der ÖVP traten einige Politiker, darunter der von der BL in Zusammenhang mit Spekulationsvorwürfen scharf attackierte Stadtparteiobmann, zurück. Die SPÖ begann sich auf schwere Zeiten einzurichten, da sie ihrer Meinung nach nunmehr „drei bürgerlichen Parteien" gegenübersteht. Für die BL war entscheidend, daß sie mit ihren sieben von vierzig Mandaten einen Sitz im Stadtsenat (dem Stadtrat) bekam. Da das Salzburger Stadtrecht die Regierungsbeteiligung ab einem bestimmten Stimmenanteil zwingend vorschreibt, wurde der BL die Bürde kommunaler Macht auferlegt.

Probleme exekutiver Politik

Mit ihrer radikalen Bürgerdoktrin stellt die BL das kommunale System in Frage. Das kommunale Publikum soll anstelle der Politiker entscheidungsmächtig werden. Dadurch werden „Trennungen" aufgehoben, die für das kommunale Repräsentativsystem konstitutiv sind. Folglich ergibt sich für eine BL mit exekutiver Entscheidungsmacht die Frage: Setzt sie die radikale Norm in die Praxis um oder kanalisiert sie den plebiszitären Druck? Weil erstere Strategie die Probleme verschärfen würde, die in jeder Form der Partizipation für das politische System liegen, selbst in der Wahl [26], ist die zweite Möglichkeit wahrscheinlicher. Es werden Beteiligungsformen gesucht werden (müssen), die verhindern, daß der „vorhandene Partizipationsdruck die vorhandene Rollentrennung im politischen System aufhebt." [27] Gegenwärtig liegt das kommunale Hauptproblem im erheblichen „Implementationsstau" [28] von Planungsvorhaben, deren Umsetzung verhindert wird. Unmittelbar würde jede größere Bürgerbeteiligung eine Verstärkung der Implementationsproblematik bringen und vorerst das politische System überhaupt „arbeitsunfähig" machen. [29] Insbesondere vor den Wahlen hatte die BL ein Karussell von Forderungen lanciert: Abbau der Politikerprivilegien, politische Transparenz, Demokratisierung der Planung, Ausbau des Radwegnetzes, Altstadtrevitalisierung, Fußgängerzonenerweiterung, Umweltschutz, Basiskultur. [30] Vermag sie jetzt den Teufel, den sie gerufen hat, loszuwerden und die implizite Bestandsgefährdung des kommunalen Systems „abzuarbeiten"? Exemplarisch soll diese Frage an der Entwicklung der Fußgängerzone aufgegriffen werden.

BL-Stadtrat Voggenhuber trat Anfang 1983 mit Vorschlägen zur Fußgängerzone in die Öffentlichkeit. Sein Aufruf an die Bevölkerung, Meinungen zur Fußgängerzone zu äußern, war vorerst *der* Inhalt der Planungsabsicht. Konzeptionell war das Verhältnis von Verwaltung und Publikum neu: Die Verwaltung sollte nicht von festen Zielen ausgehen und sie „durchsetzen", sondern Planungsinhalte offen, unter Beteiligung der Bürger, erarbeiten. In der Praxis sah das so aus:

Zu Planungsbeginn wurde ein „Projektteam Fußgängerzone" gebildet, dem die Ämter für Stadtplanung, Verkehr und Straßenrecht angehörten. Das Mitglied des Amtes für Stadtplanung wirkte als „Planungsanwalt". Zur Problemfindung wurden vorerst Kontakte mit fünfzehn Interessengruppen der Altstadt hergestellt, die die Meinungsbildung bestimmten. (Der Stadtverein, die Handelskammer und andere intensivierten in der Folge die interne Debatte zur Fußgängerzone.) Daneben wurden Kontakte zu anderen Institutionen (Post, Österreichische Hochschülerschaft, Banken), Interessenverbänden (Arbeiterkammer usw.) und Einzelpersonen (Fremdenführer, Innenstadtbewohner, Kaufleute usw.) gesucht. Nach Herstellung erster Arbeitsentwürfe wurde die Öffentlichkeitsarbeit intensiviert: Informationsstände und lokale Massenmedien luden zu Stellungnahmen bezüglich Fragen wie Regelung der Lieferzeiten, Parkflächen, Radfahrwege, Nutzung freier Flächen ein. Telefonische, schriftliche oder mündliche Mitteilungen „vor Ort" (bei sogenannten Kaffeehausgesprächen, die örtliche Cafetiers unterstützten) wurden gesammelt und in einem „Arbeitskreis Fußgängerzone" mit den vorliegenden Entwürfen verarbeitet. Hier waren Vertreter der Verwaltung und der Interessengruppen und zu einem kleineren Teil (rund fünfundzwanzig Prozent) aktive Bürger vertreten, deren soziale Stellung nicht näher zu bestimmen ist. Mit dem überarbeiteten Entwurf wurden große Bürgerversammlungen durchgeführt, an denen auch Stadtrat Voggenhuber teilnahm. Danach wurde das Ermittlungsverfahren nach §§ 94 Abs. 1 und §§ 98 Abs. 1 der StVO 1960 eingeleitet. Innerhalb dieses Verfahrens gaben Einrichtungen der Verwaltung und Interessenverbände offizielle Stellungnahmen ab. Danach wurde ein Verordnungsentwurf in den Gemeinderat eingebracht. Die Behandlung erfolgte in öffentlichen Gemeinderatssitzungen am 18. und 19. Mai 1983.

Im Entscheidungsprozeß stand die BL unter Zeitdruck, denn jedes Verzögern hätte Erwartungen enttäuscht und den anderen Parteien politisches Kapital gebracht. SPÖ, ÖVP und FPÖ versuchten sich durch eine Bürgerversammlung als „Fußgängerzonenparteien" darzustellen. Diese Bürgerversammlung, an der rund dreihundert Personen teilnahmen und die von Sprechern organisierter Interessen erneut als „Bühne" benutzt wurde, führte zur Übernahme einer Reihe von Forderungen durch die kommunalen Parteien. Als Anträge wurden sie in die entscheidende Sitzung des Gemeinderates eingebracht. Am deutlichsten populistisch verhielt sich die SPÖ, die ihre gesamten vierzehn Anträge einstimmig oder mit Mehrheit durchsetzen konnte. Nur wenige Anträge konnte die ÖVP, keinen einzigen die FPÖ durchsetzen. Diese Variante einer populistischen Willensbildung wurde der BL durch die anderen Parteien aufgezwungen.

In dieser Zeit kam zeitweilig die politische Stimmung einer Basisdemokratie auf. Unausgesprochen blieb, daß von Beginn an auf einem sozusagen historischen inhaltlichen Kompromiß aufgebaut wurde, indem mehr Lebensqualität für die Bürger mit dem Ziel gesteigerte Wirtschaftlichkeit der Innenstadtregion verbunden wurde. Während der öffentlichen Debatte wurde zwar nur von Lebensqualität, Altstadt-Revitalisierung, Wiedergewinnung der Stadt durch die Fußgänger gesprochen und die Innenstadt als nichtkommerzieller Lebenszusammenhang betrachtet. Das Resultat jedoch deutet auf die andere Seite des Kompromisses: Neu gewonnene Flächen wurden in kurzer Zeit kommerzialisiert, sodaß sich nur die Ästhetik des Kapitals änderte; Erholung, Diskussion, qualitative Indikatoren städtischen Lebens, sind weiterhin an die Zirkulation des Kapitals angehängt u.s.w.

Die praktizierte Form der Bürgerbeteiligung ist eine Mischung von traditioneller und neuer Verwaltungspolitik, bei der die Verwaltung keine Entscheidungskompetenzen ausgelagert hat. Der Bürger war zwar präsent, aber als individuell Fordernder, nicht als kommunaler Souverän. Ihm gegenüber standen im gesamten Planungsprozeß die Verwaltung und bereits organisierte Interessen, die den Planungsablauf inhaltlich bestimmten oder kontrollierten. Und auch hinter den Äußerungen einzelner Bürger standen oft organisierte Einzelinteressen (z.B. von Betrieben).

Ein erstes Resümee

Die praktische Konzentration der BL auf die Fußgängerzonenerweiterung unter Vernachlässigung mindestens ebenso drängender Fragen der Stadtentwicklung (z.B. im Wohnsektor) zeigt, daß die BL objektiv die Interessen der wachstumswilligen Teile des Fremdenverkehrskapitals vertritt, die zu ihrer Expansion räumliche Erweiterungen in der Fußgängerzone benötigen. Die Innenstadt lief Gefahr, als gewinnbringende Größe immer weniger verwertbar zu werden. Die ÖVP als klassische Vertretung der Unternehmer (vgl. *Salzburger Volkszeitung,* 25.8.1983, S. 6) war zu einem „Reformschritt" unfähig, weil die Gefahr bestand, daß sich die Ertragsmöglichkeiten zwischen den einzelnen Sektoren des Kapitals verschieben könnten. (Die Zerstörung der städtischen Idylle beeinträchtigte weniger die Interessen anderer Sektoren des eingeführten Gewerbekapitals und der Banken, denn deren Verwertungsmöglichkeiten sind nicht so sehr an die Innenstadt gebunden.) Die SPÖ stand der Entwicklung der Fußgängerzone reserviert gegenüber, weil eine für eine kommunale Vollbeschäftigungspolitik relevante, expansive Dynamik kaum im bereits „überdichteten" Innenstadtbereich zu erwarten war. So fiel nach einer fast zehnjährigen Debatte um die Fußgängerzone der Sprung nach vorne einer neuen politischen Kraft zu, die ihre Dynamik aus der populistischen Mobilisierung breiter Bevölkerungskreise erhielt. Diese stimmten der Kritik der BL an den kommunalen Parteien und an der Verwaltung zu, die sie für die Verschlechterung ihrer städtischen Lebensbedingungen verantwortlich machten. So vereinen sich in der politischen Bewegung der BL verschiedene Widerstandshaltungen gegen städtische Lebensbedingungen mit ökonomischen Expansionsinteressen des örtlichen Fremdenverkehrskapitals. Ihr Stellenwert als politische Bewegung ist durch einen spezifischen Kompromiß bestimmt – offen ist, wie lange er Bestand haben kann.

Durch die Politik der BL wurde die Innenstadt vorerst (fremdenverkehrsadäquat) „gerettet", doch die Verstädterung der anderen Regionen der Stadt schreitet voran. Räume werden weiter verdichtet, „grüne" Stadtteile werden durch die

Stadtplanung zwar „schonungsvoller" behandelt, nicht aber konserviert. Diese Entwicklung führt langsam zur Aufhebung der Trennung der städtischen Gesellschaftsklassen, die über lange Perioden in der Stadtanlage festgeschrieben war. [31] Dies ist unumgänglich, will die Stadt als ökonomischer Raum weiter expandieren und Probleme der „Anhängsel" des Produktionsprozesses, der Arbeitskräfte, sozialstaatlich abmildern.

Mit der Notwendigkeit, die Stadtentwicklung neu zu konstruieren, wird der in einer populistischen Bewegung aufgesammelte Konsens aus „gemeinsamen" Interessen der Stadtbewohner aufgekündigt werden. Die Lösung der Wohnungsnot, die das größte kommunale Problem darstellt, kann nicht nach dem Modell der Erweiterung der Fußgängerzone erfolgen – weder in ihren Inhalten noch unter dem Gesichtspunkt der Form der Politik. Sie erfordert die Neuverteilung städtischer Funktionen, die zugleich eine Umverteilung sein muß, und neue politische Koalitionen in der Stadt.

Epilog: Vom Ende der Bürgerdoktrin

Eine allgemeine „alternative" Stadtpolitik, die neue politische Perspektiven eröffnet, ist bislang nicht sichtbar geworden. Bereits die Entwicklung seit Anfang 1983 hat große politische Probleme erzeugt. Unter Umständen wird die Entwicklung der Fußgängerzone das einzige „große" Projekt der BL in der laufenden Legislaturperiode bleiben.

Der Gemeinderatsbeschluß, die Regelung provisorisch einzuführen, könnte als rationaler Entscheid gelten, würden nicht dauernd „Feinabstimmungen" vorgenommen, durch die flexibel auf die verschiedensten Interessen reagiert würde. Die Gemeinderatssitzungen vom 17.9.1983 und 21.11.1983 fanden bereits unter starkem öffentlichen Druck statt und ratifizierten einen Teil der Wünsche. Bezieht man noch die Gemeinderatssitzung vom 27.1.1984 ein, so wird deutlich, daß die kommunale Politik im wesentlichen nur hinhaltenden Widerstand leistet. Den Forderungen wird entweder sofort nachgegeben, oder sie werden von Sitzung zu Sitzung aufgeschoben, um dann unter Umständen in entschärfter Form durchzugehen.

Die Politik des sukzessiven Zurückweichens, die sich vorzüglich mit dem im Jänner 1984 erschienenen „Erfahrungsbericht zur Fußgängerzone" illustrieren läßt (Herausgeber ist die für Raumplanung zuständige Abteilung IX des Salzburger Magistrates), verstärkt die ökonomische Funktionalisierung der Innenstadt. Kern der ökonomischen „Gegenbewegung" ist die Forderung nach Wiedereinführung der früheren „Gastronomieregelung", d.h. die Möglichkeit des Individualverkehrs soll zum Konsum anreizen. (Siehe z.B. *Blickpunkt Innenstadt,* November 1973, S. 15) Schon frühzeitig wurden tatsächliche oder vermeintliche Krisensymptome des im Innenstadtbereich angesiedelten Gastgewerbes auf die Fußgängerzonenregelung zurückgeführt. Diese Argumentationsweise „verallgemeinerte" sich später: Unterstützt durch eine Umsatzerhebung der Salzburger Handelskammer (*Salzburger Wirtschaft,* 15. Dezember 1983, S. 1f), wurden immer stärker Arbeitsplatzverluste auf die neue Regelung zurückgeführt. Es hieß, zwischen Mitte und Ende 1983 seien einundsechzig Dauerarbeitsplätze im Altstadtbereich verloren gegangen und neue „wirtschaftliche Katastrophen" seien zu erwarten. Diese Befunde, die auf höchst anfechtbaren Grundlagen beruhen, übersetzten sich durch die Medien ins öffentliche Bewußtsein (*Salzburger Nachrichten,* 14.12.1983; *Salzburger Tagblatt,* 14.12.1983). Sie wurden weder parteipolitisch noch durch „Bürgerstimmen" korrigiert, sodaß die Unternehmerseite über die Frage der Fußgängerzone eine „Definitionsherrschaft" erlangte. Eine Reihe konkreter Forderungen (z.B. in den *SN,* 14.12.1983), plebiszitäre Drohungen (*SN,* 7.7. 1983, S. 5) und die Androhung der Aufkündigung der „Konsenspolitik" (*SN,* 27.1.1984) – dies nicht zufällig am Tag der Gemeinderatssitzung vom 27.1.1984 – waren die Folge.

Der Bürger leistete keinen Beitrag zur öffentlichen Debatte. Die wenige Tage vor der Gemeinderatssitzung vom 27.1.1984 abgehaltene „Bürgerversammlung" demonstrierte dies. Im Verlaufe des Prozesses, der erneut die reale gesellschaftliche Verteilung von Artikulationsmöglichkeiten (als Ausdruck von Machtpositionen) offenlegte, wurde deutlich, daß die „Bürger" als nicht-ökonomische Größe keinen Faktor kommunaler Politik abgeben, sofern ihre Interessen nicht stellvertretend thematisiert werden. Die BL mußte öffentlich zugeben, daß der Bürger sich nicht beteiligt hatte. Stadtrat Voggenhuber zeigte sich ernüchtert: „Wo sind all die Leute... frage ich mich?" (*Salzburger Fenster,* Dezember 1983, S. 7) Die BL näherte ihre Programmatik den Fakten an: Nicht an die Stelle, aber an die Seite der Bürgerbeteiligung wurde das Prinzip der Delegation von Bürgerinteressen gestellt.

Ist dies nicht eine „kopernikanische" Wende, eine Aufgabe der von der BL intendierten Konzeption der Bürgerbeteiligung? Heißt dies nicht perspektivisch die Rückführung der BL auf die „Normalität" des kommunalen Parteiensystems? Und als personalpolitische Konsequenz gefragt: Ist der BL-Stadtrat Voggenhuber, wie die Frage eines Kommentators im *Salzburger Tagblatt* vom 14.12.1983 lautet, gar der Savonarola Salzburgs?

Anmerkungen

1 Weiterführend Claus Offe: Editorial; in: Murray Edelman: Politik als Ritual. Die symbolische Funktion staatlicher Institutionen und politischen Handelns. Frankfurt a. M./New York 1976, S. VII-X

2 Für einen ersten Überblick: Der Spiegel, 17.1.1983, S. 116f; Irmi Novak: Grün is Grün is Grün; in: Neues Forum, Jänner/März 1983, S. 12f

3 Wir fassen hier zusammen Hanns Haas: Von Liberal zu National. Salzburgs Bürgertum im ausgehenden 19. Jahrhundert; in: Isabella Ackerl u.a. (Hrsg.): Politik und Gesellschaft im alten und neuen Österreich. Festschrift für Rudolf Neck zum 60. Geburtstag. Wien 1981, Band I, S. 109-132

4 Haas, S. 120

5 Ernst Hanisch: Salzburg; in: Erika Weinzierl/Kurt Skalnik (Hrsg.): Österreich 1918-1938. Geschichte der Ersten Republik. Wien 1983, Band II, S. 903-937, hier S. 905

6 Hanisch: Salzburg, S. 903

7 Ernst Hanisch: Provinz und Metropole. Gesellschaftliche Perspektiven der Beziehungen des Bundeslandes Salzburg zu Wien (1918-1934); in: Alfred Edelmayer u.a.: Beiträge zur Föderalismusdiskussion. Heft 59 der Salzburg Dokumentationen. Salzburg 1981, S. 67-105

8 zit. nach Hanisch: Provinz, S. 95 f

9 Peter Handke in einem Interview.

10 Diese Haltung prägt viele literarische Arbeiten Thomas Berhards, vor allem seine fünfbändige Autobiographie.

11 Vgl. G. Cziharz/M. Meixner: Stadterneuerungsprojekt Salzburg-Maxglan. Forschungsbericht. Salzburg 1975, S. 14

12 Margarita Moser: Die Entwicklung des tertiären Sektors im Bereich der Stadt Salzburg seit 1945. Diss. Universität Salzburg, Salzburg 1982. Hier werden die wichtigsten Ergebnisse zitiert nach: Salzburger Wirtschaft, 10. März 1983, S. 8-10

13 Österreichisches Statistisches Zentralamt (Hrsg.): Volkszählung 1981 – Wohnbevölkerung nach Gemeinden mit der Bevölkerungsentwicklung seit 1869. Beiträge zur österreichischen Statistik, Heft 630/1. Wien 1982, S. 50

14 Salzburger Institut für Raumforschung (Hrsg.): Bevölkerungs- und Arbeitsmarktprognose für das Land Salzburg bis 1990. Schriftenreihe, Band 8. Salzburg 1981, S. 36f

15 Salzburger Institut, S. 37

16 Amt der Salzburger Landesregierung – Abt. 10 (Hrsg.): Entwurf zum 5-Jahres-Wohnbauprogramm 1983-1987 für das Land Salzburg. Salzburg, Juni 1982, S. 10

17 Erich Fröschl: Salzburger Bürgerliste – pseudogrün und konservativ; in: Zukunft, November 1982, S. 9. Vgl. auch Herbert Dachs: Eine Renaissance des „mündigen Bürgers"? Über den Aufstieg der Salzburger Bürgerliste; in: Österreichische Zeitschrift für Politikwissenschaft, Nr. 3/1983, S. 311-330

18 Christel Neusüß: Der „freie Bürger" gegen den Sozialstaat; in: Prokla, Nr. 39/1980, S. 79-106, hier S. 82

19 Neusüß, S. 82 f

20 Selbstdarstellung der BL im Salzburger Stadtbuch 2. Salzburg 1982, S. 168

21 ebenda

22 ebenda

23 Siehe Harald Mehlich: Politischer Protest und gesellschaftliche Entdifferenzierung; in: Peter Grottian/Wilfried Nelles (Hrsg.): Großstadt und neue soziale Bewe-

gungen. Basel-Boston-Stuttgart 1983, S. 134–153, hier S. 151 ff

24 Karl-E. Lohmann: Strauß, die Grünen und das sozialistische Wahldilemma; in: Prokla, Nr. 38/1980, S. 23–40, hier S. 28

25 Umfassend Kurt Luger/Hans Heinz Fabris: Das Image von Politikern in den Massenmedien und der öffentlichen Meinung in Österreich. Salzburg 1982 (Projektbericht)

26 Mehlich, S. 143

27 Mehlich, S. 145

28 Mehlich, S. 143

29 Umfassend Ulrich Widmaier: Markt und/oder Hierarchie? Zur Problematik des verflochtenen Pluralismus und der Interessenaggregation im modernen Industriestaat. Berlin (W) 1980. Discussion Paper IIVG/dp 80–125 des Wissenschaftszentrums Berlin

30 Vgl. tribüne, Mai 1983, S. 14 f

31 Hans G. Helms: Die Stadt – Medium der Ausbeutung. Historische Perspektiven des Städtebaus; in: ders./Jörn Janssen (Hrsg.): Kapitalistischer Städtebau. Neuwied-Berlin (W) 1971, S. 5-35, hier S. 6f

Teil III
Verbände-Initiativen - Bewegungen

Harald Glatz
Gewerkschaften und Umweltpolitik

Die Position der Gewerkschaften zu gesellschaftspolitischen Fragen kann vernünftigerweise nur im Zusammenhang mit den Lebensbedingungen des Großteils der Arbeiter und Angestellten, mit der Einbettung der Gewerkschaften in die gesellschaftliche und ökonomische Struktur des Landes und mit der Binnenstruktur der Organisationen gesehen werden.

Die institutionellen Rahmenbedingungen

Im Vergleich zu vielen Gewerkschaften in anderen westlichen Industriestaaten ist die politische und ökonomische Stellung der österreichischen Gewerkschaften stark. Dies hängt mit der schwachen Position des österreichischen Privatkapitals zusammen. Die Stellung des Staates in der Wirtschaftspolitik war in Österreich immer relativ stark. Nach dem Zweiten Weltkrieg wurden weite Bereiche der Grundstoffindustrie, die Großbanken und die Elektrizitätswirtschaft verstaatlicht. Grund dafür war nicht nur der Kapitalmangel der österreichischen Unternehmen (Mautner-Markhof, Schoeller...), sondern auch die Tatsache, daß zahlreiche Großunternehmen erst während des Zweiten Weltkrieges entstanden, damit wie viele andere Unternehmen „Deutsches Eigentum" waren und nicht reprivatisiert werden konnten. Diese Verstaatlichung bewirkte eine Schwächung der Unternehmer. Deshalb verzichtete die österreichische Unternehmerschaft auf eine aggressive Politik und hatte ein Interesse an einer Zusammenarbeit mit der Arbeitnehmerschaft im Rahmen der Sozialpartnerschaft.

Der zweite Faktor für die Stärke der österreichischen Gewerkschaften ist ihre Binnenstruktur. Der ÖGB hat zur Zeit rund 1,6 Millionen Mitglieder, dies entspricht einem Organisationsgrad von ungefähr sechzig Prozent. In einzelnen Fachgewerkschaften (Arbeitergewerkschaften, Eisenbahner, Gemeindebedienstete) liegt der Organisationsgrad wesentlich höher, der Organisationsgrad bei den Angestellten beträgt sechzig Prozent und wächst. Die österreichischen Gewerkschaften sind überdies durch einen relativ hohen Zentralisationsgrad auf mehreren Ebenen gekennzeichnet:

– Der ÖGB ist überparteilich. Verschiedene politische Strömungen sind im ÖGB vertreten, es gibt keine weltanschaulich differenzierten Einzelgewerkschaften.

– Durch die Ausnahme vom Industriegruppenprinzip bei den Angestellten konnte die Abspaltung einer eigenen Angestelltengewerkschaft (wie in der BRD) verhindert werden. Der ÖGB hat so eine Monopolstellung[1].

– Rechtspersönlichkeit besitzt statutarisch nur der ÖGB und nicht die Einzelgewerkschaft. Die Mitgliedsbeiträge werden an den ÖGB entrichtet, der sie wiederum an die Einzelgewerkschaften weiterleitet. Der ÖGB hat somit Finanz-und Personalhoheit.

– In der Paritätischen Kommission werden die lohnpolitischen Forderungen vom ÖGB vertreten. Kollektivvertragsfähig ist der ÖGB und nicht die Einzelgewerkschaft.

Da in Österreich nach dem Zweiten Weltkrieg eine Große Koalition regierte, waren die österreichischen Gewerkschaften auch politisch, via SPÖ, relativ stark in den Staat integriert. Die Gewerkschaften befanden sich nie in einer fundamentalen Opposition. Sie waren in den Staatsapparat (auch in die Regierung) und in den Entscheidungsprozeß immer stärker eingebunden als Gewerkschaften in anderen kapitalistischen Industriestaaten.

Aus der Struktur der gewerkschaftlichen Organisation und aufgrund der historischen Gegebenheiten setzen die Gewerkschaften das Schwergewicht ihrer Tätigkeit auf die überbetriebliche Mitbestimmung und betrachten als Ort ihrer Politik vor allem staatliche Institutionen. Die Gewerkschaften verfügen in Österreich nahezu über totale Information über wirtschaftliche Daten[2]. Dies ermöglicht auch die Stellung des ÖGB im Rahmen der Sozialpartnerschaft.

Sozialpartnerschaft

Durch die Sozialpartnerschaft finden die Interessen der Arbeitgeber und der industriellen Kernschichten der Lohnabhängigen Eingang in den politischen Prozeß. Andere Interessen, die nicht in dem Ausmaß organisiert sind, treten in den Hintergrund. „Gesellschaftliche Randgruppen, die keineswegs immer nur den Status kleiner Minderheiten besitzen, sind daher negativ betroffen: Gastarbeiter, Frauen." [3] Für die Interessen der Umwelt und die der nachfolgenden Generation kann ähnliches gesagt werden.

Ökologische Fragen haben im Rahmen der Sozialpartnerschaft bisher nur am Rande und eher auf theoretischer Ebene eine Rolle gespielt. Im Jahr 1973 erarbeitete der Beirat für Wirtschafts- und Sozialfragen eine Studie zur Umweltpolitik, die allerdings kaum eine Wirkung auf die reale Politik hatte. Erst in jüngster Zeit ist das Interesse – auch aufgrund der politischen und ökonomischen Dimension, die die Auseinandersetzungen gefunden haben – gestiegen. Einerseits wirken umweltpolitische Maßnahmen oft als Kostenfaktor und werden daher betriebswirtschaftlich als Belastung bewertet. Andererseits hat eine Überbeanspruchung der Umwelt negative ökonomische Auswirkungen (z.B. schädigt der Saure Regen die Wälder und damit die Forstwirtschaft und den Fremdenverkehr).

Ein weiteres Thema der Ökologiebewegung, die Wachstumsdiskussion, berührt die Sozialpartnerschaft an ihrem Nerv. Dies erklärt das gestiegene Interesse an diesen Fragen, denn Wirtschaftswachstum ist ein konstitutives Element der Sozialpartnerschaft. Es ermöglicht den Arbeitnehmern ein steigendes Einkommen und ist somit die Grundlage des Systems. Unter Wachstumsbedingungen kann das Problem der Einkommensverteilung in der wirtschaftspolitischen Diskussion weit in den Hintergrund treten. Für die Arbeiter und Angestellten war die Voraussetzung für die dauernde Zusammenarbeit mit den Arbeitgebern die permanente Verbesserung ihrer wirtschaftlichen Lage. Diese Voraussetzung war in Österreich tatsächlich gegeben.

Arbeitssituation

Neben den institutionellen Rahmenbedingungen ist vor allem die Situation am Arbeitsplatz für das Bewußtsein der Arbeiter und Angestellten ausschlaggebend. (In diesem Zusammenhang ist zu bemerken, daß die Ökologiebewegung das Schwergewicht ihrer Tätigkeit in der außerbetrieblichen Umwelt sieht, eine Tatsache, die sicherlich nicht dazu beigetragen hat, das Bewußtsein für ökologische Fragen im Gewerkschaftsbereich zu heben.) Nach wie vor unterscheidet sich die Arbeitssituation von Arbeitern, Angestellten und Selbständigen. Arbeitsunfälle treten bei Arbeitern noch immer wesentlich häufiger auf als bei allen anderen Berufsgruppen [4]. Auch Streß, verursacht durch das Risiko des Arbeitsplatzverlustes und mangelnde Befriedigung durch die Arbeit, spielt bei Arbeitern eine größere Rolle.

Schließlich weisen die Umweltbelastungen am Arbeitsplatz in die gleiche Richtung. Von einer Verlagerung der physischen zu den psychischen Belastungen ist bisher nur wenig zu merken. Lärm, Hitze, Schmutz stellen nach wie vor eine schwerwiegende Belastung für viele Arbeiter dar [5]. Befragungen im Rahmen des Projekts „Arbeiter und Angestellte im technischen Wandel" stellen leichte Verringerungen der Belastung durch Temperatur, Nässe und Staub, hingegen eine Zunahme der Belästigungen durch Gerüche, Zugluft und insbesondere Lärm fest [6]. Bei den Umgebungseinflüssen [7] ergibt sich insgesamt folgendes Bild:

– An neun von zehn Arbeitsplätzen sind stark störende Lärmeinwirkungen (mehr als 75 dBA) gegeben, bei drei Viertel der Arbeitsplätze liegen die Intensitäten über der Gefahrengröße einer Gehörschädigung (mehr als 85 dBA).

– Bei rund zwei Drittel der Arbeitsplätze sind unbehaglich warme Temperatur- bzw. Klimasituationen gegeben.

– Bei rund vierzig Prozent der Arbeitsplätze besteht eine Beeinträchtigung durch Zugluft.

– Bei rund einem Fünftel der Arbeitsplätze sind die Beleuchtungsverhältnisse unter Berücksichtigung der jeweiligen Sehanforderungen unzureichend.

– Rund die Hälfte der Arbeiter klagt über Belästigung durch Staub, Chemikalien und Dämpfe.

Besonders die Arbeiter im Hoch- und Tiefbau sind zahlreichen Belastungen ausgesetzt. Sie liegen in allen Fällen über den durchschnittlichen Belastungen von Arbeitern.

Arbeitsbelastungen im Hoch- und Tiefbau

Prozentsatz der Arbeiter, die Belastungen als störend empfinden

Belastungen	Bauarbeiter	Arbeiter aller Branchen
Witterung	59 Prozent	19,6 Prozent
Unfallgefährdung	45 Prozent	26,7 Prozent
Staub	40 Prozent	24,8 Prozent
Lärm	36 Prozent	32,0 Prozent
Zugluft	34 Prozent	23,5 Prozent
Körperliche Anstrengung	32 Prozent	17,7 Prozent
Schmutz	27 Prozent	17,7 Prozent
Arbeiten unter Zeitdruck	23 Prozent	22,8 Prozent
Erschütterung	19 Prozent	7,7 Prozent

(Quelle: Bundesministerium für Soziale Verwaltung (Hrsg.): Soziale Struktur Österreichs. Wien 1982, S. 185)

Außerbetriebliche Umweltbelastung

Die Mehrheit der Arbeiter und Angestellten wohnt in Gegenden, in denen die Umweltqualität relativ schlecht ist. Dies gilt vor allem für die Ballungsräume. Augenfällig war dies schon in den Städten der frühen Industrialisierung – nachzulesen ist das in vielen zeitgenössischen Beschreibungen, etwa Friedrich Engels' *Die Lage der arbeitenden Klasse in England*. Auch heute ist in den europäischen Hauptstädten ein Westend-Eastend-Gefälle bemerkbar. Im Westen – wo meist die Oberschicht wohnt – ist die Ausstattung mit Grünflächen gut und die Luftqualität aufgrund der vorherrschenden Windrichtung (Westwind) besser als im Osten.

Zwar hat die Zunahme der großräumigen Luftverschmutzung mehr und mehr auch die „besseren" Viertel in die Problematik einbezogen. Diese Tatsache wurde nicht zuletzt für das Entstehen einer Umweltbewegung verantwortlich gemacht: „Erst seitdem auch die Wohnviertel und die Lebensverhältnisse der Bourgeoisie den Umweltbelastungen ausgesetzt sind, die der Industrialisierungsprozeß mit sich zieht, hat die ökologische Bewegung eingesetzt."[8] (Unter den Begriff Bourgeoisie wäre hier auch die Mittelschicht zu rechnen.) Aber empirische Untersuchungen in vielen Industriestaaten zeigen, daß die Beziehung zwischen Einkommenshöhe und Luftqualität nach wie vor besteht. Besonders stark belastete Regionen sind durchwegs durch einen stark überdurchschnittlichen Arbeiteranteil gekennzeichnet, während Wohnbezirke, die hinsichtlich der Luftqualität begünstigt sind, stark überdurchschnittlich von Angestellten und Selbständigen bewohnt sind. Diejenigen Bevölkerungsschichten, die in Gebieten mit stärkster Umweltbelastung wohnen, können diese Benachteiligung durch entsprechende Freizeitaktivitäten (Ausflug ins Grüne) nur unzureichend kompensieren.

Die Tatsache, daß Arbeiter (und bis zu einem gewissen Grad auch die Angestellten) der Umweltproblematik bisher nicht so viel Aufmerksamkeit geschenkt haben wie Selbständige, höhere Angestellte und Beamte, hat verschiedene Ursachen. Zum einen spielen bei den Arbeitern materielle Probleme im engeren Sinn wie Lohn, Miete, Preise eine bedeutendere Rolle als in der Mittel- und Oberschicht. Des weiteren sind sie im Umgang mit Behörden meist nicht so geübt. Schließlich lassen die unmittelbaren Erfahrungen mit den Umweltbelastungen am Arbeitsplatz die außerbetrieblichen Umweltbelastungen oft als vernachlässigbar erscheinen – obwohl diese Bevölkerungsschicht von ihnen am stärksten betroffen ist. Dieses Bewußtsein spiegelt sich dann auch in der Politik der Interessenvertretungen wider.

Programme

Die Auseinandersetzung mit Umweltfragen auf programmatischer Ebene begann in der ersten Hälfte der siebziger Jahre. Die Studien des Club of Rome (*Grenzen des Wachstums*) ließen auch die Gewerkschaften nicht unbeeindruckt. Freilich spielten die Gewerkschaften in Österreich keine solche Rolle wie in der BRD, wo gerade von den Gewerkschaften der Begriff Lebensqualität in die Diskussion getragen wurde. Im Frühjahr 1972 organisierte die IG Metall einen großen internationalen Kongreß („Aufgabe Zukunft: Qualität des Lebens"), „der damals allerdings in der Bevölkerung (auch in der heute für ökologische Fragen so engagierten Linken) nur ein schwaches Echo fand"[9].

In Österreich fand der Begriff Umwelt das erste Mal 1975 Eingang in ein Gewerkschaftsprogramm, bezeichnenderweise im Kapitel „Wirtschaft und Wachstum" des vom 8. Bundeskongreß des ÖGB verabschiedeten Dokuments. Ein steigendes Unbehagen der Bevölkerung am unqualifizierten Wachstum wird konstatiert und „die zunehmende Verbreitung der Wegwerfökonomie als wirtschaftliche und gesellschaftliche Fehlentwicklung" (S. 5) genannt. In der Folge geht es in dem Dokument weniger um umweltpolitische Fragestellungen als um die Möglichkeiten und Methoden, Wirtschaftswachstum unter den Rahmenbedingungen von langfristig sinkenden Wachstumsraten zu fördern.

Auf institutioneller Ebene erfolgte 1973 die Gründung eines umweltpolitischen Referats in der Arbeiterkammer Wien. Es hat vor allem den Zweck, die Position der Arbeitnehmerorganisationen bei den staatlichen Gremien zu vertreten. Das Referat hat die umweltpolitische Diskussion in Österreich, vor allem durch seinen Leiter, Paul Blau, wesentlich befruchtet. Im Grundsatzpapier der Arbeiterkammer zur Umweltpolitik [10] wird an gewerkschaftliche Traditionen des innerbetrieblichen Umweltschutzes angeknüpft: „Gerade die Bevölkerungsschichten mit geringerem Einkommen, zu denen die Masse der Arbeiter und Angestellten zählt, leiden unter der Umweltbeeinträchtigung besonders stark, weil sie sich weder an ihrem Arbeits- noch an ihrem Wohnort, ja nicht einmal in ihrem Urlaub deren Folgen entziehen können. Die Umweltprobleme am Arbeitsplatz gehörten zu den klassischen Anliegen der Arbeiterbewegung und bilden auch gegenwärtig ein wichtiges Anliegen von ÖGB und Arbeiterkammern, dem ein hoher Rang zukommt." Die Prinzipien, die in dem Grundsatzpapier postuliert werden (Vorbeugeprinzip und Maximalschutzprinzip), gehen auf die Sozialmedizin zurück. Bemerkenswert sind auch die Forderungen nach einer neuen Volkswirtschaftsrechnung, „die eine umfassendere Berücksichtigung der wohlfahrtsrelevanten Faktoren ermöglicht".

Im Laufe der siebziger Jahre nimmt die Bedeutung von umweltpolitischen Fragestellungen in den ÖGB-Programmen zu. 1979 wird auch schon ein Kernpunkt der Diskussion, die Beschäftigungsfrage, angeschnitten: „Umweltschutz und Arbeitsplatzsicherheit dürfen nicht länger gegeneinander ausgespielt werden. Den Arbeitnehmern kann nicht zugemutet werden, daß sie in Form von Einkommens- und Arbeitsplatzverlusten das Risiko umweltschädigender Auswirkungen und Nebenfolgen einer Produktion tragen müssen, von deren aktiven Planung und Gestaltung sie ausgeschlossen sind. Eine zukunftsorientierte und planvolle Umweltpolitik hat einer Vollbeschäftigungspolitik zu entsprechen." [11]

Erst in den achtziger Jahren kommt es zu einer umfassenderen Behandlung der Umweltproblematik im Gewerkschaftsbereich. Im Grundsatzpapier des Arbeitskreises „Lebensqualität" für den 10. Bundeskongreß des ÖGB 1983 finden sich erstmals Formulierungen, die sich nicht nur auf die Umweltpolitik im engeren Sinn beziehen, sondern auch ansatzweise auf ökologische Fragen eingehen. „Die Erde ist ein ökologisches System, das einen in sich geschlossenen Kreislauf darstellt. Wesentliche Eingriffe wie die Schädigung oder Vernichtung der Wälder, die Verletzung der Ozonschicht, die zunehmende Belastung der Luft durch Schadstoffe, die Verschmutzung der Gewässer und das Versenken von Atomabfall in die Meere haben negative Auswirkungen auf das Überlebenspotential und die Lebensqualität des Menschen. (...) Ein pflegender und schonender Umgang mit der Natur ist auch ein Existenzinteresse der arbeitenden Menschen und damit ein unabdingbarer Bestandteil zukunftsorientierter Gewerkschaftspolitik." [12] Bemerkenswert sind die ersten Hinweise auf ein qualitatives Wachstum, die freilich ohne eine Erörterung organisatorischer und politischer Konsequenzen erfolgen. „Die Notwendigkeit eines humanorientierten Wirtschaftswachstums besteht weiterhin, das inhaltlich stärker selektiv und qualitativ ausgerichtet sein muß, um die qualitativen Bedürfnisse unserer Gesellschaft zu befriedigen." [13] Zum ersten Mal erfolgt auch eine Auseinandersetzung mit umweltpolitischen Strategien. Drei umweltpolitische Strategien werden genannt: die entsorgungsorientierte Umweltpolitik, die den zusätzlichen Bau von Umweltschutzeinrichtungen vorsieht; die innovationsorientierte Umweltpolitik, die auf die Entwicklung von Technologien zielt, welche die Produktionsprozesse oder Produkte so verändern, „daß die umweltschädigende Freisetzung von Stoffen verhindert wird"; schließlich der strukturpolitische Umweltschutz, dem es um die „gezielte Umgestaltung der Produktion und Dienstleistungen" und die Drosselung energie- und rohstoffintensiver Branchen zugunsten umweltschonender Wirtschaftszweige geht.

Zusammenfassend kann die Programmatik der Gewerkschaften folgendermaßen charakterisiert werden:

– Umweltfragen werden an das traditionelle Betätigungsfeld der Gewerkschaften, an den innerbetrieblichen Umweltschutz (Arbeitnehmerschutz) angeknüpft. Umweltpolitik wird also als Fortsetzung der Sozialpolitik gesehen. Als Begründung werden die strukturellen Ähnlichkeiten und die wachsende Betroffenheit von Arbeitnehmern durch außerbetriebliche Umweltbelastungen angeführt.

– Die Forderungen der Gewerkschaften richten sich fast ausschließlich an den Staat. Das Schwergewicht der Argumentation liegt bei rechtlichen, insbesondere verfassungsrechtlichen Fragen (Schaffung einer verfassungsmäßig verankerten Bundeskompetenz in Angelegenheiten des Umweltschutzes, Erweiterungen der Kompetenzen des Bundesministeriums für Gesundheit und Umweltschutz). Zu erklären ist dies aus der zentralistischen Struktur der österreichischen Gewerkschaften. Umweltpolitik vor Ort, also in den Betrieben und Kommunen durchzusetzen, ist nicht die Strategie.

Programme erfüllen immer verschiedene Funktionen. Dies gilt auch für die umweltpolitischen Programme der Gewerkschaften. Sie haben sicher zuerst einmal eine legitimatorische Aufgabe: Sie zeigen, daß sich die Gewerkschaften der Thematik annehmen, ohne ins – meist konfliktträchtige – Detail zu gehen; die faktische Politik, die manchmal zu ökologischen Zielsetzungen in Widerspruch steht, kann somit entlastet werden. Man sollte jedoch die umweltpolitischen Programme der Gewerkschaften nicht auf diese Funktion reduzieren. Sie zeigen auch einen Bewußtseinswandel der Organisation und ihrer Mitglieder an und haben eine erzieherische Funktion. Das Umweltbewußtsein und das Wissen um die Probleme kann langfristig zu einer stärkeren Berücksichtigung ökologischer Zusammenhänge bei tagespolitischen Entscheidungen führen.

Umwelt, Wirtschaftswachstum und Beschäftigung

Der zentrale Stellenwert, den Wirtschaftswachstum und Beschäftigungspolitik für die Gewerkschaften einnehmen, findet seinen Niederschlag in der Auseinandersetzung der Gewerkschaften mit umweltpolitischen Fragen.

Für die Gewerkschaften und für breite Schichten der Bevölkerung bedeutet Wirtschaftswachstum Erhöhung des konsumierbaren Einkommens, für viele heißt es Lebensqualität schlechthin. Darüber hinaus wird im Wirtschaftswachstum auch ein Instrument der Beschäftigungspolitik gesehen. Die wachstumsorientierte Politik fand und findet Zustimmung. „Wirtschaftswachstum als inhaltlich und verfahrenstechnisch einigende Leitformel ist durch keinerlei 'Wohlfahrt' oder 'Lebensqualität' vollständig ersetzbar. Gerade die oft kritisierte Eindimensionalität dieser Priorität reduziert die politische Komplexität antagonistischer Kooperation: Sie ermöglicht ein konsensfähiges Handlungsprogramm über alle Gegensätze hinweg. Reales Wachstum kann die Frage entschärfen, was an wen verteilt werden soll; aber nur das verselbständigte Wachstumsziel kann die viel brisantere Frage neutralisieren, was überhaupt produziert werden soll." [14]

Trotz dieser starken Affinität zur Wachstumsfrage haben die Gewerkschaften, vor allem in der BRD, den Begriff „Lebensqualität" in die Diskussion getragen und auch den Begriff „qualitatives Wachstum" kreiert. Dies hat mehrere Ursachen:

– Die Wachstumsabhängigkeit der Gewerkschaften ist langfristig eine „potentielle Einbruchstelle, die die Zukunft der Gewerkschaften bedroht. Wenn es zu lang andauernden Wachstumskrisen und den damit unumgänglich verbundenen Problemen der Massenarbeitslosigkeit und der Verschärfung der Verteilungskämpfe kommt, dann braucht der ÖGB ein stark entwickeltes Bewußtsein seiner Basis, dann droht Apathie der Basis in Erosion der Gewerkschaftsmacht umzuschlagen." [15]

– Mit der zunehmenden Integration in gesamtstaatliche Entscheidungsprozesse müssen die Gewerkschaften sich immer stärker mit Fragen auseinandersetzen, die über den ökonomischen Kernbereich hinausgehen [16]. Außerdem ist es in Zeiten mit niedrigen Wachstumsraten und sinkenden Realeinkommenszunahmen notwendig, in Bereiche auszuweichen, die nicht mit so klaren Kategorien meßbar sind.

– Die jüngsten Entwicklungen zeigen, daß dem Wirtschaftswachstum als Problemlösungskategorie nicht mehr die Bedeutung der früheren Jahrzehnte zukommt, daß es nicht mehr so leicht ist, mit Wirtschaftswachstum Beschäftigung zu sichern.

Auch die unsichere Position am Arbeitsmarkt spielt, vor allem bei den Kernschichten der Arbeiterbewegung, für die Einschätzung von Umweltpolitik eine Rolle. Obwohl letztlich die beschäftigungspolitischen Auswirkungen von Umweltpolitik positiv sind, so ist doch das Bewußtsein, daß Umweltschutz Arbeitsplätze gefährden kann, in den Gewerkschaften tief verankert. Verhinderungen und Verzögerungen von Investitionen aus Gründen des Umweltschutzes stehen, auch wenn dies von einem langfristigen umweltpolitischen Standpunkt aus sinnvoll erscheint, die meisten Gewerkschafter mit Skepsis und Ablehnung gegenüber. In Österreich konzentriert sich diese Diskussion vor allem auf Kraftwerksbauten (Dürnrohr, Hainburg) und auf Straßenneubauprojekte. Die Verhinderung oder Verzögerung von Investitionen trifft hier die Arbeiter schmerzhaft, d.h. die Gefährdung der Arbeitsplätze durch Umweltschutz erscheint als real und konkret, obwohl diese Fälle in einem Gesamtzusammenhang keine entscheidende Rolle spielen und Arbeitslosigkeit vor allem durch andere Faktoren verursacht wird – für die mangelnde Investitionslust in den westlichen Industriestaaten kann man sicher nicht den Umweltschutz verantwortlich machen. So hat die Furcht um den Arbeitsplatz zu Reaktionen geführt, wie sie in der Anzeigenaktion der Bauarbeitergewerkschaft im Winter 1982/83 zum Ausdruck kommt – einer Gewerkschaft, deren Mitglieder am stärksten von der Arbeitslosigkeit betroffen sind. „Nicht nur der Schnee kündet dem Bauarbeiter ein hartes Leben. Auch Umweltschützer tragen das Ihre dazu bei – Gewerkschaft der Bau- und Holzarbeiter."

Gewerkschaften und Ökologiebewegung

Ist die Position der Gewerkschaften zur umweltpolitischen Frage auf programmatischer Ebene relativ freundlich, so ändert sich die Position oft, wenn es um konkrete Fragen und hautnahe beschäftigungspolitische Probleme geht. Auf dieser Ebene vermengen sich auch die umweltpolitischen Fragen mit der Diskussion über ökologische Bewegungen, Bürgerinitiativen und grüne Parteien.

Wohl am stärksten hat sich dieser Konflikt an der Frage um das Kernkraftwerk Zwentendorf festgemacht, unter der zum ersten Mal in Österreich ökonomische und ökologische Fragen grundsätzlich diskutiert wurden. Die Gewerkschaften traten von Anfang an eindeutig für die Nutzung der Atomenergie zur Stromerzeugung ein. Die Vehemenz, mit der diese Position vertreten wurde, ging über die reale energiepolitische Bedeutung des Kraftwerks hinaus. (Der Anteil des Kraftwerks am österreichischen Energiebedarf hätte – je nach Berechnung – ein bis drei Prozent ausgemacht.) Aber es ging auch um mehr als um umwelt- und energiepolitische Fragen, es ging um das Aufkeimen einer Ökologiebewegung, die den gewachsenen Institutionen die Position, die grundlegende ökonomische Entwicklung zu definieren, streitig macht. Auch daraus resultiert die Skepsis der organisierten Arbeiterbewegung gegenüber den neuen sozialen Bewegungen. Sie hat sich unter anderem in einer Vielzahl von Artikeln gegen die Ökologiebewegung in der Illustrierten des ÖGB, in der *Solidarität* seit 1981 niedergeschlagen [17]. Die Skepsis hat aber auch andere Ursachen:

– Da ist einmal die elitäre Gewichtung, die der Ökologie- und Alternativbewegung vorgeworfen wird. Die Vorwürfe mögen nur zu einem Teil zutreffen, manches aber ist nicht zu leugnen: Gebildete und Wohlhabende sind überdurchschnittlich vertreten, Arbeiter sind eher unterrepräsentiert, oft sind auch die Ziele elitär. „Der Schutz bestehender und etablierter Interessen ist viel häufiger im Mittelpunkt von Initiativen als der Veränderungswunsch zugunsten Unterprivilegierter. Der Schutz der eigenen Lebensqualität in relativ privilegierter Situation ist viel häufiger der Hintergrund von Initiativen als das Bestreben nach Umverteilung materieller oder immaterieller Güter zugunsten von Unterprivilegierten." [18]

– Da sind zweitens die in Teilen der grünen Bewegung vorherrschenden konservativen wirtschafts- und gesellschaftspolitischen Vorstellungen. Die Forderung nach einem ausgeglichenen Budget etwa kommt direkt aus der konservativen Ecke und hat meist de facto die Kürzung von Sozialausgaben zur Folge.

– Ähnliche Vorbehalte gibt es auch gegen die oft unkritische Übernahme der Idee des „Small is Beautiful". Die Erfahrungen der Gewerkschaften mit den kleineren Unternehmen sind meist schlechter als die in den Großbetrieben. Dies muß nicht immer so sein, man sollte es jedoch bedenken.

– Schließlich gibt es bei Projektverzögerungen und -verhinderungen die bereits erwähnten Probleme – auch wenn die Umweltschützer oft nur als Schwarze Peter dienen und die Ursachen woanders liegen.

Tendenzen gewerkschaftlicher Umweltpolitik

Die Positionen der Gewerkschaften zu umweltpolitischen Fragen müssen aufgrund der Arbeits- und Lebenssituation der Arbeiter und Angestellten beurteilt werden. Die unterschiedlichen Erfahrungen bedingen unterschiedliche Positionen der Einzelgewerkschaften. Arbeitergewerkschaften haben andere Einstellungen zu umweltpolitischen Fragen als Angestelltengewerkschaften.

Dies ist nicht zuletzt aus den Programmen herauszulesen. So sieht die Gewerkschaft der Privatangestellten die Umweltproblematik im Zusammenhang der allgemeinen ökonomischen Rahmenbedingungen: „Wachstumsraten, die nur die mengenmäßige Steigerung des Bruttosozialprodukts messen, sagen wenig über die Lebensqualität in einem Land aus. Gleichzeitig stößt die undifferenzierte Steigerung der Produktion im Hinblick auf knappe Rohstoffe, zunehmende Umweltbelastung und geringere Absatzmöglichkeiten auf Grenzen. Der ÖGB setzt sich daher für ein qualitatives Wirtschaftswachstum ein, das die Bedürfnisse der Menschen nach sinnvollen Produkten, gesunder Umwelt und einer humanen Arbeitswelt berücksichtigt." [19] Die Gewerkschaft der Bau- und Holzarbeiter sieht die Problematik von einer anderen Position: „Wirtschaftswachstum darf und soll nicht durch falsch verstandenen Umweltschutz verhindert werden. Eine Verschlechterung des Lebensstandards wird abgelehnt. Wir bekennen uns zur Erhaltung und zum Schutz von großräumigen Landschaftsformen, zu Reinhaltung von Luft, Gewässern und Boden, jedoch müssen bei allen Überlegungen die wirtschaftlichen Sachzwänge und die Interessen der Bevölkerung auf Nutzung von fortschrittlicher Technologie zur Beibehaltung und Hebung der Lebensqualität den ihrer Rangordnung entsprechenden Stellenwert erhalten." [20]

Bei einigen Gewerkschaften stehen die umweltpolitischen Forderungen in engem Zusammenhang mit unmittelbaren Berufsinteressen. Bei der Gewerkschaft der Eisenbahner etwa sind das die verkehrspolitischen Anliegen: „Wir werden die Zukunft ohne Berücksichtigung gerechtfertigter Anliegen des Umweltschutzes sicherlich nicht bewältigen können. Daher sind konkrete Maßnahmen vor allem von jenen Bereichen erforderlich, die besonders umweltbelastend sind, wie beispielsweise im Verkehr. Insbesondere fordern wir: Abbau des Bleigehaltes im Benzin, Forcierung umweltfreundlicherer Verkehrsmittel, verstärkte Information über Umweltbelastungen auch im Verkehr, strikte Einhaltung der Gesetze bei der Beförderung gefährlicher Güter (strengere Strafen)." [21] Bei der Gewerkschaft der Arbeiter in der Land- und Forstwirtschaft steht das Waldsterben im Mittelpunkt. In ihrem Antrag am 10. Bundeskongreß des ÖGB heißt es: „Der Bundeskongreß des ÖGB möge beschließen, daß an alle zuständigen Stellen bei Bund und Ländern die Aufforderung gerichtet wird, zielführende Maßnahmen zur Abwendung aller schädlichen Einflüsse auf den österreichischen Wald zu ergreifen." [22]

– Die verbale und theoretische Auseinandersetzung mit umweltpolitischen Fragen hat im Gewerkschaftsbereich zugenommen. Auf dieser Ebene, wo es weniger um die Durchsetzung von Zielen geht, konnte der Umweltschutz einige Erfolge verbuchen.

– Die Auseinandersetzung mit den ökologischen Fragen ist auf höherer Gewerkschaftsebene positiver als auf betrieblicher Ebene, wo es häufig zu einer Gegnerschaft gegenüber umweltpolitischen Maßnahmen kommt. Als Beispiel kann die Protestaktion der Gruppe Greenpeace gegen die Trichlorphenol-Anlage bei der Chemie Linz gelten, der Beschäftigte des Unternehmens handgreiflich entgegentraten.

– Die Interessen von Industrie und Gewerkschaft stimmen in umweltpolitischen Fragen auf überbetrieblicher Ebene weniger als auf betrieblicher Ebene überein. Die Gewerkschaften vertreten eher ein gesamtstaatliches und gesamtwirtschaftliches Interesse und versuchen, Instrumente der Globalsteuerung gegen die bornierte Einzelinteressen der Industrie durchzusetzen. Strukturpolitischer Umweltschutz verlangt Eingriffe in den Entscheidungsprozeß, zu denen die Interessenvertretungen der Industrie kaum bereit sind.

– Am stärksten manifestiert sich das umweltpolitische Interesse der Gewerkschaften bei Infrastrukturprojekten, die dem Modernisierungskonzept der Gewerkschaften entsprechen und gleichzeitig positive umweltpolitische und beschäftigungspolitische Auswirkungen haben, beispielsweise Fernwärmeprogramme.

– Die Wachstumsfrage dürfte in der umweltpolitischen Diskussion an Bedeutung verlieren. Einerseits beginnen Gewerkschaften zu sehen, daß Wachstum nur in Teilbereichen möglich ist (Konzept des qualitativen Wachstums). Andererseits scheint in der Ökologiebewegung eine Bewußtseinsänderung eingesetzt zu haben, sodaß viele nicht mehr im Nullwachstum schlechthin ihr Ziel sehen.

– Das Bewußtsein für ökologische Fragen wird durch den Strukturwandel innerhalb der Gewerkschaften (Zunahme der Angestellten) wachsen. Hier gilt es Traditionen der „alten" Arbeiterbewegung (Naturliebe, Opposition zur Wegwerfgesellschaft) aufzunehmen und weiterzuführen.

– Die österreichischen Gewerkschaften werden aufgrund ihrer strukturellen Voraussetzungen (Zentralisierung, Dominanz der überbetrieblichen Mitbestimmung) in Zukunft eine relativ starke Position in der staatlichen Umweltpolitik einnehmen. Schon heute geht der Aktionsradius der österreichischen Gewerkschaften über den anderer europäischer Gewerkschaften hinaus, die sich noch häufig im engen tarifpolitischen Rahmen bewegen. Die österreichischen Gewerkschaften kommen damit der Forderung Strassers und Traubes potentiell näher, „in den Auseinandersetzungen um die Erhaltung der Lebensqualität außerhalb des Produktionsbereiches die arbeitnehmerspezifischen Aspekte stärker herauszuarbeiten, also z.B. beim Thema Verkehrspolitik sich vor allem den Problemen des Berufsverkehrs zu widmen, in der Städtebaupolitik die besondere Belastung und Unterversorgung in den Arbeitnehmervierteln zur Sprache zu bringen usw." [23]

Anmerkungen

1 Anton Pelinka: Gewerkschaften im Parteistaat. Berlin (W) 1980, S. 43
2 Pelinka: Gewerkschaften, S. 120
3 Pelinka: Gewerkschaften, S. 162
4 Vgl. Bundesministerium für Soziale Verwaltung (Hrsg.): Soziale Struktur Österreichs. Wien 1982, S. 79
5 Horst Hausa/Paul Kolm: Arbeitsbedingungen von Arbeitern und Angestellten; in: Marina Fischer-Kowalski/Josef Buček (Hrsg.): Ungleichheit in Österreich. Wien 1979, S. 187
6 Vgl. Arbeiter und Angestellte im technischen Wandel; in: Mitteilungen des Instituts für Gesellschaftspolitik, Heft 18, Wien 1975
7 Bundesministerium für Soziale Verwaltung, S. 172
8 Hans Magnus Enzensberger: Zur Kritik der politischen Ökologie; in: Kursbuch 33. Berlin (W) 1973, S. 9
9 Johano Strasser/Klaus Traube: Die Zukunft des Fortschritts. Bonn 1981, S. 26
10 Erklärung des Vorstandes des österreichischen Arbeiterkammertages vom 18. November 1975
11 9. Bundeskongreß des ÖGB (Mappe für die Delegierten); Heft Wirtschaftspolitik. September 1979, S. 45
12 10. Bundeskongreß des ÖGB, Oktober 1983; Lebensqualität in Betrieb und Umwelt. S. 30
13 a.a.O. S. 31
14 Bernd Marin: Wie ist die „Wirtschafts- und Sozialpartnerschaft" möglich?; in: Österreichische Zeitschrift für Politikwissenschaft, Nr. 3/1982, S. 336
15 Pelinka: Gewerkschaften, S. 172
16 Vgl. Dieter Ewringmann/Klaus Zimmermann: Umweltpolitische Interessensanalyse der Unternehmen, Gewerkschaften und Gemeinden; in: Martin Jänickc (Hrsg.): Umweltpolitik. Opladen 1978, S. 78
17 So zieht beispielsweise im Heft Juni 1982 G. Welser über die Öko-Bewegung her: „Die Ökologen bieten die Schrumpfung der Großindustrie und, wie seinerzeit Pol Pot in Kambodscha, die Dezentralisierung von Siedlungen und Industriekomplexen an. Hohepriester wären natürlich die Ökologen." Daß sich Ökologen für die Regelung des Bevölkerungswachstums aussprechen, wird so kommentiert: „So ist das also, wieder einmal wagen es welche in diesem massenmörderischen Jahrhundert, dreist Selektionen anzukündigen, die sie zweifellos vornehmen würden, denn sie sprechen ja von einer 'geordneten' Vielfalt." Im Heft April 1983 wird von Heinz Kienzl das Argument des „Investitionsstaues" ausgebreitet und behauptet, „daß wir durch die verhinderten Bauprojekte die Vollbeschäftigung verloren haben."
18 Anton Pelinka: Zustand und Alternativen des politischen Systems; in: Österreichische Zeitschrift für Politikwissenschaft, Nr. 1/1981, S. 29
19 10. Bundeskongreß des ÖGB, Anträge der Gewerkschaften, S. 9
20 a.a.O., S. 16
21 a.a.O., S. 112f
22 a.a.O., S. 114
23 Strasser/Traube: Zukunft, S. 396.

Ambros Pree

Bauernverbände – es grünt so grün?

> Im Märzen der Bauer sein Traktor anläßt
> Und spritzet sein Ackerland emsig und fest.
> Kein Räuplein, kein Kräutlein dies Gift überlebt
> Dem Vöglein im Wald gar das Mäglein sich hebt.

Ökologie war und ist für viele in der Landwirtschaft tätige Menschen ein Fremdwort im doppelten Sinne. Die industrielle Produktion hat die Landwirtschaft einbezogen. Der technische Fortschritt ist aufs Land gekommen, seine Folgen sehen allerdings nur wenige. Es wäre jedoch zu einfach, die Bauern und Bäuerinnen als blindwütige Fortschrittsfetischisten abzustempeln. Dies zeigt ein kurzer Blick zurück.

Anfang der fünfziger Jahre waren rund dreißig Prozent der erwerbstätigen Bevölkerung in der Land- und Forstwirtschaft beschäftigt – heute sind es acht Prozent. Ziel damals war eine Versorgung mit den wichtigsten Grundnahrungsmitteln (Milch, Getreide, Fleisch). Das gelang auch relativ bald. Als dann im Rahmen des wirtschaftlichen Aufschwungs Arbeitskräfte in anderen Gebieten der Wirtschaft gebraucht wurden, kamen Landarbeiter/innen, Söhne und Töchter von Bauern, die keine Chance zu einer Hofübernahme hatten, oder Kleinbauern, deren Betriebe keinen ausreichenden Lebensunterhalt garantierten, als erste in Frage. Dies führte zu einer stärkeren Mechanisierung der Landwirtschaft, denn die Arbeiten wurden nicht weniger, wohl aber die Arbeitskräfte. Mit der Erreichung einer gesicherten Inlandsversorgung bei den wichtigsten Lebensmitteln setzte bald auch ein Druck auf die Agrarpreise ein. Das Rad der Chemisierung und Technisierung kam nun richtig in Schwung, denn in wichtigen Betriebszweigen konnte bald nur mehr über eine Erhöhung der produzierten Mengen ein besseres bzw. ausreichendes Einkommen erwirtschaftet werden.

Diese vereinfachende Rückschau soll zeigen, wo die Ursachen für das heutige Dilemma, den Widerspruch zwischen Ökonomie und Ökologie in der Landwirtschaft, liegen. Daß der viel gepriesene Fortschritt und der Strukturwandel auch auf anderen Gebieten negative Folgen hatten (größere inneragrarische Disparitäten, Abwanderung, strukturschwache Regionen usw.), sei ebenfalls festgehalten.

Die österreichischen Bauernverbände

Der *Österreichische Bauernbund (ÖBB)* ist eine der drei Säulen der Österreichischen Volkspartei. Sein Einfluß auf die bäuerliche Interessenvertretung ist absolut dominant. Der Bauernbund hat ca. 380.000 Mitglieder bei rund 300.000 landwirtschaftlichen Betrieben in Österreich. Bei den Landwirtschaftskammerwahlen erzielt der ÖBB im Bundesdurchschnitt über achtzig Prozent der Stimmen. (Diesen Anteil kann er allerdings bei den Nationalratswahlen nicht für die ÖVP mobilisieren, d.h. daß ein Teil seiner Wähler und Mitglieder dort mit Sicherheit SPÖ, FPÖ und grüne Parteien wählt.) Mit dieser Stellung verfügt er über einen gewaltigen Einfluß, denn sie bedeutet, daß die Landwirtschaftskammern sein absoluter Herrschaftsbereich sind. Damit läßt sich's gut leben, auch gegen Oppositionelle.

Ebenso wichtig ist die enge Personenverflechtung von ÖBB und Raiffeisenverband. Die Problematik sei an einem Beispiel angedeutet. Der Großbauer Dr. Hans Lehner ist Präsident der Präsidentenkonferenz der Landwirtschaftskammern, Präsident der OÖ Landwirtschaftskammer, Mitglied des Bauernbund-Vorstandes, Mitglied im Vorstand der Raiffeisenzentralkasse, Aufsichtsrat in der Chemie Linz AG, Mitglied des Vorstandes der OÖ Volkskreditbank, Aufsichtsrat in den Steyr-Werken und einiges mehr. An seinen Positionen wird deutlich, welche Interessen an welchem Ort hauptsächlich vertreten werden.

Die SPÖ-Bauern *(Arbeitsbauernbund)* haben lange Zeit ein Schattendasein geführt. Erst mit der Regierungsübernahme durch die Sozialistische Partei im Jahre 1970 kam diese Gruppe mehr in die Öffentlichkeit. Sie ist in den meisten Landwirtschaftskammern mit Kammerräten vertreten. Ihre Mitgliederzahl dürfte rund 20.000 betragen. Ihr Anteil bei den Landwirtschaftskammerwahlen liegt im Durchschnitt bei zehn Prozent der Stimmen. Entscheidende Funktionen in den Kammern hat sie nicht. Trotz des durchschnittlichen Anteils von zehn Prozent sind die SPÖ-Bauern nicht in der Präsidentenkonferenz der Landwirtschaftskammern vertreten, sehr wohl dagegen ein Herr aus dem Raiffeisenkonzern. Lediglich im Burgenland und in Kärnten stellen sie Vizepräsidenten. In den letzten drei Jahren wurde die Organisationsarbeit mit zunehmendem Erfolg intensiviert.

Über die Stärke der FPÖ-nahen *Freiheitlichen Bauernschaft* gibt es nur wenige Informationen. Bei Landwirtschaftskammerwahlen hat sie bisher oft mit dem Allgemeinen Bauernverband Österreichs kooperiert. Eine Mitgliederzahl ist nicht eruierbar.

Der *Allgemeine Bauernverband Österreichs (ABV)* wurde 1952 aus Unzufriedenheit mit den parteipolitischen Bauernvertretungen gegründet. Obwohl er sich in seinen Statuten als parteiunabhängig darstellt, ist er bei Landwirtschaftskammerwahlen oftmals Listengemeinschaften mit der Freiheitlichen Bauernschaft eingegangen. Mittlerweile will der ABV sich von den Landwirtschaftskammerwahlen als politisch wahlwerbende Gruppe zurückziehen (in Kärnten ist das bereits geschehen). In einzelnen Bundesländern nennt sich die Organisation nur mehr im Untertitel ABV – der neue Weg soll in eine Bauerngewerkschaft führen.

Die *Österreichische Bergbauernvereinigung (ÖBV)* wurde 1974 von wenigen, meist jungen Bergbauern und einigen nahestehenden Personen gegründet. Sie tritt nicht mit dem Anspruch einer Massenbewegung auf. Ihr Ziel ist es, Emanzipationsvorgänge zu fördern. Sie versucht, eine überregionale Kommunikation von interessierten und kritischen Betroffenen herzustellen, eine Reflexion der Geschichte der Entfremdung einzuleiten und eigene Ziele und Alternativen zu formulieren. Sie steht für ein Selbst-Tragen des Emanzipationsprozesses, sucht die Zusammenarbeit mit kritischen Gruppen aus anderen Berufsbereichen und die kollektive Auseinandersetzung mit den Gegnern der Emanzipation. Bei der traditionellen Bauernvertretung (Kammern und Bauernbund) hat sie Verwirrung ausgelöst, und sie ist von ihr verleumdet worden. Daß aber eine Reihe von Forderungen (wie die degressive Zuteilung frei werdender Milchrichtmengen zugunsten klein- und mittelbäuerlicher Betriebe, die Förderung kooperativer Projekte von Bauern, der Mutterschutz für Bäuerinnen) aufgegriffen und teilweise verwirklicht wird, zeigt die Chance einer kleinen aktiven Gruppe.

Ökologische Problembereiche in der Landwirtschaft

Heute sind dreißig Prozent der österreichischen Böden erosionsgefährdet und rund siebzig Prozent der Ackerböden strukturgeschädigt. Ursachen dafür sind vor allem der Verzicht auf sinnvolle Fruchtfolge (Monokulturen), die einseitige Verwendung mineralischer Dünger (wasserlöslicher Stickstoff) und der Einsatz von Spritzmitteln, die das organische Bodenleben weitgehend vernichten.

Rund zweihunderttausend Hektar Wald sind durch den Sauren Regen gefährdet. Nach den Tannen sterben jetzt auch schon Fichten und Ulmen. Der Wald – für einen Teil der Bauern die wichtigste Einkommensquelle oder eiserne Reserve – gleicht einer trostlosen Zukunft. Von den Landwirten, vor allem in Oberösterreich, mitverschuldet ist die Errichtung der großen Fichtenmonokulturen während der letzten Jahrzehnte. Diese sind besonders gefährdet durch Schädlinge (kleine Fichtenblattwespe).

Jährlich verringert sich der Bestand an Tier- und Pflanzenarten. In der Saatgutproduktion sind regional angepaßte Sorten weitgehend verschwunden und zum Teil unwiederbringlich verloren. Großkonzerne wie Shell, ITT und Ciba Geigy machen das große Geschäft. Mit Genmaterial, das hauptsächlich aus der Dritten Welt stammt, züchten sie Sorten, zu denen sie gleich die entsprechenden Pflanzenschutz- und Düngemittel mitliefern. Bei den Nutztieren wurden jene regionalen Rassen an den Rand der Existenz gedrängt, die den technokratischen Züchtervorstellungen nicht entsprechen. Die oft herausgestellten Ergebnisse bei der Hochleistungszucht sind allerdings nicht so überwältigend, wenn die längerfristig spürbaren Folgen (geringe Lebenserwartung, hohe Krankheitsanfälligkeit, Verlust von wahrscheinlich für die Zukunft wichtigem Genmaterial) berücksichtigt werden. (In kleinen Ansätzen beginnt hier eine Kehrtwende.)

Der Einsatz von Antibiotikas und Östrogenen in der tierischen Produktion – besonders in der Massentierhaltung – hat zwar die Mastdauer verkürzt. Die Qualität jedoch hat er nicht verbessert, ganz im Gegenteil: Eine Reihe der eingesetzten Stoffe hat Rückwirkungen auf die Gesundheit der Konsumenten. Überdies ist der Verlust an Geschmack bei den meisten Produkten, bei Gemüse, Obst, Milch, für denjenigen, der natürlich Produziertes kennt, sehr deutlich zu spüren. Rückstände von sogenannten Pflanzenschutzmitteln (Herbizide, Fungizide, Pestizide...) und hohe Nitratanreicherungen der Produkte (durch Überdüngung) sind keine Seltenheit. Wer sagt mit Sicherheit, daß die Toleranzwerte sicher sind? Was ist, wenn sich mehrere dieser Rückstände nicht summieren sondern potenzieren?

Es gibt einen neuen Schlager für die Ackerbauern, den pfluglosen Ackerbau. Das Unkrautvertilgungsmittel *Gramoxone* soll das Ackern ersparen. Wird das Mittel eingeatmet oder werden einige Tropfen auf die Haut gesprüht, zersetzt sich die Lunge und vorbei ist's mit dem Leben. Dieses Mittel wird in Österreich von der Chemie Linz AG produziert und ist frei im Handel erhältlich. Intensiver wird es bereits in den USA eingesetzt. Bis jetzt sind in den USA, auf den Philippinen und in England nachweislich mehr als tausend Menschen daran gestorben. Bisher gibt es kein wirksames Gegenmittel bei einer Vergiftung mit dieser Substanz. Unklar ist auch, wie sich Rückstände in den Früchten, in den Tieren und in den Menschen auswirken.

Die Verseuchung von Grundwasser durch Auswaschungen von Dünger und anderen chemischen Hilfsmitteln gehört fast zur Tagesordnung. Daß mit der Schädlingsbekämpfung meist auch die Nützlinge vernichtet werden, ist den meisten klar. Weniger bewußt ist dagegen, daß trotz immer härterer Mittel eine wachsende Zahl sogenannter Schädlinge resistent wird.

Ökologisch nicht unbedeutend ist die Tatsache, daß die Landwirtschaft von einem Energielieferanten zu einem Energiekonsumenten geworden ist. Die negativen Auswirkungen bestimmter Infrastrukturentwicklungen und der Fremdenverkehr, wie er heute betrieben wird, bringen noch eine Menge Probleme mit sich.

Antworten der Bauernverbände

Der Österreichische Bauernbund (ÖBB)

Im Programm *Die Hand fürs Land* von 1979 existiert noch kein eigenes Kapitel Umwelt. Nur in einzelnen Sätzen wird auf „die ökologisch überaus wichtige Schutz- und Pflegefunktion" der Bergbauern Bezug genommen, die mit Direktzahlungen des Staates abgegolten werden soll. Zur Lebensqualität finden sich folgende Aussagen: „In der Gesellschaft von morgen ist der Mensch gesundheits- und umweltbewußter. In der Gesellschaft von morgen sind gesunde Nahrungsmittel ebenso gefragt wie eine ruhige und schöne Landschaft, sauberes Wasser und reine Luft." Unter „Sinnvoll Bauen" findet sich der Hinweis, daß das Verständnis für den Umweltschutz und das biologische Gleichgewicht zunehmen wird.

Seit der Erstellung dieses Programms ist das Thema Grün auch in den Reihen des ÖBB aufgekommen. Das kommt in der 1982 herausgegebenen umfangreichen Broschüre *Lebenschancen im ländlichen Raum* sehr deutlich zum Ausdruck. Erstellt von einem *Arbeitskreis Umwelt* unter der Leitung des niederösterreichischen Landeshauptmannstellvertreters Dr. Erwin Pröll, wird dort eine Problemanalyse vorgebracht, der, stünde sie im Programm der Alternativen Liste oder einer anderen kritischen Gruppierung, jeder Ökologe sofort zustimmen würde. In der Broschüre heißt es:

„Heute zeichnen sich die Grenzen der technischen Machbarkeit ebenso deutlich ab wie die Gefahren einer irreversiblen Schädigung der natürlichen Lebensgrundlagen sowie einer schrankenlosen Ausbeutung nicht ersetzbarer Rohstoffe und Energieträger. Die Umweltproblematik hat jedoch nicht nur eine ökologische Dimension, auch Fragen der psychischen, sozialen und kulturellen Umwelt gewinnen zunehmend an Bedeutung.

In dieser Phase der Entwicklung ist es notwendig, zu erkennen, daß der Mensch, durch tausend Fäden mit der Natur verbunden, selbst ein Teil dieser Natur ist und durch ihre Zerstörung sich selbst vernichtet.

Denn:

Wir sind imstande, Luft und Wasser schneller zu zerstören, als die Natur sie erneuern kann.

Wir beanspruchen in bisher nie dagewesenem Ausmaß wertvollen und unvermehrbaren Kulturboden für nichtland- und forstwirtschaftliche Zwecke.

Wir entwickeln Produktionsmethoden, die die nachhaltige Fruchtbarkeit des Bodens gefährden.

Wir gefährden Tier- und Pflanzengattungen.

Wie betreiben Raubbau und verbrauchen großzügig Rohstoffe und Energie, die nicht mehr ersetzbar sind.

Wir entwickeln schließlich Waffen und Technologien, die unseren Planeten und uns selbst vernichten können."

Um daraus einen Ausweg zu finden, wird in der Kurzformel folgender Grundsatz vorgeschlagen: einfach, menschlich, überschaubar, maßvoll und ganzheitlich. Die bereits in der Einleitung aufgezeigte Entwicklung der Landwirtschaft nach 1945 wird als eine Ursache des Problems erwähnt. Bemerkenswert ist das mit Einschränkungen versehene Bekenntnis zum Verursacherprinzip: „Grundsätzlich hat der Verursacher von Umweltbelastungen für die Kosten der Sanierung und für die vorbeugenden Maßnahmen aufzukommen. Andererseits sind die Kosten für die Pflege der natürlichen Umwelt abzugelten. Wenn dadurch allerdings soziale und wirtschaftliche Härten entstehen oder die Leistungskraft des einzelnen durch den Umweltschutz überfordert wird, muß im Rahmen der sozialen Marktwirtschaft ein Ausgleich erfolgen." Eine Konkretisierung dieses Prinzips findet sich nicht.

Ziele der Autoren sind: „die Erhaltung eines gutfunktionierenden Ökosystems als Lebensgrundlage für die gesamte Bevölkerung (...); menschenwürdige und gesicherte Existenzgrundlagen für die am Land lebenden und arbeitenden Menschen (...); Schaffung einer menschengerechten Umwelt auch im städtischen Bereich und vor allem in den um die Städte entstehenden suburbanen Zonen." Es ist zu bezweifeln, daß die Autoren dies mit ihren Forderungen erreichen können, deren wichtigste lauten: Umweltschutz-Servicestellen; keine neuen Vorschriften, sondern Einhaltung der bestehenden Gesetze; ganzheitliches Denken; integrierter Pflanzenschutz; neue Dorfpolitik; Bewirtschaftungs- und Alpungsprämien für Bergbauern.

Ob ein neues Programm des ÖBB Antworten in dieser Richtung bringen wird, bleibt abzuwarten. Zur Zeit existiert nur eine Kurzfassung der relativ umfassenden Broschüre. Auf jeden Fall wird eine Organisation, die weitgehend verantwortlich war und ist für die Agrarentwicklung, nicht so schnell umsteigen können, zumal sie mit jenen wirtschaftlich potenten Gruppen, die die bisherige Form agrarischen Wirtschaftens als Lebensgrundlage brauchen, verflochten ist. Nun ist der ÖBB zwar kein monolithischer Block. Aber es sind nur kleine Steine, die aus dem Quader stehen: der Meisterklub der Tiroler Landwirtschaftskammer – praktisch alles ÖBB-Mitglieder – mit einem eigenen Manifest, das sehr auf Ökologie ausgerichtet ist, daneben Gruppen von biologisch produzierenden Bauern, die meist dem Bauernbund nahestehen.

Die SPÖ-Bauern (Arbeitsbauernbund)

Im Agrarprogramm der SPÖ (Entwurf) gibt es ein kurzes Kapitel über Umwelt, weil so etwas eben dazugehört. Eine wirklich ernsthafte Auseinandersetzung mit den vielen anstehenden Fragen ist daraus nicht zu entnehmen.

Im Programm treten die Sozialisten ein:

„Für die stärkere Berücksichtigung der Bedeutung der Umweltwirkungen der Land- und Forstwirtschaft bei Planungen aller Art.

Für die Förderung der Alpwirtschaft.

Für die Erforschung, Erfassung und Analyse von Umweltgefahren, Wirkstoffzusammenhängen, Schadstoffanreicherungen und dergleichen im Zusammenhang mit der Landwirtschaft.

Für den Schutz der Land- und Forstwirtschaft vor schädlichen Immissionen aus Gewerbe, Industrie und Verkehr.

Für den integrierten Pflanzenschutz bei sparsamer und vorschriftsmäßiger Anwendung von Pflanzenschutzmitteln.

Für die Ausrichtung der Technologien nach den Bedürfnissen der Menschen und der Verträglichkeit mit Natur und Umwelt."

Weiters werden auch strengere Maßstäbe bei Erschließungen und Veränderungen in der Natur verlangt. In den Grundsätzen zur sozialistischen Politik für den ländlichen Raum heißt es, „daß zur Beseitigung bereits eingetretener ökologischer und wirtschaftlicher Schäden primär jene herangezogen werden, die sie verursacht haben; (...) daß der Fremdenverkehr, ökologisch angepaßt und harmonisch entwickelt, über weite Regionen verteilt zur Einkommensverbesserung derjenigen beiträgt, die die Kulturlandschaft erhalten."

Diese Forderungen sind zwar nicht abzulehnen, sie bieten aber auch keine angemessene Antwort. Den SPÖ-Bauern, die sich erst in den letzten Jahren stärker aktiviert haben, steht noch ein gewaltiges Stück Beschäftigung mit den ökologischen Problemen im Agrarbereich bevor. Ausführliche Diskussionen hat es dazu innerhalb der Organisation bisher kaum gegeben.

Die Freiheitliche Bauernschaft

Das freiheitliche Programm für die Land- und Forstwirtschaft weist von allen Bauernprogrammen das umfassendste Kapitel zur Umwelt auf. Am Beginn des Programms heißt es sehr richtig: „Der Vorwurf an die Landwirte, sie belasten die Umwelt, ist falsch adressiert. Umweltbelastung ist nämlich Ausfluß einer ganz bestimmten Politik." Unser gesellschaftliches System, das diese zerstörerische Politik benötigt, wird allerdings von den freiheitlichen Bauern grundsätzlich nicht in Frage gestellt.

Trotz dieses grundlegenden Widerspruchs finden sich im Programm zu fast allen aufgezählten ökologischen Problemen Antworten.

„In der künftigen Agrar- und Ernährungspolitik ist daher viel stärker als bisher von folgenden Grundsätzen auszugehen:

- Förderung der Bodengesundheit und der natürlichen Bodenfruchtbarkeit.
- Bestmögliche Behandlung und Verwendung der Wirtschaftsdünger. Förderung der Pflanzengesundheit durch qualitätsorientierte Züchtung.
- Verbesserung und Sicherung der Tiergesundheit durch naturnahe Leistungszucht und durch tierfreundliche Stallhaltungsformen. Abkehr von der totalen Leistungszucht und vom übertriebenen Formalismus in der Rinderzucht.
- Überwiegend mechanische und maßvolle chemische Unkrautbekämpfung.
- Allmähliches Abrücken von der konsequenten Spezialisierung und Technisierung der Landbewirtschaftung.

– Entwicklung von Untersuchungsmethoden zur besseren Feststellung der inneren Qualität von Lebensmitteln.

– Volle und strenge Anwendung des Lebensmittelgesetzes auch auf Importwaren.

– Strengere Kontrolle der gegebenen (gesetzlich festgelegten; d. Verf.) Bestandsobergrenzen in der Tierhaltung.

– Volle Einbeziehung von Betrieben in die Agrarförderung, die ökologisch orientiert und energiesparend wirtschaften.

– Verstärkte Ausrichtung der bäuerlichen Beratung und der Agrarforschung auf die ökologischen Aspekte des Landbaues.

– Verstärkte Berücksichtigung der Ökologie im Lehrplan der Landwirtschaftsschulen.

– Schutz der land- und forstwirtschaftlichen Kulturen vor Luftverunreinigungen durch Ausschöpfung bereits bestehender Rechtsvorschriften.

– Festlegung von Immissions- und Emissionsgrenzwerten unter Berücksichtigung besonders empfindlicher Kulturpflanzen (z.B. Nadelbäume). Hier auch Setzung von grenzüberschreitenden Maßnahmen, weil viele Emissionen aus dem Ausland stammen.

– Schaffung eines Chemikaliengesetzes, wodurch eine lückenlose Kontrolle von der Herstellung, Lagerung und Anwendung gewährleistet sein soll.

– Organisatorische und finanzielle Trennung der Österreichischen Düngerberatungsstelle von den Düngemittelherstellern."

Nach diesem Programm geurteilt, erscheint die Freiheitliche Bauernschaft als geeignete Plattform für alle Grünen. Nun steht aber eine Reihe dieser Grundsätze in einem krassen Gegensatz zu den propagierten wirtschaftspolitischen Vorstellungen, die für die ökologische Krise mitverantwortlich sind – die Freiheitlichen fordern etwa freie Preisbildung und lehnen staatliche Reglementierungen ab. Dieser Widerspruch ist bisher wenig aufgefallen, denn die FPÖ und die Freiheitliche Bauernschaft brauchten noch keine praktische Verantwortung für ihre programmatischen Aussagen tragen. Mit ihrer Regierungsbeteiligung steht die Freiheitliche Bauernschaft mit ihren Erklärungen erstmals auf dem tagespolitischen Prüfstand.

Der Allgemeine Bauernverband Österreichs (ABV)

Im Programm des ABV gibt es keinen einzigen Hinweis zur Ökologiefrage. Auch die regelmäßig erscheinende Zeitung widmet sich dem Thema fast nicht. Dem ABV fehlt generell eine gesamtgesellschaftliche Zielrichtung. Offenbar fühlen sich viele Mitglieder parteipolitisch der FPÖ oder auch der ÖVP zugehörig. Das Naheverhältnis zur Freiheitlichen Partei hat sich am Beginn der fünfziger Jahre ergeben. Für die national gesinnten und die liberalen Bauern existierte keine Partei mit einer bäuerlichen Nebenorganisation, es gab nur den VDU (Verband der Unabhängigen). So haben sich viele Bauern dem ABV angeschlossen, die ihre politische Heimat später in der FPÖ gefunden haben.

In der Österreichischen Bergbauernvereinigung wird derzeit ein Grundsatzprogramm diskutiert, in dem der Bereich Umwelt umfassend behandelt wird. Darin heißt es: „Unser wirtschaftliches Denken und Handeln gaukelt den Menschen die Glückserfüllung allein durch materielle Produktion vor. Dieser ungeheuerliche Totalitätsanspruch hat seine Wurzel darin, daß unsere Wirtschaft auf ständige Expansion angewiesen ist. (...) Manche wollen uns weismachen, daß die ökologischen Schäden der akzeptable Preis dafür sind, daß es uns heute so gut wie noch nie zuvor gehe."

Weiter heißt es: „Auch die Land- und Forstwirtschaft ist auf einem falschen Weg! Das Rezept der Hungerjahre wurde stur auch in den Jahren der Bedarfsdeckung angewandt. Statt solidarisch weniger Arbeit einzusetzen, konkurrenzieren sich die Bauern nach den Köpfen der Mächtigen in Wirtschaft und Politik zu Tode. Jeder Bauer ist jedes Bauern Feind. Es geht um heilige, in Wirklichkeit aber heillos verdrehte Dinge: Rationalisierung, Spezialisierung, Intensivierung: einhundertmal soviel Energie, eintausendmal soviel Gift, zwanzigmal soviel Kunstdünger für dreimal soviel Ertrag, für zweimal soviel Einkommen, für noch ein Drittel soviel Bauern. Dafür aber: verödetes Land, leere Dörfer, vergantete Almen, zehn Arme, die wahrscheinlich aufgeben müssen, für einen Reichen, der wahrscheinlich auch aufgeben wird müssen (z.B. Massentierhaltung), totale Abhängigkeit von den Wirtschafts- und Politikzentralen, Isolation, Einsamkeit, Mißtrauen, Neid, Angst vor der Zukunft und soziale Desintegration." Das ist eine ziemlich klare Abrechnung mit Zuständen, die, wird ein ökologisches Prinzip ernstgenommen, Auswirkungen unseres gesamtwirtschaftlichen Systems sind.

Der Forderungskatalog ist, mit der Analyse verglichen, eher kurz und allgemein gehalten. Als eine nichtwahlwerbende Gruppe ist die ÖBV nicht darauf angewiesen, zu jedem Bereich ein detailliertes Forderungsprogramm vorzulegen. Ihre Forderungen lauten:

– „Eine von der Industrie unabhängige Bodenuntersuchung und Bodenpflegeberatung; insbesondere wäre es dringend an der Zeit, für ganz Österreich den biologischen Ist-Zustand der Böden festzustellen (Karte der bodenbiologischen Aktivität).

– Kein Schornstein darf rauchen, wenn im Rauch für Mensch, Tier und Pflanze nicht tolerierbare Giftmengen enthalten sind, d.h. bestmögliche Entschwefelung aller kalorischen Kraftwerke, und zwar sofort.

– Stärkere und progressive Besteuerung größerer Tierbestände, Abbau aller Tierbestände, die über den gesetzlichen Höchstgrenzen liegen.

– Gesetzliche Bindung der Tierbestände an die im Betrieb vorhandenen Futterflächen.

– Forschung und Beratung zum ökologischen Landbau müssen mittelfristig gleichrangig behandelt werden, um ein Zeichen zu setzen zuallererst bei der finanziellen Dotierung durch die öffentliche Hand."

Ein Problem, das alle Bauernverbände trifft, ist, daß die meisten Fäden der traditionellen Landwirtschaftspolitik über die Sozialpartnerschaft laufen. Dadurch hat die Präsidentenkonferenz der Landwirtschaftskammern, und damit der Bauernbund, ein wichtiges Wort. Die Landwirtschaft gilt aber als besonders schwach in diesem Gremium. Der niederösterreichische Bauernbundobmann Maurer (früher Landeshauptmann) hat im Herbst 1982 nicht von ungefähr mit dem Auszug aus diesem Gremium gedroht. Die anderen Gruppen haben aber nicht einmal diese Einflußmöglichkeit. Die SPÖ-Bauern und die Freiheitliche Bauernschaft müssen ihre Anliegen über die Parteigremien einbringen oder öffentlich Vorschläge machen, dem Allgemeinen Bauernverband und der Österreichischen Bergbauernvereinigung bleiben nur Gespräche mit allen mit der Landwirtschaft befaßten Verbänden und Einrichtungen und der Weg in die Öffentlichkeit.

Wenn sich die parteipolitischen Bauernverbände als der grünste Teil der jeweiligen Partei deklarieren, so hat das einen einfachen Grund. Bauern haben eben doch noch weitgehend mit der Natur zu tun. Die tägliche Politik sieht aber meist anders aus als die Deklaration.

Biologischer Anbau

Noch immer gelten Biobauern als Spinner unter vielen Berufskollegen, Funktionären und Beratern der Kammern. Innerhalb der Österreichischen Bergbauernvereinigung sind biologisch wirtschaftende Bauern im Verhältnis zu den anderen Bauernverbänden überrepräsentiert. Das kommt daher, daß die ÖBV als Widerstandsgruppe gegen alle herkömmlichen Macher arbeitet. Daher hat in ihren Reihen schon wesentlich früher als in anderen Organisationen eine Diskussion über die ökologische Problematik begonnen. Die ÖBV ist allerdings nicht die oder eine Vereinigung der Biolandwirte, denn mit einer biologischen Landwirtschaft können nicht alle Agrarprobleme gelöst werden. Ein Sektor allerdings könnte wesentlich entschärft werden.

Was hindert die meisten Bauern, diesen Weg zu beschreiten? Eines steht fest, eine biologische Landwirtschaft bedeutet in jedem Fall (ob biologisch-dynamisch, organisch-biologisch oder eine andere Richtung) einen erhöhten Arbeitsaufwand. Den können sich die wenigsten Bauern bei den traditionellen Vermarktungsstrukturen leisten, wenn sie den Preis des Produkts halten wollen. Daher arbeitet ein großer Teil der heute biologisch produzierenden Betriebe als Direktvermarkter. Es bedarf einer Änderung der Konsumentenpolitik und neuer Qualitätskriterien: Kriterium für die I. Qualitätsstufe sollte nicht sein, welche Krümmung Gurken aufweisen, sondern wie groß die Rückstände sind.

Mittlerweile geht mit dem Etikett „biologisch" oder „natürlich" bereits die gesamte Werbemafia hausieren. Nachdem einige Fälle von Vergiftungen, in Wirklichkeit nur Spitzen des Eisbergs, bekannt geworden sind, hat die Verunsicherung der Verbraucher zugenommen. Nicht wenige Manager wittern daher bereits das große Geschäft. Der biologische Landbau kann auch nicht mehr völlig rückstandsfrei produzieren. Die allgemeinen Umweltbelastungen vergiften alle !!! Böden mit Blei, Quecksilber, Cadmium und anderen Stoffen.

Hier muß ein Beispiel besonderer Art angeführt werden, die Österreichische Düngerberatung. Sie setzt sich aus Vertretern der Landwirtschaftskammern, des Bundesministeriums für Land- und Forstwirtschaft, der Chemieindustrie und sogenannten unabhängigen Wissenschaftlern zusammen. Sie hat ihren Beitrag zum ökologischen Kollaps geleistet und wird nur von der Freiheitlichen Bauernschaft und der Österreichischen Bergbauernvereinigung in Frage gestellt. Die Zusammensetzung der Institution sagt eigentlich alles. Was soll man von Bauernvertretern halten, die in das Gejammer der Chemieindustrie einfallen, daß der Absatz von Kunstdünger stagniert?

***

Wer heute die Landwirtschaft hinsichtlich ihrer ökologisch zerstörerischen Wirkung kritisiert, muß sich bewußt sein, daß ein Teil der Bauern Getriebene sind und waren. Wachsen oder weichen war die Alternative; mehr und schneller produzieren, um den Arbeitsplatz Bauernhof erhalten zu können, hieß und heißt die Devise.

In das Bewußtsein der Bauern wurde die Ideologie des freien Unternehmers getragen. Die Bauern waren nicht nur ein fester Hort gegen die sozialistische Gefahr, sie steigerten auch den Wettbewerb um höhere Marktanteile. Die Verdrängung von Berufskollegen, die Konkurrenz unter den Bauern wurde so angeheizt. Eine weitere Auswirkung dieser Ideologie betrifft das Verhalten gegenüber der Natur. Wurde bis vor wenigen Jahrzehnten der bäuerliche Betrieb als ein Mittel zum Lebensunterhalt betrachet, das auch in den nächsten Generationen Grundlage des Lebens sein sollte, so wird die Natur beim freien Unternehmer Ausbeutungsgegenstand im Wettlauf um den Markt und den daraus erzielbaren Gewinn.

Ganz hat sich dieses Bewußtsein noch nicht festgesetzt, doch ist es weit fortgeschritten. Und die Auseinandersetzung mit der für unser Leben entscheidenden Frage Ökologie ist bisher bei den Bauernverbänden und ihren Mitgliedern kaum erfolgt. Nach dem Kriterium, daß der Tüchtige Erfolg hat und Erfolg Geld ist, bleiben Kleinbauern und Bauern aus Ungunstlagen weitgehend auf der Strecke, ist ein ökologisch sinnvoller Anbau kurzfristig meist unrentabel.

Doch jeder ist seines Glückes Schmied. Welches Glück länger währt, wird sich zeigen.

Anton Pelinka

Bürgerinitiativen und Ökologiebewegung in Österreich

Die wachsende Sensibilität für Umweltprobleme und das zunehmende Auftreten von Bürgerinitiativen sind Parallelphänomene. In den späten sechziger und frühen siebziger Jahren verstärkte sich in den meisten Ländern des Westens das Umweltbewußtsein. Die Sorge um saubere Luft, um Wald und Wasser, um Lebensqualität schlechthin war auch das Ergebnis einer Säkularisierung der Parteiensysteme und einer Saturierung der vom quantitativen Wachstum geprägten Bedürfnisse. Zur selben Zeit entwickelten sich Formen politischer Artikulation, deren Träger die politischen Institutionen, teils von einer Position außerhalb der Parteien, jedenfalls aber unter Nutzung plebiszitärer Instrumente, direkt unter Druck setzen wollten – die Bürgerinitiativen. [1]

Bürgerinitiativen sind von politischen Parteien grundsätzlich verschieden. Zum Wesen der Parteien gehört es, sich am Wettbewerb um Wählerstimmen und an Parlamentswahlen zu beteiligen. Zum Wesen von Bürgerinitiativen zählt es hingegen, sich eben diesem Konkurrenzdruck zu entziehen und von außen auf die Parteien, auf die Bürokratie, auf die Parlamente, auf die Wirtschaftsverbände Druck auszuüben. Selbstverständlich kann sich eine Bürgerinitiative an Wahlen beteiligen. Aber dann wird sie – unabhängig davon, ob sie sich diesen Funktionswandel eingestehen will – zu einer Partei und ist mit den Anpassungszwängen konfrontiert, denen die etablierten Parteien ausgesetzt sind. Bürgerinitiativen sind als eine Form politischer Betätigung, die weniger integriert ist als die Parteien, grundsätzlich auch eher geeignet, neue Themen aufzugreifen, etwa den Umweltschutz.

In Österreich setzten Umweltbewußtsein und Bürgerinitiativen verspätet ein. Der relativ intakte Klassen- und Weltanschauungscharakter im Innenverhältnis der Parteien bewirkte, daß der politische Aktivismus sich viel länger als in den meisten anderen liberalen Systemen innerhalb der traditionellen Parteien kanalisieren ließ und daß plebiszitäre Instrumente später als anderswo zum Tragen kamen. Die Dominanz sozialpartnerschaftlicher Entscheidungsmuster und der Nachholbedarf an „Modernisierung" ließen in Österreich auch verhältnismäßig spät ernsthafte Zweifel an der von Bundeswirtschaftskammer und ÖGB gemeinsam vertretenen Wachstumsphilosophie aufkommen. [2]

Es gehört zum Wesen von Bürgerinitiativen, daß sie sich vor allem lokal bilden und daß ihr Schwerpunkt die Kommunalpolitik ist. Verallgemeinernde Aussagen sind daher nur mit Einschränkungen möglich. Überdies fehlt eine umfassende, alle Aspekte der österreichischen Bürgerinitiativen erfassende Gesamterhebung, die Schlußfolgerungen für alle österreichischen Basis- und Bürgerinitiativen zulassen würde. Im folgenden sollen daher in Form einer Fallstudie, am Beispiel von Bürgerinitiativen in der Stadt Salzburg, das Spannungsverhältnis zwischen Initiativgruppen und Ökologiefrage und die Querverbindungen der Initiativen zu den politischen Parteien aufgezeigt werden.

Fallstudie Salzburg: Bürgerinitiative „Schützt Salzburgs Landschaft"

Im Vorfeld der Salzburger Gemeinderatswahlen 1972 entwickelte sich eine Bürgerinitiative, deren Anliegen primär umweltbezogen war. [3] Die Bürgerinitiative *Schützt Salzburgs Landschaft* richtete sich gegen bestimmte Bauvorhaben im Salzburger Süden, gegen Wohnungsbauten ebenso wie gegen Universitätsbauten und Verkehrsbauten. Diese Bürgerinitiative arbeitete auf lokaler Ebene, sie handelte reaktiv – sie antwortete auf das vorliegende Verkehrskonzept und auf vorliegende Baupläne – und sie war eine Honoratioreninitiative, die sich vor allem auf sozial stärkere Schichten stützte.

Die von den Planungen besonders betroffenen Stadtteile Nonntal und Aigen-Parsch zeichnen sich durch einen signifikant geringeren Anteil von Arbeitern an der Wohnbevölkerung aus, ergänzt durch einen signifikant höheren Anteil von Angehörigen freier Berufe. Diese Merkmale korrelieren üblicherweise mit überdurchschnittlichem Einkommen und überdurchschnittlichem Akademikeranteil. Die Bürgerinitiative *Schützt Salzburgs Landschaft* kann daher als Beispiel für die Instrumentierung von Interessen des Umweltschutzes für diejenigen angesehen werden, die eine relativ privilegierte Situation zu verteidigen haben.

Die soziale Ausgangslage beeinflußte die Strategie und Taktik der Bürgerinitiative. Im Zusammenspiel mit den lokalen Medien wurden die Politiker beeinflußt. Die in den meisten Fragen letztlich zuständigen Kommunalpolitiker wurden dabei von den Landespolitikern, die die Funktion des Umwegadressaten wahrzunehmen hatten, unter einen parteipolitisch motivierten Druck gesetzt. Auf diese Weise konnte die Bürgerinitiative auffallende Erfolge erzielen. Der Stadtentwicklungsplan wurde wesentlich verändert. Die Gebiete des Salzburger Südens, deren Erhaltung als Grünfläche das Hauptanliegen der Bürgerinitiative war, wurden unter Landschaftsschutz gestellt. Die Wohnanlagen wurden nicht gebaut, für das Landessportzentrum und ein Forschungsinstitut mußte ein neuer Standort gefunden werden. Nur in der Abwehr der Verbauung der Freisaalgründe vor allem durch Neubauten der Universität konnte die Bürgerinitiative zunächst sich noch nicht durchsetzen. Erst durch eine anschließende Initiative, in die die meisten Akteure der Bürgerinitiative *Schützt Salzburgs Landschaft* ihr Engagement und ihre Erfahrung einbrachten, wurde die Verbauung dieser Gründe verhindert.

Insgesamt kann der Bürgerinitiative *Schützt Salzburgs Landschaft* ein umfassender Erfolg bescheinigt werden, der als Musterbeispiel für den Sieg eines ökologischen Anliegens aufzufassen ist. Daß eine Bürgerinitiative dieses Ziel erreichen konnte, ist im Zusammenhang mit den sozialen und politischen Faktoren zu sehen:
- überdurchschnittlicher sozialer Status der Akteure;
- Einbindung von Prominenz in die Initiative (Honoratioreninitiative);
- Sensibilität der lokalen Medien;
- Nutzung des Parteienwettbewerbs.

Fallstudie Salzburg:
Initiative für mehr Lebensqualität in Lehen

Daß politische und soziale Voraussetzungen einer ökologisch orientierten Bürgerinitiative den Erfolg verwehren können, zeigte sich einige Jahre nach der Bürgerinitiative *Schützt Salzburgs Landschaft* an einer anderen Aktion im Rahmen der Salzburger Kommunalpolitik. Die *Initiative für mehr Lebensqualität in Lehen* artikulierte sich ab Frühjahr 1978.[4] Die Zielsetzung der Initiative lag von Anfang an im klassischen Feld der Umweltpolitik – bestimmte Bauvorhaben sollten zugunsten von Grün- und Erholungsflächen gestrichen werden.

Ausgangslage war die deutliche Schlechterstellung des Stadtteils Lehen im Vergleich mit anderen Teilen der Stadt Salzburg, insbesondere mit den Stadtteilen Nonntal und Aigen-Parsch. Die Situation Lehens war allen Salzburger Initiativen deutlich, auch und gerade den Akteuren der Bürgerinitiative *Schützt Salzburgs Landschaft*. Diese hatten die Grünfläche im Süden Salzburgs mit dem offenen Hinweis verteidigt, diese Gegend dürfe nicht ein „Neu-Lehen" werden. [5]

Die Initiative in Lehen zielte nicht auf die Verteidigung einer relativ guten Stellung, sondern auf die Verhinderung einer weiteren Verschlechterung. Die Merkmale der Diskriminierung Lehens waren:
- Im Jahre 1979 betrug die Bevölkerungsdichte in Lehen pro Hektar 132; in Nonntal zur gleichen Zeit 52, in Aigen-Parsch 26.
- 1971 betrug die durchschnittliche Wohnungsanzahl pro Gebäude in Lehen 9,2 in Nonntal hingegen 5,9 in Aigen-Parsch 2,8.
- 1971 wiesen 41,6 Prozent der Wohnungen Lehens die Merkmale des besten Ausstattungstyps auf gegenüber 50,2 Prozent der Wohnungen Nonntals und 55,7 Prozent der Wohnungen in Aigen-Parsch.

Diese Merkmale der Schlechterstellung in der Wohnqualität korrelierten mit dem sozialen Status. So war der Anteil der Arbeiter (Stand 1976) unter der Wohnbevölkerung Lehens mit 10,1 Prozent deutlich über dem Arbeiteranteil in Nonntal (7,1 Prozent) und in Aigen-Parsch (6,9 Prozent). Der Anteil der Vertreter Freier Berufe lag in Lehen mit 0,5 Prozent deutlich niedriger als in Nonntal (1,1 Prozent) und in Aigen-Parsch (1,4 Prozent).

Die Initiative in Lehen versuchte, durchaus ähnlich der Bürgerinitiative von Nonntal und Aigen-Parsch, den Parteienwettbewerb für ihre Ziele zu instrumentieren. Im Vorfeld der Landtagswahlen 1979 verlangte sie in einem Offenen Brief an den Salzburger Gemeinderat, die weitere Verbauung des Stadtteiles Lehen zum Gegenstand einer Volksbefragung zu machen. Dies konnte nicht durchgesetzt, die Übernahme der wesentlichen ökologischen Forderungen durch die im Landtag vertretenen Parteien nicht erreicht werden. Die Initiative gab eine eigene Stadtteilzeitung, die *Lehener Zeitung* heraus. Ihre Kontakte zu den regionalen Medien waren jedoch weniger gut als die der Bürgerinitiative des Salzburger Südens einige Jahre vorher: Die mit Abstand auflagenstärkste Salzburger Tageszeitung, die *Salzburger Nachrichten,* widmete der Initiative verhältnismäßig wenig Augenmerk und berichtete überdies meist negativ.

Bei einem Vergleich zwischen der Bürgerinitiative *Schützt Salzburgs Landschaft* und der *Initiative für mehr Lebensqualität in Lehen* wird die verteilungspolitische Komponente umweltorientierter Bürgerinitiativen überdeutlich:

– Die beiden Initiativen haben, durch ihre unterschiedlichen Erfolge, den Abstand der Lebensqualität zwischen dem Salzburger Süden und dem Salzburger Norden verstärkt.

– Die beiden Initiativen haben überdies verdeutlicht, daß das politische System auf ökologische Vorstöße von Bevölkerungsgruppen, die nach traditionellen Merkmalen zu den sozial Starken zählen, viel sensibler reagiert als auf die Vorstöße sozial Schwacher.

Beispiel Graz:
Institutionalisierung von Bürgerinitiativen

In Graz wurde nach der von Bürgerinitiativen mitbewirkten Änderung der kommunalpolitischen Mehrheitsverhältnisse 1973 ein Schritt in Richtung systematische Einbindung und systematische Erfassung von Bürgerinitiativen getan. Ein *Büro für Bürgerinitiativen* wurde errichtet, das bis zum Zeitraum 1979 insgesamt zweihundertelf Bürgerinitiativen registrierte. Die erfaßten Initiativen hatten überwiegend ausschließlich oder teilweise ökologische Zielsetzungen. [6] Ein Drittel konzentrierte sich auf Verkehrsanliegen im weitesten Sinn. Auch das zweithäufigste Anliegen der Initiativen, Auseinandersetzung mit Umweltbelastungen durch Wirtschaftsbetriebe, fällt in die Kategorie ökologische Bürgerinitiative. Dazu kommen noch ökologische Zielsetzungen anderer Initiativen, etwa die Schaffung von Kinderspielplätzen, die Erhaltung von Wanderwegen, die Verhinderung von Großbauten. [7]

Eine im Jahr 1977 durchgeführte Analyse des Status der Aktivisten von Bürgerinitiativen in Graz bestätigte das Bild, das die politikwissenschaftliche Literatur von Bürgerinitiativen zeichnet: deutliche Überrepräsentierung von Akademikern und Maturanten; deutliche Unterrepräsentierung der über Sechzigjährigen. Etwas weniger deutlich, aber signifikant ist die im Verhältnis zu den Männern geringe Beteiligung von Frauen an Bürgerinitiativen. [8]

Dieses Sozialprofil der Bürgerinitiativen in Graz deckt sich weitgehend mit dem Sozialprofil, das sich aus der Erhebung der Partizipationsbereitschaft der Österreicher generell ablesen läßt. Die Korrelation von sozial höherem Status und politischer Teilnahme in Form von Bürgerinitiativen sowie die Konzentration eines Großteils der Bürgerinitiativen auf umweltpolitische Themen zeigen, daß das Vorantreiben ökologischer Interessen durch Bürgerinitiativen offenkundig vor allem von den sozial Stärkeren genützt wird. Gleichzeitig bestätigt die Grazer Erhebung, daß die zunehmende Akzeptierung von Bürgerinitiativen – zugespitzt in der Institutionalisierung in Form des *Büros für Bürgerinitiativen* – in weitem Umfang mit einer Demokratisierung der Kommunalpolitik gleichgesetzt wird.

Der „soziale bias" von primär ökologisch orientierten Bürgerinitiativen ändert sich offenkundig auch dann nicht, wenn Honoratioreninitiativen Masseninitiativen Platz machen und wenn Bürgerinitiativen nicht mehr in erster Linie von sozialer „Prominenz", sondern von der größtmöglichen Zahl von Betroffenen getragen werden. Ökologie in Verbindung mit Bürgerinitiativen ist ein bürgerlich-akademisches Thema.

Grüne Masseninitiativen –
Der Kampf gegen die Atomenergie

Als besonders aufschlußreiches Beispiel für den Zusammenhang von ökologischer Betroffenheit, basisdemokratisch auftretenden Bürgerinitiativen und soziokultureller Privilegierung kann die Bewegung gegen die Nutzung der Atomenergie gelten. Im Vorfeld der Volksabstimmung vom 5. November 1978 über Zwentendorf, als zahlreiche Einzelinitiativen zu einer Gesamtinitiative de facto verschmolzen wurden, wurden die Möglichkeiten und Grenzen einer basisdemokratischen Masseninitiative sichtbar [9]:

– Die Aktivitäten können, unter Vernachlässigung der sicherlich sehr relevanten parteitaktischen Handlungsmotive (FPÖ, ÖVP), grundsätzlich als basisdemokratisch angesprochen werden. Basisdemokratisch war, daß in einer direkten Entscheidung der Gesamtheit aller Betroffenen ein neues Element plebiszitärer Demokratie, und das zum ersten Mal in der Geschichte der Republik Österreich, zum Tragen kam. Basisdemokratisch war, daß den gerade in ökonomischen Bereichen dominierenden sozialpartnerschaftlichen Institutionen die Entscheidungskompetenz entzogen wurde. Basisdemokratisch war, daß der überwältigenden Finanzkraft der Befürworter der Inbetriebnahme des Kraftwerkes eine Gegenbewegung von fast vernachlässigenswerter Wirtschaftskraft entgegentrat.

– Die Entscheidung bei der Volksabstimmung vom 5. November 1978 wurde jedoch von sozialen Gruppen herbeigeführt, deren Merkmale eindeutig auf eine soziokulturelle Besserstellung weisen. Man kann davon ausgehen, daß der Bruch der Parteiloyalität bei den an sich zur SPÖ neigenden Wählern, also das Ausmaß der gegen die offizielle sozialistische „Ja"-Parole gerichteten sozialistischen „Nein"-Stimmen die Entscheidung brachte. Diese Gruppe ist von den oben ausgeführten Statusmerkmalen geprägt: ein Überhang formaler Bildung (deutliche Überrepräsentierung von Maturanten und Akademikern), ein zusätzlicher deutlicher Überhang der Jugend.

Die Analysen des Ergebnisses der Nationalratswahl vom 24. April 1983 sprechen für die Interpretation, daß eben diese Wählerschichten durch ihre teilweise Abkehr von der Sozialdemokratie und ihre Hinwendung zu Parteigruppierungen wie ALÖ und (eingeschränkt) VGÖ auch das wichtigste Ergebnis dieser Wahl bewirkten – den Verlust der absoluten Mehrheit der SPÖ. [10] An diesem latenten Übergang kann auch beobachtet werden, wie durchlässig die Grenze zwischen einer Bürgerinitiative und einer Partei ist. Selbst wenn die alternativen Parteigruppierungen für sich zumeist die Bezeichnung „Partei" zurückweisen, sind sie, sobald sie sich an Wahlen beteiligen, funktional Partei. Bürgerinitiativen sind, gerade wenn sie sich alternativ und ökologisch orientieren, anfällig für die Metamorphose zur Partei.

* * *

Bürgerinitiativen sind nur ein Teilaspekt des allgemeinen Trends zum Populismus. Das nach unten hin klar abgegrenzte Konzert der zumeist konkordant entscheidenden Eliten der Großparteien und Großverbände, das in Österreich besonders weitreichende Entscheidungen trifft, erfährt zunehmend Druck von unten. [11] Die sich abzeichnende Dekonzentration des Parteiensystems und die am Beispiel der Entscheidungsfindung im Fall Zwentendorf augenscheinliche latente Schwächung der Sozialpartnerschaft sind schon Ergebnis des populistischen Druckes. Neue Parteien, aber auch und vor allem nicht parteimäßig organisierte Druckgruppen, eben Bürgerinitiativen, signalisieren eine allgemeine Trendwende des politischen Systems in Österreich. Dabei ist die Umweltproblematik Motiv und Motor, sind die Bürgerinitiativen einer der wichtigen Kanäle.

Die Bewertung dieser Entwicklung ist nur differenziert möglich:

– Populismus, Ökologie und Bürgerinitiativen erweitern die Partizipationspalette. Allein deshalb sind sie grundsätzlich, bei aller Kritik, positiv zu bewerten.

– Durch ökologisch motivierte Bürgerinitiativen werden elitäre Entscheidungsmuster zunehmend in Frage gestellt und ihre Träger unter Druck gesetzt. Das Aufbrechen geschlossener Elitenkartelle ist vom Standpunkt der Demokratie aus ebenfalls grundsätzlich positiv zu beurteilen.

– Die Ökologiebewegung ist aber ebenso wie das Instrument Bürgerinitiative und die populistischen Tendenzen schlechthin mit einem „sozialen bias" ausgestattet. Es sind nicht die Vernachlässigten und Diskriminierten, nicht die Opfer der alten und neuen Armut, die Umweltprobleme durch Bürgerinitiativen auch gegen den Widerstand der Mächtigen thematisieren. Dieser Umstand sollte vor einer einseitigen, euphorischen Qualifizierung warnen.

Anmerkungen

1 Vgl. dazu Bernd Guggenberger/Udo Kempf (Hrsg.): Bürgerinitiativen und repräsentatives System. Opladen 1978; Anton Pelinka: Bürgerinitiativen – gefährlich oder notwendig? Freiburg 1978; Bernd Guggenberger: Bürgerinitiativen in der Parteiendemokratie. Von der Ökologiebewegung zur Umweltpartei. Mainz 1980
2 Zum Wandel des politischen Bewußtseins in Österreich siehe: Fritz Plasser/Peter A. Ulram: Unbehagen im Parteienstaat. Jugend und Politik in Österreich. Wien 1982; Roland Deiser/Norbert Winkler: Das politische Handeln der Österreicher. Wien 1982
3 Renate Platzer: Bürgerinitiativen in Salzburg. Eine vergleichende Untersuchung der Bürgerinitiative *Schützt Salzburgs Landschaft* mit der *Initiative für mehr Lebensqualität in Lehen*. München 1983, S. 154-187
4 Platzer, a.a.O., S. 188-238
5 Platzer, a.a.O., S. 160. zu den folgenden sozialen Daten siehe S. 99-141
6 Magistrat Graz: Statistik über Bürgerinitiativen und Interessengemeinschaften. 6. September 1979. Übermittelt mit Schreiben vom 5. Dezember 1979
7 Ebenda
8 Kurt Freisitzer: Ergebnisse einer kommunalsoziologischen Untersuchung für die Landeshauptstadt Graz. Vervielfältigtes Manuskript. März 1977
9 Hannes Wimmer: Studie zur Volksabstimmung über die friedliche Nutzung der Kernenergie in Österreich aus demokratietheoretischer und soziologischer Sicht. Österreichische Gesellschaft zur Förderung der Forschung. Endbericht. Wien, Juni 1979.
10 Vgl. dazu etwa Herbert Berger: Nationalratswahl 1983: Ergebnisse, Ursachen, Folgerungen; in: Zukunft, Juni 1983, S. 12-15
11 Vgl. dazu etwa Bernd Marin: Neuer Populismus und „Wirtschaftspartnerschaft". Neokorporatistische Konfliktregelung und außerinstitutionelle Konfliktpotentiale in Österreich; in: Österreichische Zeitschrift für Politikwissenschaft, Nr. 2/1980; Fritz Plasser/Peter Ulram: Politischer Protest und politische Strategie – das Volksbegehren gegen den Neubau des Internationalen Konferenzzentrums in Wien; in: Andreas Khol/Alfred Stirnemann (Hrsg.): Österreichisches Jahrbuch für Politik 1982. Wien 1983

Lidia Brandstätter/Michael Grosser/Hannes Werthner
Die Anti-AKW-Bewegung in Österreich

Einleitung

Die Bewegung gegen Atomkraftwerke in Österreich ist innerhalb weniger Jahre von einem kleinen Häuflein von „Lebensschützern" und Wissenschaftlern zu einer breiten Koalition vieler Gruppen und Einzelkämpfer gewachsen. Im Endeffekt gelang es ihr, die Frage, ob in Österreich überhaupt Strom aus Atomenergie erzeugt werden soll, neu aufzurollen – und das angesichts eines praktisch fertig dastehenden Atomkraftwerks! Mit der Frage, wie eine solche Entwicklung möglich war und welche Umstände dazu maßgeblich beigetragen haben, haben sich schon mehrere Autoren beschäftigt[1]. Drei Faktoren sind hier in erster Linie zu nennen:

1. die große Breite der Anti-AKW-Front – erreicht vor allem durch Beschränkung auf Minimalforderungen;

2. ein diffuses Potential an Unzufriedenheit in der Bevölkerung, speziell gegenüber „denen da oben" und gegenüber den negativen Auswirkungen „der Technik", das in die Bewegung einfließen konnte;

3. das Verhalten der Parteien und Interessenvertretungen.

Nun liefern diese Faktoren sicherlich plausible Erklärungen für den Erfolg der Österreichischen Anti-AKW-Bewegung. Wenn die Bewegung selbst, ihre Grenzen und die Nutzbarkeit ihrer Erfahrungen für andere Initiativen eingeschätzt werden sollen, stellen sich jedoch tiefergehende Fragen: 1. Woraus resultiert die erwähnte „latente Unzufriedenheit", welche Faktoren ließen Zehntausende Menschen aktiv werden? 2. Wie ergab sich die Gesamtdynamik der Bewegung aus dem konkreten politischen Handeln und dem Zusammenwirken der einzelnen Gruppen, die ja in vieler Hinsicht sehr unterschiedlich waren? 3. Welche Fehler wurden gemacht, welche waren vielleicht „unvermeidlich"? Am meisten wurde über den ersten dieser Punkte gesagt und geschrieben, wir wollen ihn daher nur kurz behandeln. Unsere besondere Aufmerksamkeit gilt dem zweiten und dem dritten Punkt.

Wir Autoren haben von 1975 an aktiv in der Bewegung mitgearbeitet. Wir haben im Rahmen unserer Anti-AKW-Arbeit an vielen Aktionen, aber auch an den oft leidenschaftlichen Diskussionen innerhalb der Bewegung teilgenommen. Wenn wir nun zurückblicken, dann können wir dies natürlich nur aus unserer persönlichen Sicht tun. Wir meinen, daß jede Darstellung auf den Einstellungen, Ansichten und Erlebnisweisen der Autoren aufbaut. Selbstverständlich haben wir uns um eine objektive Darstellung der Ereignise und der Positionen der einzelnen Teile der Anti-AKW-Bewegung bemüht. Aber wir finden es besser, wenn die eigenen Vor-Meinungen und das eigene Vor-Wissen ausdrücklich in die Darstellung einfließen und so für die Leser/innen erkennbar und damit kritisierbar werden. Alle drei leben wir in Wien und haben daher sicher eine etwas „Wien-lastige" Perspektive des Geschehens. Außerdem ist uns klar, daß aufgrund der Kürze der vorliegenden Darstellung vieles unter den Tisch fallen mußte oder nur angedeutet werden konnte. Wir haben in der Bewegung meist ähnliche Positionen zu den einzelnen kontroversen Fragen vertreten, obwohl wir nicht Mitglieder einer gemeinsamen politischen Organisation waren. Rückblickend würden wir uns einer Strömung in der Bewegung zurechnen, die sich in zentralen Fragen sowohl vom bürgerlichen Lager als auch von der maoistischen Linken unterschieden hat. Diese Strömung hatte keine feste organisatorische Struktur und keine eigene Bezeichnung.

Hintergrund und Nährboden der Anti-AKW-Bewegung

Die siebziger Jahre in Österreich hatten mit wenigen Ausnahmen einen Grundton der sozialen Zufriedenheit. Die Auswirkungen der Verschlechterung der internationalen ökonomischen Lage streiften Österreich nur am Rande und führten – ganz im Gegensatz zu anderen Ländern – nicht zum Ausbruch breiterer gewerkschaftlicher oder sozialer Kämpfe. Die Sozialdemokratie, die die Regierungsgeschäfte 1970 übernommen hatte, war auf einen gesellschaftlichen Ausgleich mittels Reformen bedacht. Es gelang ihr aufgrund der nicht zu ungünstigen ökonomischen Voraussetzungen, den allgemeinen Lebensstandard zu heben. Dies hatte zur Folge, daß aufbrechende traditionelle Konflikte bereits im Ansatz entschäft werden konnten. Die herkömmlichen Kanalisierungsmechanismen konnten jedoch dort weniger greifen, wo es um die zunehmende Verunsicherung ging, die den Wert und die Auswirkungen der industriellen Entwicklung selbst betraf. Die vermehrte Technisierung auch des Reproduktionsbereiches und die zunehmende Umweltverschmutzung bewirkten eine Sensibilisierung; die kürzer werdenden Innovationsschritte, die fehlenden Einfluß- und Kontrollmöglichkeiten und die Undurchschaubarkeit neuer (Groß-)Projekte steigerten das Gefühl des Unbehagens und der Ablehnung.

Vor diesem allgemeinen Hintergrund entstand die Anti-AKW-Bewegung als die seit langem größte Initiative „von unten". Es scheint paradox, daß der Kampf in so breitem Umfang und überdies erfolgreich geführt werden konnte, obwohl das AKW bereits praktisch fertiggestellt war und die „bereits verbauten neun Milliarden Schilling" des öfteren von den Befürwortern als Argument gebracht wurden. Das weist darauf hin, daß nicht nur das konkrete Projekt zur Debatte stand, sondern tiefergreifende Probleme.

Ein Blick auf die Energiesituation Österreichs während der letzten Jahrzehnte zeigt, daß zu keinem Zeitpunkt die Notwendigkeit des Einsatzes von Atomenergie bestand. Dennoch wurde 1969 das AKW Zwentendorf in den Energieplan der ÖVP-Regierung aufgenommen – die Inbetriebnahme war für 1975 vorgesehen –, und unter der SPÖ-Regierung wurde 1971 der Baubeschluß gefaßt. Dafür waren die folgenden Faktoren ausschlaggebend:

1. Die etwa ab 1953 einsetzende Entwicklung von Atomreaktoren in den USA wurde nur zum geringsten Teil im Hinblick auf eine Nutzung in den USA selbst vorangetrieben (zu geringe Preisvorteile gegenüber Kohle, Öl, Gas). Vielmehr sollte die Nutzung der Atomenergie in Westeuropa unter möglichst weitgehender Kontrolle durch die USA (ganz im Geiste des Marshall-Plans) dazu beitragen, die betreffenden Länder zu aufnahmefähigen Absatzmärkten für die US-Wirtschaft zu machen.

2. Für den damals weitverbreiteten Glauben an fortwährendes Wachstum der Wirtschaft und des Energieverbrauchs, das nicht nur steigende Profite garantieren, sondern auch infolge des laufend größer werdenden Kuchens Verteilungskämpfe vermindern und den sozialen Frieden sichern sollte, kam die Verheißung einer angeblich unerschöpflichen und billigen Energiequelle wie gerufen. Die Atomenergie wurde (fälschlicherweise, wie wir heute wissen) für überaus kostengünstig gehalten, die zahlreichen ungelösten Probleme wurden einfach ignoriert oder nicht gesehen.

3. Obwohl in Österreich keine kompletten Atomkraftwerke hergestellt werden, drängten die private und die verstaatlichte Industrie auf die Einführung der Atomenergie, da sie sich einen fetten Marktanteil bei der Herstellung von einzelnen Kraftwerkskomponenten versprachen. Mit einem „Vorzeigekraftwerk" in Österreich, bei dem solche Komponenten verwendet worden wären, hätten die Fähigkeiten der österreichischen Industrie speziell auf dem AKW-Sektor und der hohe Entwicklungsstand ihrer Technologien überhaupt weltweit unter Beweis gestellt werden können.

4. Politiker aller (!) Parteien wollten sich durch ihen Einsatz für die Atomtechnologie, die damals als modernste und fortschrittlichste Technologie überhaupt galt, vor den Wählern als Förderer der technischen und wirtschaftlichen Entwicklung und somit als Wohltäter Österreichs profilieren.

Gegen Ende der sechziger Jahre bestand bei allen maßgeblichen Kräften Übereinstimmung in bezug auf den Einsatz der Kernkraft. Um 1970 allerdings flammte in Kreisen der E-Wirtschaft [2] und der Politik die Diskussion um den Einsatz von Atomkraftwerken auf: Die („rote") Verbundgesellschaft plädierte für eine Verschiebung; der Betriebsrat der Verbundgesellschaft verlangte energisch den weiteren Ausbau der Wasserkräfte; der sozialistische Betriebsrat der Donaukraftwerke AG erklärte sich in einem Schreiben an den *Bund für Volksgesundheit* im Jahre 1969 sogar bereit, dessen Volksbegehren gegen AKWe zu unterstützen! Diese Widerstände wurden jedoch auf Betreiben der Industrie, einiger, meist „schwarzer", Landeshauptleute und des zuständigen ÖVP-Ministers Ludwig Weiß niedergewalzt, und 1971 wurde der Bau des AKW Zwentendorf beschlossen [3]. Gesellschafter der Zwentendorfer AKW-Gesellschaft GKT sind zu fünfzig Prozent der Verbund und zu fünfzig Prozent die Landesgesell-schaften mit Ausnahme derjenigen Wiens und des Burgenlands. (Wien war aller-dings mit zwölf Prozent am geplanten zweiten Atomkraftwerk in St. Pantaleon bei Linz beteiligt.)

Am 10.5.1977 behauptete der inzwischen verstorbene Physiker Karl Nowak in einem Leserbrief an die *Kronenzeitung,* die SPÖ habe als Gegenleistung für die Zustimmung zum AKW von der AKW-Industrie eine Parteispende von einigen hundert Millionen Schilling ausgehandelt. Nach Zeitungsmeldungen sollen auch ÖVP und FPÖ nicht leer ausgegangen sein – es hieß, siebenhundert Millio-nen habe die SPÖ, fünfhundertvierzig Millionen die ÖVP und neunundvierzig Millionen die FPÖ erhalten. Diese in der Öffentlichkeit viel diskutierten Meldun-gen wurden von den Parteien offiziell nicht dementiert und ihre Urheber niemals geklagt.

AKW als lokale Frage – Zwentendorf, Vorarlberg, St. Pantaleon

Zur Zeit des Baubeschlusses war der Widerstand gegen Atomkraftwerke in Österreich sehr gering. Einige Wissenschaftler warnten schon seit den fünfziger Jahren, es gab vereinzelt Stellungnahmen in Zeitungen und eine Vortragsserie in der Wiener Stadthalle, 1969 verabschiedete die niederösterreichische Ärzte-kammer ein Memorandum, in dem medizinische (somatische und genetische), biologische und ökologische Einwände gebracht wurden. Die Medien aber und die breite Öffentlichkeit reagierten damals fast nicht.

In den siebziger Jahren formierte sich der Widerstand nur langsam. Er entstand unabhängig voneinander an drei verschiedenen Stellen: im „Einflußge-biet" des AKW Zwentendorf; an der Schweizer Grenze in Vorarlberg; in Ober-österreich, wo es um das geplante AKW St. Pantaleon ging. (Salzburger AKW-Gegner unterstützten die Oberösterreicher, vor allem gegen das ebenfalls geplante AKW Bogenhofen.)

Zwentendorf

Im Sommer 1970, ein halbes Jahr vor dem offiziellen Baubeschluß für das AKW Zwentendorf, wurden von Wissenschaftlern und Umweltschützern Sternfahrten nach Zwentendorf und Protestkundgebungen beim Baugelände organisiert. In der Gemeinde Zwentendorf selbst gab es jedoch keinen nennenswerten Wider-stand. Eine Tullnerin schildert die damalige Situation in einem Untersuchungs-bericht so: „Der Bevölkerung im Umkreis versuchte man von Anfang an dieses Unternehmen mit großartigen Versprechungen über Arbeitsplätze und damit wirtschaftliche Prosperität, mit dem Ausbau des Straßennetzes, mit Schaffung von Arbeitersiedlungen, mit fremden Arbeitern, die ihr Geld dalassen würden, und vor allem mit diffusen Vorstellungen von einem 'direkten Anschluß an die westlichen Industriegebiete' schmackhaft zu machen. Man redete den Leuten ein, daß sie unmittelbar vor dem Ausbruch eines lokalen Wirtschaftswunders stünden, und daß sie dessen Hauptnutznießer sein würden. Und mit solchen Zukunftsvisionen köderte man die Bevölkerung in dem seit 1969 dauernden Propagandafeldzug. (...) Tatsache ist, daß einige hundert Menschen aus der näheren Umgebung auf der Baustelle für ca. vier Jahre Arbeit bekamen, was bei der hohen Pendlerquote im Tullnerfeld von besonderer Bedeutung war. Tatsache ist weiter, daß die Gemeinde Zwentendorf zu so viel Geld kam, daß eine neue Volksschule, ein Hallenbad und eine Mehrzweckhalle gebaut werden konnten. Die Ortsdurchfahrtsstraße, der Sportplatz und das Kanalsystem wurden ausgebaut. (...) Die einzigen Ansätze zu einem Widerstand gegen den Bau des Atomkraftwerks gab es im Jahr 1970/71 in Zwentendorf. Etwa fünfzig Menschen, zum Großteil Arbeiter und einfache Werktätige, unterschrieben Vollmachten, mit denen eine Gruppe von Wiener Umweltschützern sich an das Parlament wenden wollte. Unter dem Druck der Vertreter der lokalen Bourgeoisie (Bürgermeister, Pfarrer, u.ä.) zogen diese fünfzig Leute ihre Unterschrift aber wieder zurück." [4]

Der Widerstand blieb auf wenige, meist dem bürgerlichen Lager zuzurechnende Personen beschränkt. Bei den Bauverhandlungen 1972 in Zwentendorf erschien Walther Soyka mit einer Liste von neunhundertzwei Vollmachten von Personen aus der näheren und weiteren Umgebung des Kraftwerks, die gegen die Errichtung protestierten. Er wurde von der Staatspolizei aus dem Saal entfernt, da nach dem österreichischen Strahlenschutzgesetz die unmittelbar betroffenen Bewohner des Umlandes bei der Errichtung atomarer Anlagen keine Parteienstellung haben.

Vorarlberg

Als 1971 der Beschluß für ein AKW in Rüthi in der Schweiz – ein Ort fünf Kilometer nordwestlich der österreichischen Stadt Feldkirch – gefaßt wurde, erfaßte der Widerstand in breitestem Ausmaß die Vorarlberger Bevölkerung. In den *Vorarlberger Nachrichten,* der auflagenstärksten Zeitung des Landes, erschienen Hunderte Artikel gegen das AKW. Als aktive Kraft trat vor allem der politisch konservative *Weltbund zum Schutze des Lebens* auf. Verschiedene Frauen-, Sport-, Jagd- und Fischervereine schlossen sich an. An einer Demonstration in Feldkirch nahmen zwanzigtausend Menschen teil. Zwischen 1973 und 1975 gab es Anti-Rüthi-Märsche mit rund zehntausend Teilnehmern. Als sich schließlich neunzig Prozent der Vorarlberger in einer Meinungsumfrage gegen das AKW aussprachen, sah sich die österreichische Regierung gezwungen, bei der Schweizer Regierung zu protestieren. Dieser Protest und der Druck der Bevölkerung zeigten Wirkung: Der Plan für das AKW Rüthi wurde – vorläufig am 1. Oktober 1976, endgültig im Jahr 1980 – fallengelassen.

St. Pantaleon

1974 wurde für die Planung und Errichtung eines Atomkraftwerks bei Stein/ St. Pantaleon in Oberösterreich die *Gemeinschaftskraftwerk Stein Ges.m.b.H. (GKS)* gegründet. Viel massiver als in Zwentendorf regte sich in Oberösterreich der Widerstand, obwohl auch hier Arbeitsplätze für Pendler und der Bau von Infrastruktureinrichtungen versprochen wurden und mit Drohungen und Schikanen gegen engagierte AKW-Gegner vorgegangen wurde. Aufgrund der gegenüber dem Tullnerfeld günstigen wirtschaftlichen Situation zogen diese Argumente hier jedoch in geringerem Ausmaß. Überdies waren im Umkreis bereits seit einiger Zeit verschiedene Initiativen in diversen Umweltschutzfragen aktiv, sodaß von vornherein eine größere Sensibilität und höhere Aktionsbereitschaft und gewisse organisatorische Strukturen vorhanden waren – letztere meist verflochten mit traditionellen Natur- und Umweltschutzverbänden.

Die entscheidende Kraft für den Aufbau der regionalen Anti-AKW-Bewegung war die *Bürgerinitiative gegen Atomgefahren BIAG,* zu der sich Mitglieder des oberösterreichischen *Naturschutzbundes* und des *Weltbundes zum Schutz des Lebens* sowie andere oberösterreichische AKW-Gegner zusammengeschlossen hatten. Später kam noch der *Arbeitskreis Atomenergie Linz* dazu, dessen treibende Kraft der maoistische *Kommunistische Bund Linz* war. Er hatte den größten Anteil an der Verbreitung der Ziele der AKW-Gegner in studentischen Kreisen. Der bürgerliche und der linke Teil der oberösterreichischen Anti-AKW-Bewegung arbeiteten bei wichtigen Aktionen prinzipiell zusammen, jedoch traten immer wieder Differenzen auf, die nie endgültig ausgeräumt werden konnten. So gab es etwa Meinungsverschiedenheiten in der Frage, ob Vorsprachen bei Politikern und anderen Persönlichkeiten des öffentlichen Lebens zweckdienlich seien, und die Form der Veranstaltungen der AKW-Gegner – mit oder ohne Feldmesse etwa – war umstritten. Daß die Bürgerlichen beim Unterschriftensammeln oft ihre persönliche Autorität einsetzten, statt echte Aufklärungsarbeit zu leisten, war den Linken ein Stein des Anstoßes.

Die Arbeit der oberösterreichischen AKW-Gegner war ein Meilenstein in der Entwicklung der Bewegung. Hier wurden zum ersten Mal diejenigen Formen der Aufkärung und des Widerstandes praktiziert, die später von Aktivisten in ganz Österreich angewandt wurden. Der Aufruf der BIAG wurde von über 100.000 Menschen unterzeichnet, Informationsveranstaltungen und Podiumsdiskussionen wurden organisiert, Leserbriefe geschrieben, Flugblätter verteilt, Informationsstände in den Straßen aufgestellt, Kundgebungen und Demonstrationen veranstaltet. Die Bevölkerung St. Pantaleons wurde von der Bürgerinitiative im Rahmen einer „Mini-Volksabstimmung" unter notarieller Aufsicht brieflich zum Thema AKW befragt: Bei einer Rücklaufquote von 69,8 Prozent sprachen sich 89,8 Prozent gegen das AKW aus. Die Bewegung konnte eine solche Breite und Durchschlagskraft erreichen, daß die Regierung den Bau des AKW St. Pantaleon 1975 zunächst aufschob und später in ihren Energieplänen ganz darauf verzichtete.

***

Neben den lokalen Ansätzen entstanden Mitte der siebziger Jahre studentische Arbeitskreise, die sich mit dem AKW-Problem befaßten. Außer dem oben erwähnten *Arbeitskreis Atomenergie Linz* seien der *Arbeitskreis Ökologie* in Salzburg und der *Arbeitskreis Atomenergie* in Wien genannt [5]. Die Mitglieder kamen zum einen Teil aus der Naturschutzbewegung (speziell Biologiestudent/inn/en), zum anderen Teil aus dem linken Lager. Diese Arbeitskreise wurden zu Keimzellen der späteren organisierten Anti-AKW-Bewegung. In ihrer Entstehungszeit, 1974/75, nahm das AKW Zwentendorf, das damals kurz vor der Fertigstellung stand, in den Aktivitäten der genannten Gruppen nur einen untergeordneten Platz ein. So sagte der Arbeitskreis Ökologie in seiner Broschüre nur dem zweiten geplanten AKW (St. Pantaleon) und dem dritten (Bogenhofen) sowie dem in der Nähe der österreichischen Grenze vorgesehenen bayerischen AKW Pleinting den Kampf an.

In diese Zeit fielen der Aufschwung und die ersten großen Erfolge der Anti-AKW-Bewegung in der BRD. Die Bauplatzbesetzung in Wyhl etwa gab den österreichischen AKW-Gegnern großen Auftrieb. Auch eine beträchtliche Zahl von Wissenschaftlern hat in der AKW-Auseinandersetzung eine wichtige Rolle gespielt: Sie haben zur Verbreitung einer kritischen Haltung gegenüber AKWen entscheidend beigetragen und viele Menschen zum Handeln gebracht, indem sie beispielsweise die Skandale im Zusammenhang mit den Gutachten zum AKW und zur Atommüllagerung aufgedeckt haben.

AKW als bundesweite Frage – die Entwicklung der Bewegung

Nach den Auseinandersetzungen um das geplante zweite AKW in Stein/St. Pantaleon, insbesondere nach der Diskussion am 22.4.1975 in Linz, war der Regierung Kreisky klar, daß die AKW-Frage nicht mehr im Stillen und nicht mehr als „regionales" Problem gelöst werden konnte. Ein harter Konfrontationskurs mit Polizeieinsätzen schied aus. In der BRD hatte er dazu beigetragen, daß die Bewegung einen ungeahnten Aufschwung nahm, überdies hatten Untersuchungen sozialwissenschaftlicher Institute (z.B. des Batelle-Instituts) ergeben, daß ein „sanfter Kurs" mit Informationsveranstaltungen, Diskussionen („Bürgerdialog") erfolgversprechender sein würde. So wählte die Regierung Kreisky die Flucht nach vorn und führte eine gesamtösterreichische „Aufklärungskampagne" durch. Geplant wurde eine Reihe von zehn Veranstaltungen in den Landeshauptstädten und wichtigen Industrieorten, auf denen zu jeweils einem bestimmten, klar umgrenzten Thema (Sicherheit, Wirtschaftlichkeit etc.) Podiumsdiskussionen mit Experten abgewickelt werden sollten. Die „Ergebnisse" dieser Aufklärungskampagne und weiterer Expertenhearings sollten dann dem Parlament als Grundlage für die Entscheidung über Atomenergie vorgelegt werden.

Nun hatte aber diese Kampagne einen für die Regierung äußerst nachteiligen Nebeneffekt. Sie stellte nämlich die AKW-Gegner vor die dringende Notwendigkeit, sich auf gesamtösterreichischer Ebene zu organisieren, um der zentral organisierten Expertenshow wirksam entgegentreten zu können. Im Mai 1976 kam es in Enns zum ersten Treffen aller AKW-Gegner-Gruppen. Die Gruppen beschlossen die erste gemeinsame Erklärung der *Initiative Österreichischer Atomkraftwerksgegner (IÖAG)* und die Herausgabe einer Broschüre, in der der Standpunkt und die Forderungen der IÖAG dargelegt wurden:

– Keine Inbetriebnahme des Atomkrafwerk Zwentendorf: Kein Nullast-, Teillast-, Probe- oder Vollastbetrieb!

– Kein Atomkraftwerk in St. Pantaleon, Bogenhofen oder anderswo in Österreich!

– Kein Atomkraftwerk an Österreichs Grenzen, wie z.B. in Rüthi (Schweiz) oder Jaslovske Bohunice (CSSR)!

– Keine Atommüllagerung im Waldviertel, in Zwentendorf, in Tirol oder anderswo in Österreich!

Weitergehende Entwürfe, die teilweise sehr detaillierte Vorstellungen und Forderungen enthielten, etwa Kapitel über Energiesparen und Alternativenergien, wurden vor allem auf Drängen der studentischen Arbeitskreise nicht aufgenommen, da sie alle diejenigen ausgeschlossen hätten, die die Hauptforderungen der IÖAG unterstützten, in weitergehenden Fragen jedoch andere Ansichten vertraten.

Folgende Faktoren waren für das Gelingen dieses Zusammenschlusses maßgeblich:

– der äußere Druck durch die bevorstehende Aufklärungskampagne;

– die Breite der Bewegung in Oberösterreich und Vorarlberg;

– das Selbstverständnis der Anti-AKW-Bewegung als „Einpunkt-Bewegung" auf Basis einer Minimalplattform unbeschadet sonstiger politischer Differenzen;

– die gegenseitige Kontaktaufnahme der studentischen Gruppen in Wien, Linz und Salzburg (großteils auf Initiative der maoistischen Studenten);

– die positiven Erfahrungen mit der Zusammenarbeit von „Rechts" und „Links" in Wien.

Der letztgenannte Punkt scheint uns besonders wichtig. In Linz beispielsweise standen sich die (bürgerliche) BIAG und der (großteils maoistische) Arbeitskreis distanziert bis ablehnend gegenüber. Oft waren gemeinsame Aktionen unmöglich. Es waren wesentlich die Bemühungen der Wiener Gruppen und der Hinweis auf ihre positiven Erfahrungen mit der Zusammenarbeit, die dem allseits vorhandenen Wunsch nach einem organisatorischen Zusammenschluß zur Realisierung verhalfen. Die heiklen Fragen, ob sowohl die BIAG als auch der Arbeitskreis Linz der IÖAG angehören sollten und ob politische Organisationen beitreten könnten, wurden sehr geschickt gelöst: Die Resolution wurde von Einzelpersonen unterzeichnet, die das Vertrauen einer großen Mehrheit genossen, und zwar von einer Person pro Bundesland.

Die Zusammenarbeit von „rechten" Natur- und Lebensschützern und dem studentischen AKAE in Wien, der zumindest zum Teil aus entschiedenen Linken bestand, basierte zum einen darauf, daß einige AKAE-Studenten bei den Bürgerlichen als Leute geschätzt waren, „mit denen man reden kann". Günstig für die Zusammenarbeit in dieser Phase war zum anderen, daß der Großteil der organisierten Linken im AKAE der maoistischen Studentenorganisation MLS bzw. dem maoistischen Kommunistischen Bund angehörte. Dessen Mitglieder sprachen entsprechend ihren politischen Theorien eher vom „Kampf des Volkes gegen die Regierung" als vom „Kampf der Arbeiterklasse gegen die Kapitalisten". Das kam einer Zusammenarbeit mit Kräften entgegen, die die Maoisten als „Volk" einstufen und daher als Bündnispartner akzeptieren konnten. Schließlich legten gerade die Maoisten einen unglaublichen Eifer bei der harten täglichen Arbeit in der Bewegung an den Tag. Das brachte nicht nur die Sache selbst weiter, sondern trug auch dazu bei, den studentischen Gruppen die Anerkennung der anderen zu sichern. Das Mißtrauen gegen linke Aktivisten konnte so zumindest am Beginn durch den Gewinn besserer Informationsmöglichkeiten und organisatorischer Stärke ausgeräumt werden. Sorgsam wurde darauf geachtet, weltanschauliche Differenzen hintanzuhalten.

Insgesamt stellten die Maoisten, die von Beginn an eine wesentliche Rolle spielten, in dieser frühen Phase einen wichtigen Faktor bei der Ausweitung und den Erfolgen der Bewegung dar.

Die inzwischen erreichte Stärke der AKW-Gegner, insbesondere die gut koordinierte Tätigkeit auf gesamtösterreichischer Ebene, führte dazu, daß die staatliche Aufklärungskampagne ihr Ziel verfehlte: Alle Veranstaltungen wurden zu Protestkundgebungen umfunktioniert. Höhepunkt der Bewegung war schließlich die – für österreichische Verhältnisse – große Demonstration mit siebentausend Teilnehmer/inne/n in Tulln und Zwentendorf am 12. Juni 1977. Sie war zugleich Höhepunkt und Abschluß einer Aufschwungperiode. Diese Zeit war gekennzeichnet von einem kontinuierlichen Zulauf und der Klarheit über das jeweils nächste Ziel und die dabei anzuwendenden Methoden.

Zu dieser Zeit gab es für die AKW-Gegner einen weiteren großen Erfolg. Das Waldviertel in Niederösterreich, eines der wirtschaftlich am schwächsten entwikkelten Gebiete Österreichs mit einer überdurchschnittlichen Arbeitslosigkeit und Pendlerrate, war zum Standort einer geplanten Atommüllagerstätte auserkoren worden. Der Kuhhandel – eine Milliarde gegen eine Atommülldeponie – schlug fehl. Am 25. Juni 1977 demonstrierten dreitausend Waldviertler in Allentsteig gegen eine Atommüllagerung in ihrem Gebiet. Die mit Probebohrungen Beauftragten scheuen sich seither, ins Waldviertel zu fahren – es wurden schon Bauern, mit Mistgabeln bewaffnet, bei ihrer Verfolgung beobachtet.

Unsicherheit und Pattstellung

Die Bewegung, die an Stärke und öffentlicher Resonanz stark gewonnen hatte, hatte die Betreiber und die beschlußfassenden Organe in eine Patt-Situation getrieben, in der es für beide Seiten schwierig wurde, zu agieren. Die Anti-AKW-Bewegung war in einem gewissen Maß zum Spielball der österreichischen Innenpolitik geworden: Beim Werben um Wechselwähler wollte sich keine der beiden Großparteien den Makel der Atompartei anheften. Das große Taktieren begann und mündete letzten Endes in den Beschluß, eine Volksabstimmung über Zwentendorf abzuhalten. Während die SPÖ im Besitz der Regierungsmacht wenig Spielraum hatte, versuchte sich die ÖVP-Parteiführung mit einer halbherzigen Ablehnung von AKWen demagogisch an die AKW-Gegner anzuhängen. Aufgrund des persönlichen Pro-AKW-Engagements Kreiskys tendierte sie immer mehr zu einem expliziten (wenn auch nur verbalen) Nein.

Von dieser Taktiererei der Parteien profitierte die Bewegung und nahm an Breite weiter zu, wodurch sie dann rückwirkend von den Parteien stärker beachtet wurde. Andererseits hatte die Bewegung zu dieser Zeit keine klare Perspektive für das weitere Vorgehen. Es hat sich gezeigt, daß auf den massiven Widerstand der ansässigen Bevölkerung rund um das AKW nicht zu hoffen war. Die tagtägliche Agitationsarbeit wurde zwar nach wie vor geleistet, trat aber in den Hintergrund. Die Bewegung war in zunehmendem Maße damit beschäftigt, in Reaktion auf die öffentliche Diskussion in den Medien auf Politikeräußerungen verbal oder mit anderen Aktionen zu antworten. Die Auseinandersetzung verlagerte sich auf die Diskussion um den geplanten Parlamentsentscheid. Die politische Frage der Durchsetzung der Forderungen und insgesamt des parlamentarischen Systems stand mehr und mehr im Mittelpunkt der Debatte innerhalb der Anti-AKW-Bewegung. Es wurde nicht mehr nach Zwentendorf marschiert, Demonstrationsziele waren das Bundeskanzleramt und das Parlament – nichts drückt die Verschiebung klarer aus.

Mit dieser Entwicklung mußten die bis dahin hintangehaltenen ideologischen Differenzen aufbrechen. Während die Linken, vor allem die Maoisten, mit dieser Politisierung das bürgerliche System insgesamt bereits in Frage gestellt sahen und die Konfrontation suchten, wollte der andere Teil der Bewegung bloß die Auswüchse der Parteiendemokratie mit Verhandlungen korrigieren. Während in der BRD unterschiedliche Vorstellungen über die Auseinandersetzung mit der staatlichen Gewalt Spaltungen bewirkten, genügten bei uns bereits Angst vor Vereinnahmung und Abgrenzungsbemühungen: Wollten sich die Bürgerlichen nicht „für den Kampf gegen das System" instrumentalisieren lassen, wollten die anderen nicht aus Abgrenzungsbestrebungen resultierende „bürokratische Manöver hinnehmen". Die Einpunkt-Bewegung war subjektiv an ihre Grenzen gestoßen. Am Ende dieser Phase innerer Auseinandersetzungen gab es jedenfalls zwei Rahmenorganisationen: Die IÖAG und die *Arbeitsgemeinschaft NEIN zu Zwentendorf (ARGE)*, die seit Anfang Juli 1978 informell und ab 30.8.1978 formell existierte. In der IÖAG waren hauptsächlich linke Aktivist/inn/en und regionale Initiativen verblieben; sie gab auch die Zeitung *Initiativ gegen Atomkraftwerke* heraus. Die ARGE bestand aus honorigen Wissenschaftlern (z.B. Tollmann), Gruppen aus den Bundesländern, aber auch aus der *Initiative Gewerkschafter gegen Atomkraftwerke*.

Um diese Zeit kristallisierte sich in der Bewegung neben Bürgerlichen und Maoisten eine dritte Kraft heraus. Sie umfaßte politisch nicht organisierte AKW-Gegner, Mitglieder der linken Gruppen GRM und FÖJ sowie der Initiative Gewerkschafter gegen Atomkraftwerke, Linke aus der Sozialdemokratie und einige Aktivisten aus dem wissenschaftlichen Bereich. Ihre Ursprünge in Wien lassen sich bis in den AKAE zurückverfolgen, in dem einzelne Studenten großes Unbehagen über die „undifferenzierte" Sicht der Gesellschaft („Volk gegen Regierung") und die Hände-Hoch-Politik der Maoisten verspürten. Als mit beträchtlicher Verspätung andere Gruppen der „neuen Linken" in die Bewegung kamen und sich die *Initiative Gewerkschafter gegen Atomkraftwerke* nicht in die IÖAG integrieren wollte, gewann die dritte Kraft ein eigenes Profil. Für sie war die Notwendigkeit einer Spaltung von den Umständen her nicht ausgewiesen. Sie gründete ihre Sicht auf eine klassenbezogene Einschätzung der Gesellschaft und betonte, daß vor allem in Richtung Arbeiterbewegung noch sehr viel zu tun sei, wenn die Anti-AKW-Bewegung erfolgreich sein wolle. Der Gewerkschaftsbund und die Sozialdemokratie sollten Hauptadressaten dieser Arbeit sein, die Problematik AKW sollte mit der Arbeitsplatz-Frage verbunden werden. Die Vertreter dieser Strömung teilten sich auf die beiden Strukturen IÖAG und ARGE auf, behielten jedoch einen engen Diskussionszusammenhang und drängten auf weitestmögliche Zusammenarbeit.

Die organisatorische Schwäche der dritten Kraft hatte einerseits zur Folge, daß die offiziellen Beschlüsse der IÖAG bzw. der *Wiener Organisation gegen Atomkraftwerke (WOGA)* oft nicht genug Rücksicht auf die reale, komplizierte Situation nahmen. Andererseits ersparte diese Schwäche der Bewegung innere Auseinandersetzungen, die in manchen Phasen des Kampfes zu Zaudern und Unentschlossenheit hätten führen können. Überdies waren in der Aufschwungphase die stets optimistische Einschätzung und die moralisierende Haltung der Maoisten von Vorteil. Langfristig allerdings hatten sie und die Schwäche der dritten Kraft negative Folgen. Wir wollen exemplarisch die unterschiedlichen Haltungen in der Frage der Gewerkschaftsarbeit ausführen, an denen dies deutlich wird. (Weitere Differenzen gab es etwa zur Organisationsform – speziell bei der Umwandlung des AKAE in die WOGA – sowie zu den Fragen Internationalismus und Agitations- und Propagandafreiheit.)

Die Führung des Österreichischen Gewerkschaftsbundes gehörte und gehört zu den vehementesten Verfechtern der Atomenergie. Mit Vorstandsbeschluß vom Mai 1977 wurde diese Position – ohne Diskussion innerhalb der Gremien oder gar an der Gewerkschaftsbasis – offiziell. In Stellungnahmen, gewerkschaftseigenen Publikationen und internen Mitteilungsblättern wurden die Atomkraft angepriesen und die Gegner der Maschinenstürmerei bezichtigt. Die *Initiative Gewerkschafter gegen Atomkraftwerke* leistete den ersten Widerstand innerhalb der Organisation. In ihrem ersten Aufruf, unterzeichnet von mehr als sechzig ÖGB-Mitgliedern, formulierte sie ihre Gegnerschaft und forderte eine demokratische Diskussion innerhalb des ÖGB: „Aus diesen schwerwiegenden Bedenken und Gründen hat sich die Initiative gebildet. Ihr Ziel ist, auf demokratischem Weg eine Änderung der Haltung der Gewerkschaftsführung zu erreichen. Wir wenden uns daher an die arbeitenden Menschen Österreichs, sich über die bedenklichen Folgen der Inbetriebnahme des AKW Zwentendorf zu informieren und uns in diesem Anliegen zu unterstützen."

Statt diesen Aufruf zu begrüßen und solidarisch zu behandeln, formulierte der Koordinationsausschuß (KOA) des AKAE Wien am 16.9.1977 auf Betreiben der maoistischen Mitglieder eine drei Seiten lange scharfe Kritik. Ausgehend von der Einschätzung, die Ablehnung von AKWen habe bereits die „Massen" erfaßt, heißt es darin, daß das alleinige Formulieren von Bedenken „in der heutigen Situation gefährlich und dem weiteren Aufbau der Bewegung direkt abträglich" sei und daß der Aufruf, „ob er nun will oder nicht, die Taktik der Regierung und der AKW-Betreiber unterstützt." Es sei notwendig, „den spontan bestehenden Widerstand unter der Bevölkerung und den ÖGB-Mitgliedermassen auf eine bewußte Stufe zu heben." Anders formuliert: Wer die Bewegung nicht so ein-- (über-)schätzt wie der Koordinationsausschuß, ist ein Saboteur und spielt den AKW-Befürwortern in die Hände. Die Stellungnahme des Koordinationsaus- schusses wurde von Teilen des AKAE (insbesondere Vertretern der dritten Kraft) scharf kritisiert. Einer der Autoren des vorliegenden Artikels schrieb in einem Diskussionspapier: „Dabei sollte eine zentrale Frage bei unserer Beur- teilung des Aufrufs sein, warum wir bisher bei der Verankerung in der Gewerk- schaftsbewegung gescheitert sind. Um diese wichtige Frage drückt sich der KOA herum! (...) Ist das Engagement, das die Tausenden Demonstranten (7.000 in Zwentendorf, 3.000 im Waldviertel) heuer gezeigt haben, repräsentativ für die Stimmung in der arbeitenden Bevölkerung? Leider nicht." Seine Schluß- folgerung: Der Aufruf der Gewerkschafter habe dem geringen Informations- und Bewußtseinsstand der arbeitenden Bevölkerung in dieser Frage Rechnung getragen.

Die dritte Kraft in der IÖAG konnte sich mit ihrer Position zur Gewerkschafts- frage nicht durchsetzen, die Gewerkschafterinitiative und die IÖAG standen sich distanziert gegenüber. Die Gewerkschafter arbeiteten schließlich in der ARGE mit, auf inoffizieller und persönlicher Ebene gab es allerdings intensive Kontakte zur dritten Kraft in der IÖAG.

Volksabstimmung

Als erste Gruppe hatte die Sozialistische Jugend die Forderung nach einer Volks- abstimmung erhoben, Teile der Bewegung schlossen sich ihr an. Die SPÖ-Spitze sah offenbar die Chance, die Atom-Frage aus dem kommenden Wahlkampf herauszuhalten, und so beschloß die Bundesregierung eine Volksabstimmung. Durch diesen Beschluß wurde die Bewegung trotz der Existenz zweier Dach- organisationen wieder vereinheitlicht – es gab ein gemeinsames Ziel.

Als typische Einpunkt-Bewegung war die Anti-AKW-Bewegung schon öfter in die Situation gekommen, wo die Diskussion von Fragen, die über die Minimal- plattform hinausgingen, die Gefahr von Spaltungen provozierte. Allerdings hat- ten die Betreiber und die Regierung in solchen kritischen Situationen mehrmals de facto den AKW-Gegnern in die Hände gespielt, indem sie durch ihre eigenen

Schritte wieder einen Konsens auf ein zentrales Paket von Forderungen und Zielen erzwangen: So war es bereits 1976 durch die Ankündigung der „Aufklärungskampagne" und bei der Anlieferung der Brennelemente im Jänner 1978 geschehen, und ähnlich hatte der Beschluß der Volksabstimmung im Juni 1978 einen einigenden Effekt auf die Bewegung.

In der Propagandaschlacht vor der Abstimmung waren die finanziellen Mittel zwischen AKW-Befürwortern und Gegnern äußerst ungleich verteilt. Auf der Pro-Seite standen dreißig bis fünfzig Millionen Schilling der E-Wirtschaft, riesige Mittel des ÖGB und der SPÖ, der Zugang zu allen Medien. Die Contra-Seite mußte die Arbeit ohne größere finanzielle Mittel bestreiten und bekam von Rundfunk und Fernsehen keine Sendezeit zugeteilt. Während es der Befürworterseite jedoch nicht gelang, gesellschaftliche Gruppen in größerem Ausmaß zu aktivieren, erhielt die Anti-AKW-Bewegung enormen Zulauf. Die organisatorischen Rahmen von IÖAG und ARGE wurden gesprengt. Die beiden Organisationen koordinierten ihre Aktivitäten und teilten die Arbeit untereinander auf. Die ARGE wirkte mit ihren prominenten Mitgliedern eher auf die Medien ein, die IÖAG leistete eher die Basis- und Straßenarbeit. Die Dynamik der Kampagne und die fast unerträgliche Arbeitsanspannung der letzten Wochen vor der Abstimmung ließen die inhaltlichen Differenzen vergessen. Es entstanden unzählige *Stimmt-NEIN-Initiativen,* die selbständig, ohne Einbindung in eine der Organisationen, Aufklärungsarbeit leisteten. Die IÖAG und die ARGE waren dabei vor allem Lieferanten von Agitationsmaterial. Kitzmüller schätzt in seinem Beitrag über die österreichischen AKWe, daß in diesen mehr oder weniger informellen Initiativen ca. 500.000 Menschen aktiv geworden sind.

Neben den neuen Basisgruppen und der organisierten Bewegung fand vor allem eine Gruppe in der Öffentlichkeit erhebliche Resonanz und belebte die in einen Parteienstreit auszuarten drohende Auseinandersetzung: die *Sozialisten gegen AKWe.* Sie umfaßte neben den beiden Jugendorganisationen eine größere Zahl, zum Teil altbekannter, SP-Einzelkämpfer. Es ist kein Zufall, daß das erste größere öffentliche Auftreten von oppositionellen Strömungen innerhalb der Partei ein Problem betraf, das außerhalb des traditionellen Rahmens lag. Die Massenbewegung konnte ihnen den Rücken stärken, und sie waren so in der Lage, dem Druck der Partei standzuhalten. Überdies gab es in der SPÖ eine große Unsicherheit zu diesem Thema. Diese Unsicherheit zu beseitigen und die Parteimitglieder zur Abstimmung zu bewegen, dürfte das Motiv für Kreiskys Äußerung, er betrachte die Volksabstimmung als Votum über seine Person, gewesen sein. Dieser Schuß ging allerdings nach hinten los: Während nicht sehr viele SPÖ-Mitglieder durch Kreisky zu einem „Ja" motiviert worden sein dürften, sahen andere, vor allem ÖVP-Wähler, die Chance, durch ein „Nein" ein Anti-Kreisky-Votum abzugeben.

Während der Kampagne kam es des öfteren zu Entgleisungen seitens der Befürworter. Verdrehungen und Lügen waren an der Tagesordnung. In der Phase vor der Abstimmung gab es wiederholt physische Übergriffe von Gewerkschaftsfunktionären auf Anti-AKW-Aktivisten bei Plakatieraktionen. Glücklicherweise blieben das die einzigen Fälle von Gewaltanwendung.

Bei der Abstimmung am 5. November 1978 stimmten bei einer Beteiligung von 64,10 Prozent 1,576.839 Menschen (49,53 Prozent) mit „Ja" und 1,606.308 (50,47 Prozent) mit „Nein".

Bilanz

Hatte die Bewegung das „Nein" bewirkt? Wir meinen: Ja! Ohne sie wäre Zwentendorf in Betrieb gegangen, würden weitere AKWe gebaut werden. Sie stellte die Grundvariable in einem komplizierten Prozeß dar, den sie ausgelöst und in den sie stets eingegriffen hat; dieser Prozeß hat andererseits sie rückwirkend ständig verändert. Die Verunsicherung der Machthaber und das Taktieren der Parteien trugen sicherlich zu dem Ergebnis vom 5. November bei. Daß die AKW-Frage aber überhaupt zu einem brennenden innenpolitischen Thema wurde, ist zweifellos auf die Anti-AKW-Bewegung und ihr politisches Handeln zurückzuführen.

Das AKW Zwentendorf stellte das zentrale Projekt dar, auf das sich alle Unzufriedenheiten konzentrieren konnten, die sich auf den Bereich der technischen und umweltbeeinträchtigenden Entwicklung bezogen. Die luftverunreinigende Fabrik nebenan und der Durchzugsverkehr in der Gemeinde konnten lokale Initiativen entstehen lassen, landesweites Interesse konnte aber nur ein in seinen Auswirkungen und Gefahren zentrales Großprojekt erlangen. Das Zusammenwirken vieler verschiedener Unzufriedenheitsmomente konnte durch die Konzentration auf das Vorgehen gegen *ein* bestimmtes solches Projekt erreicht werden. So wurde es unterschiedlichen weltanschaulichen Lagern und gesellschaftlichen Schichten möglich, für eine gewisse Zeit gemeinsam zu handeln.

Die Bewegung stand zumindest bis zur Zeit vor der Volksabstimmung gegen alle Institutionen der Macht. Alle Parteien und die Sozialpartner – Unternehmer ebenso wie Arbeit„nehmer"verbände – sprachen sich mehr oder weniger deutlich für das AKW aus. Trotz dieser in Österreich ansonsten aussichtslosen Konstellation konnte die Bewegung schließlich einen Erfolg erzielen. Das Sozialpartnerschaftsgefüge versagte, die Vorstellungen der Führungen der Sozialpartner konnten auf ihre jeweilige Basis nicht in breiterem Umfang umgesetzt werden. Das legt die Vermutung nahe, daß die Führungsspitzen mehr oder weniger passive Schaltelemente sind: Sie können nur mit dem bereits vorhandenen Potential, sei es Unmut oder Aktivität, ihrer jeweiligen Organisationsbasis agieren, sie sind nur in der Lage, existierende Tendenzen oder Kräfte zu verstärken oder in bestimmte Bahnen zu lenken und zu kanalisieren. Haben sie aber eigene Vorstellungen und Interessen, die ihren Mitgliedern fremd sind, so gelingt es ihnen nicht oder nur sehr beschränkt, diese Vorstellungen in größere, breit getragene Aktivitäten ihrer Organisationen umzusetzen. So zeigte es sich jedenfalls in der AKW-Frage, und es wäre von Interesse, zu untersuchen, inwieweit in analogen Situationen ähnliche Prozesse ablaufen.

In der Auseinandersetzung um die AKW-Frage verband sich ein gewisser Unmut über die „paternalistischen" sozialpartnerschaftlichen Machtstrukturen mit dem Kampf gegen eine fortschreitende Zerstörung der Umwelt. Wie alle derartigen Bewegungen wurde auch die Anti-AKW-Bewegung für einen bestimmten Zeitraum zum Sammelbecken aller „gegen oben" gerichteten Kritik. Eine Einigkeit auf dieser Basis ist zwar nicht über längere Zeit aufrechtzuerhalten, weil die unterschiedlichen Interessen der einzelnen Teile der Bewegung bald zutage treten. In der österreichischen Anti-AKW-Bewegung wurden die Auswirkungen solcher Differenzen jedoch weitgehend aufgefangen: Das Wechselspiel von Wachstum und zentrifugalen Tendenzen einerseits und die Konzentration auf allgemein anerkannte (Teil-)Ziele wie in der NEIN-Kampagne vor der Volksabstimmung andererseits erhielten der Bewegung die Fähigkeit gemeinsamen Handelns bis zur entscheidenden Phase.

Für den Erfolg war auch wichtig, daß die schließlich gewählte Form der Auseinandersetzung, nämlich eine Abstimmung mit vorhergehendem „Wahlkampf", dem österreichischen innenpolitischen Klima entsprach. Letztlich war für den Großteil der Menschen nur ein „passiver" Akt der Ablehnung erforderlich. Der aktive Widerstand, das öffentliche Auftreten, die Teilnahme an Demonstrationen, war auf eine relativ kleine Zahl von AKW-Gegnern beschränkt. Bei einer härteren Auseinandersetzung wäre eine so breite Front der Ablehnung, wie sie sich ergab, vielleicht nicht möglich gewesen. Es lief eben, ohne verniedlichen zu wollen, auch in dieser Frage „österreichisch" ab.

Das Ausbleiben einer schärferen Gangart hat eine seiner Ursachen darin, daß es keine starke österreichische Atomindustrie gibt. Es wurden und werden zwar einzelne Reaktorkomponenten hergestellt, die Bedeutung etwa der westdeutschen Atomindustrie konnte und kann diese Sparte aber nicht erlangen. Die zweite Ursache liegt in dem Bruch zwischen den Sozialpartnern einerseits und der großen Partei des bürgerlichen Lagers, der Österreichischen Volkspartei andererseits, soweit es die AKW-Frage betrifft. Die Schwäche des österreichischen Unternehmertums drückt sich auch darin aus, daß es seine Interessen innerhalb „seiner" Partei nicht immer klar durchsetzen kann. Vor allem der Parteiapparat dachte bereits an die nächsten Wahlen. Diese Konflikte führten dazu, daß sich die ehemals begeisterte Zustimmung der ÖVP zu Atomkraftwerken in der Zeit vor der Volksabstimmung in ein halbherziges „Nein" (zumindest ein „So nicht") verwandelte [6].

Der Ausgang der Abstimmung brachte das Atomsperrgesetz, das erst durch eine neuerliche Volksabstimmung aufgehoben werden kann. Trotzdem ist das AKW bis heute konserviert worden, und die Frage seiner Inbetriebnahme ist noch nicht endgültig vom Tisch. Trotz gegenläufiger ökonomischer und energiepolitischer Entwicklungen liebäugeln gewisse Kreise noch immer mit dem Atomstrom.

Die Bewegung verzeichnete nach der Abstimmung einen relativ starken Rückgang. Die IÖAG konzentrierte sich auf die Forderung nach Abwrackung des AKW Zwentendorf und auf den Kampf gegen grenznahe ausländische AKWe. Die beiden Dachverbände verloren an Bedeutung. Neue Gruppen entstanden, etwa die *Sozialistische Ökologie,* die im Rahmen ihrer Anti-AKW-Tätigkeit versuchte, das stark vernachlässigte und gestörte Verhältnis zwischen Arbeiterbewegung und Ökologie aufzuarbeiten. Als 1980 mit der *Bürgerinitiative zur Aufhebung des Atomsperrgesetzes* eine neuerliche Offensive der Befürworter in Form eines Pro-AKW-Volksbegehrens erfolgte, kam es wieder zu Aktivitäten und Demonstrationen der Gegner. Das Volksbegehren erhielt aber nur 420.000 Unterschriften, angesichts der massiven Unterstützung seitens der ÖGB-Führung eine deutliche Niederlage. Das Volksbegehren kam im Parlament nie über die zuständigen Unterausschüsse hinaus und verfiel 1983 mit Ende der Gesetzgebungsperiode. Zusammen mit dem Pro-Begehren stand ein Volksbegehren zum Umbau Zwentendorfs in ein konventionelles kalorisches Kraftwerk zur Abstimmung. Diese Initiative hatte die AKW-Gegnerin Elisabeth Schmitz (früher ÖVP) im Alleingang ohne Absprache mit den anderen AKW-Gegnern gestartet. Bei der überwiegenden Mehrheit der AKW-Gegner stieß dieses Volksbegehren aus inhaltlichen Gründen auf Ablehnung, es verfehlte daher mit 120.000 Unterschriften die für eine parlamentarische Behandlung notwendige Zahl von 200.000 Unterstützungserklärungen.

Nach den Volksbegehren schrumpfte die Bewegung bis auf Reststrukturen zusammen. Die lineare Übertragung ihrer Erfahrungen und Methoden auf ähnlich gelagerte Problembereiche (hauptsächlich in Zusammenhang mit Ökologie und Basisdemokratie), wie es einige AKW-Gegner versuchten, scheiterte. Auf bürgerlicher Seite sind einige der Gallionsfiguren, die von den Medien oft fälschlich als „die" AKW-Gegner bezeichnet werden (z.B. Elisabeth Schmitz), wieder auf Einzelkämpferstatus herabgesunken. Einige Gruppen haben sich um konkrete Projekte gebildet, wie die *Pressespiegel-Gruppe* der IÖAG, das WOGA-Lokal und die *Gruppe 5. November*. Sie stellen vielleicht „überwinterungsfähige Keime" dar, die bei einem Neuaufflammen der AKW-Auseinandersetzung zu Kristallisationspunkten werden könnten. In Salzburg hat sich die Zeitung *Alternative* der *Aktion Umwelt* (die 1975 die erste Broschüre zu AKWen herausgab) so stabilisiert, daß sie heute als aktive Unterstützungsgruppe der *Alternativen Liste Österreichs* auftritt. Viele der ehemals aktiven Mitglieder der Bewegung sind in andere Initiativen und Projekte abgewandert. Die Anti-AKW-Bewegung war zweifellos Voraussetzung für das Entstehen und den Erfolg der grünen und alternativen Wahlgruppierungen. Einerseits war vielen, die vorher nicht oder nur in isolierter Weise aktiv gewesen waren, durch die Erfahrungen mit der Anti-AKW-Bewegung die Notwendigkeit der Organisierung klar geworden. Andererseits hatte es sich gezeigt, daß Gruppierungen mit ökologischen Schwerpunkten durchaus erfolgreich politisch agieren können. Neben der Unfähigkeit der existierenden Parteien, dieses Potential zu integrieren, führten hauptsächlich diese beiden Momente zur Gründung grüner und alternativer Parteien, in denen die Erfahrungen der Anti-AKW-Bewegung mehr oder weniger wirksam sind.

Anmerkungen:

1 Zu den wichtigsten Beiträgen zählen wir die folgenden: Friedrich Fehlinger: Beiträge zur Geschichte der österreichischen Anti-Atomkraftwerks-Bewegung. Diplomarbeit an der Johannes-Kepler-Universität Linz, Linz 1979. Erich Kitzmüller: Österreich – verspäteter Atomzwerg oder nicht-atomarer Anfänger; in: Lutz Mez (Hrsg.): Der Atomkonflikt. Reinbek bei Hamburg 1981, S. 226 - 248 und 361 - 364. Karl Manzano: Der Wandel der Bürgerinitiativbewegung im Laufe der 70er Jahre – am Beispiel der österreichischen Antiatomkraftwerksbewegung. Institut für Höhere Studien, Wien 1981. Alexander Tollmann: Desaster Zwentendorf. Wien 1983. (Dieses Buch stellt die Auseinandersetzung um die Gutachten und den Kampf einzelner Wissenschaftler, insbesondere Tollmanns, in den Vordergrund.)

2 In den neun Landeselektrizitätsgesellschaften führen die Landeshauptmänner der entsprechenden Bundesländer den Vorsitz. Da in sechs Bundesländern die ÖVP über die Mehrheit verfügt, kontrolliert sie sechs Landesgesellschaften. Die SPÖ stellt zwar nur drei Landeshauptleute, verfügt aber im bevölkerungsreichsten Bundesland Wien über eine relativ große Mehrheit, sodaß sich ihr Stimmenanteil auf gesamtösterreichischer Ebene auf ca. fünfzig Prozent erhöht. Neben den Landeselektrizitätsgesellschaften gibt es noch die Verbundgesellschaft, deren Aufgabe die Koordinierung (Umspannwerke, Leitungen etc.) zwischen den Landesgesellschaften ist und die auch die Verhandlungen über die Stromtarife mit den Großabnehmern führt. Da der Verbund der Bundesregierung untersteht, wird er von der SPÖ dominiert.

3 „(Die) damals mehrheitlich ÖVP-dominierten Landesgesellschaften (...) (bevorzugten) im Bestreben nach mehr Unabhängigkeit vom ‚roten‘ Verbundkonzern die leichter finanzierbaren, im Betrieb aber teureren Wärmekraftwerke. (...) Daß letzten Endes dann auch der Verbundkonzern für die Atomenergie eintrat, kann nicht nur mit technischer Notwendigkeit, sondern auch mit der Wahrnehmung politischer Interessen gedeutet werden: Wenn schon Wärmekraftwerke, dann Atomkraftwerke, denn der außerordentlich große Kapitalaufwand kann von Landesgesellschaften allein nicht getragen werden und sichert somit wieder den Einfluß des Verbundkonzerns." (Atomkraftwerke in Österreich. Broschüre der Jungen Generation der SPÖ Wien. Wien 1977, S. 5)

4 Veronika Seyr: Untersuchungsbericht über die Entwicklung des Kampfs gegen Atomkraftwerke im Tullnerfeld; in: Kommunist (Theoretisches Organ des Kommunistischen Bundes Österreichs), Nr. 5/1977, S. 25 ff, zit. nach Fehlinger: Beiträge, S. 42 f

5 Wir Autoren arbeiteten im Arbeitskreis Atomenergie (AKAE) mit – zwei von uns praktisch von Anfang an.

6 Wie paradox es doch manchmal läuft: Die ÖVP, die Partei des österreichischen Unternehmertums und Urheberin der österreichischen AKW-Pläne, stellt aus wahltaktischen Überlegungen dem eigenen Projekt ein Bein. Daß die Wahlen für die ÖVP dann verlorengingen, zeigt, daß solche Spekulationen auch schiefgehen können.

Zeittafel zur Anti-AKW-Bewegung in Österreich

8.6.1956	Abkommen Österreich-USA über „Zusammenarbeit auf dem Gebiet der friedlichen Verwendung der Atomenergie" (einschließlich Lieferung von zwei Forschungsreaktoren; Kontrolle sämtlichen spaltbaren Materials durch die USA).
29.6.1956	Gründung der Österreichischen Studiengesellschaft für Atomenergie (ÖSGAE) (Staat, E-Wirtschaft, Industrie) mit dem Hauptziel, die Grundlagen der „friedlichen" Anwendung der Atomenergie zu studieren.
23.9.–1.10.1957	1. Generalkonferenz der Internationalen Atomenergieorganisation IAEO in Wien; Wahl Wiens zum ständigen Amtssitz.
50er–60er Jahre	Einzelne kritische Stimmen gegen Atomenergie (z.B. der Biologe Weish und der Journalist Blau) werden laut.
1962	Standortgutachten der Geologischen Bundesanstalt im Auftrag der E-Wirtschaft: Zwentendorf sei für ein AKW „nicht geeignet".
29.4.1964	Atomhaftpflichtgesetz einstimmig beschlossen.
1967	Enquete des Verkehrsministeriums „Atomenergie in Österreich".
21.12.1967	Auf einer Festveranstaltung der Arbeitsgemeinschaft *Verhütet den Krebs* in der Wiener Stadthalle werden die Gefahren der Atomenergie angeprangert.
1.3.1968	Gründung der Kernkraftwerksplanungsgesellschaft KKWP.
12.3.1969	Vorsprache von Prof. Pleskot (Biologin) und DDr. Drobil (Arzt) beim Niederösterreichischen Landeshauptmann Maurer (ÖVP).
April 1969	Memorandum der Niederösterreichischen Ärztekammer gegen Atomkraftwerke in Österreich.
Mai 1969	Das Energiekonzept der Regierung Klaus (ÖVP) sieht AKWe für 1975/76 vor.
11.6.1969	Das Strahlenschutzgesetz („Bestrahlungserlaubnisgesetz") wird einstimmig beschlossen.
Juni 1969	Beginn der Unterschriftensammlung für ein Volksbegehren gegen AKWe (Verein *Gesundes Leben*); 100.000 Unterschriften werden bis Ende 1974 gesammelt.
12.12.1969	Ein Elektrizitätsförderungsgesetz, das Atomkraftwerke steuerlich massiv begünstigt, wird einstimmig beschlossen.
10.2.1970	Gründung der GKT (Gemeinschaftskernkraftwerk Tullnerfeld Ges.m.b.H.).
21.6. u. 6.9.1970	Sternfahrten mit Protestkundgebungen in Zwentendorf (200–300 Teilnehmer).
22.3.1971	Baubeschluß für das AKW Zwentendorf.
	Vorarlberg: Beginn des Kampfes gegen das AKW Rüthi (Schweiz), 20.000 demonstrieren in Feldkirch; 1973 und 1975 werden Märsche entlang der Grenze durchgeführt (10.000 Teilnehmer); 1976 nimmt die Schweizer Regierung vom AKW Rüthi Abstand; 1980 gibt die betreffende E-Gesellschaft endgültig auf.

7.3.1972	Bewilligungsverfahren im Pfarrsaal von Zwentendorf: W. Soyka, der im Namen von 902 Vollmachtgebern Einwände vorbringen will, wird von der Staatspolizei gewaltsam aus dem Saal entfernt.
4.4.1972	Erste Teilerrichtungsgenehmigung für Zwentendorf.
30.1.1974	Vortrag von Prof. Bechert in Linz gegen das AKW St. Pantaleon; Gründung der BIAG Linz; 75.000 Unterschriften gegen das AKW St. Pantaleon.
Februar 1974	Gründung der GKS (Gemeinschaftskraftwerk Stein Ges.m.b.H.) für das AKW St. Pantaleon.
15.12.1974	Kundgebung in St. Pantaleon; bei einer Volksbefragung der BIAG Linz sprechen sich 89,9 Prozent der Bevölkerung von St. Pantaleon gegen das AKW aus (bei 69,8 Prozent Beteiligung).
28.2.1975	Auf einer Diskussionsveranstaltung in Enns (2.000 Teilnehmer) werden die Landeshauptleute Wenzl (Oberösterreich) und Maurer (Niederösterreich) heftig attackiert.
1.4.1975	Handelsminister Staribacher gibt Aufschub von St. Pantaleon aus „ökonomischen Gründen" bekannt.
22.4.1975	Diskussionsveranstaltung mit Bundeskanzler Kreisky in Linz (3.500 Teilnehmer).
Frühjahr 1975	Der *Arbeitskreis Ökologie* Salzburg gibt eine ausführliche und gut fundierte Broschüre über die Gefahren der Atomenergie heraus.
29.6.1975	Wandertag zum Bauplatz in St. Pantaleon (300 Teilnehmer).
1.4.1976	Veranstaltung des *Arbeitskreises Atomenergie* Wien im Albert-Schweitzer-Haus. In ganz Wien wird die Forderung „Keine Betriebsgenehmigung für Zwentendorf" plakatiert.
15./16.5.1976	Enns: Erstes Treffen von Vertretern von AKW-Gegner-Gruppen aus Oberösterreich, Salzburg, Wien, Vorarlberg und Kärnten. Die Gruppen beschließen die erste gemeinsame Erklärung der *Initiative Österreichischer Atomkraftwerksgegner (IÖAG)* und beauftragen ein Redaktionskomitee mit der Erstellung einer Broschüre.
August 1976	Die erste Auflage der Broschüre *„Wie ist das mit den Atomkraftwerken wirklich?"* (insgesamt neun Auflagen mit mehr als 50.000 Exemplaren) erscheint.
September 1976	Konferenz der IÖAG in Salzburg: Beschluß, am 13.10., dem Vorabend der ersten Veranstaltung der „Aufklärungskampagne" der Bundesregierung, in ganz Österreich Protestversammlungen durchzuführen. Die IÖAG gibt dazu ein Plakat heraus.
12./13.10.1976	Protestveranstaltungen in Wien, Linz und Salzburg.
14.10.1976	Erste Veranstaltung der „Informationskampagne Kernenergie" der Bundesregierung in Wien über „Gesellschaftliche und wirtschaftliche Fragen" (400 Teilnehmer); die Presse spricht von einem „Fiasko der AKW-Befürworter".
28.10.1976	Zweite Regierungsveranstaltung in Linz („Energiepolitische Fragen"). Da die Veranstalter auf Fragen und Forderungen aus dem Publikum nicht eingehen, wird der offizielle Diskussionsleiter abgesetzt und Dr. Tisserand von der BIAG Linz gewählt. Die Veranstaltung wird wie alle folgenden zu einer Protestkundgebung gegen AKWe.

11.11.1976	Dritte Regierungsveranstaltung in Innsbruck („Wirtschaftlichkeit von Kernkraftwerken").
24.11.1976	Vierte Regierungsveranstaltung in Feldkirch („Energiewirtschaftliche Fragen der Kernenergie in Österreich").
8.12.1976	Konferenz der IÖAG in Salzburg mit Teilnehmern aus acht Bundesländern. Die IÖAG beschließt, an einer „zweiten Phase" der Aufklärungskampagne nur unter der Bedingung teilzunehmen, daß sich die verantwortlichen Politiker der Diskussion stellen und die Veranstaltungen öffentlich sind. Da diese Bedingungen nicht erfüllt werden, muß die Regierung in dieser zweiten Phase auf die Mitwirkung der AKW-Gegner verzichten.
9.12.1976	Fünfte Regierungsveranstaltung in Salzburg („Beurteilung des Risikos bei Kernkraftwerken").
13.1.1977	Sechste Regierungsveranstaltung in Graz („Technische und betriebliche Sicherheitsfragen").
27.1.1977	Siebente Regierungsveranstaltung in Wien („Gesellschaftliche Auswirkungen und Kontrolle des Betriebes von Kernkraftwerken").
17.2.1977	Achte Regierungsveranstaltung in Leoben („Belastungen aus Reaktorbetrieb und Brennstoffzyklus").
10.3.1977	Neunte Regierungsveranstaltung („Abwärmeproblematik").
24.3.1977	Gesamtösterreichischer Aktionstag mit insgesamt 4.500 Demonstranten. Die zehnte und letzte Regierungsveranstaltung in Wien („Biologisch-medizinische Fragen") wird in letzter Minute unter dem Vorwand abgesagt, von den 3.000 Demonstranten seien Tätlichkeiten zu befürchten.
16.4.1977	Die Delegiertenkonferenz der IÖAG in Tulln beschließt einen Sternmarsch nach Zwentendorf am 12.6.1977.
Mai 1977	ÖGB-Bundesvorstandsbeschluß für die baldige Inbetriebnahme des AKW Zwentendorf; Vorstandsbeschlüsse von SPÖ und ÖVP für AKWe.
Juni 1977	Gründung der *Initiative Gewerkschafter gegen Atomkraftwerke;* Herausgabe eines Aufrufs, der von sechzig Gewerkschaftern aller Fraktionen unterstützt wird.
12.6.1977	Gesamtösterreichische Sternfahrt zur Kundgebung in Zwentendorf (6.000–8.000 Teilnehmer).
25.6.1977	Demonstration in Allentsteig gegen das geplante Atommüllager im Waldviertel (3.000 Teilnehmer).
August 1977	Hungerstreik der Vorarlberger *Mütter gegen Atomkraftwerke* vor dem Bundeskanzleramt in Wien.
September 1977	Vorsprache von AKW-Gegnern bei Innenminister Lanc; Lanc: „Keine Anlieferung der Brennelemente vor dem Parlamentsentscheid."
Dezember 1977	Die IÖAG gibt die erste Nummer ihrer Zeitung *Initiativ gegen Atomkraftwerke* heraus.
23.12.1977	Genehmigung der Einfuhr der Uran-Brennelemente durch Gesundheitsminister Leodolter in einem geheimen Entscheid.
5.1.1978	Aufdeckung des geplanten heimlichen Antransports der Brennelemente durch die IÖAG in einer Presseaussendung.

18.1.1978	Die Brennstäbe werden per Hubschrauber eingeflogen; Kundgebungen in Zwentendorf und am Flughafen Hörsching gegen die Anlieferung der Brennelemente.
19.1.1978	Demonstrationen in Wien und in Landeshauptstädten; die Parteiengespräche zwischen SPÖ und ÖVP platzen.
1.2.1978	Demonstration vor der tschechoslowakischen Botschaft in Wien gegen die Atomkraftwerke an Österreichs Grenzen.
4.2.1978	Die gesamtösterreichische Delegiertenkonferenz der IÖAG in Wien beschließt, eine Volksabstimmung zu fordern.
Februar 1978	Die Regierung bildet einen „Atomunterausschuß".
28.2.1978	Hearing im Parlament (Einladung auch an IÖAG).
März 1978	Drei Informationsveranstaltungen der *Wiener Organisation gegen Atomkraftwerke (WOGA);*eingeladene Politiker erscheinen nicht.
März 1978	Diverse Hearings im Parlament.
8.4.1978	Wiesenfest der AKW-Gegner im Wiener Prater (7.000–8.000 Teilnehmer).
9.4.1978	Gesamtösterreichische Demonstration in Wien zum Parlament unter der Hauptforderung: *Keine Inbetriebnahme des Atomkraftwerks Zwentendorf – Volksabstimmung!* (5.000 Teilnehmer); die Parlamentsdebatte wird unter dem Druck der AKW-Gegner ständig verschoben.
6.5./7.5.1978	Die gesamtösterreichische Delegiertenkonferenz der IÖAG in Salzburg beschließt eine Demonstration am Tag der Parlamentsdebatte in Wien zum Parlament und Aktionen in den betroffenen Gebieten.
22.6.1978	Bundeskanzler Kreisky kündigt die Volksabstimmung über das AKW Zwentendorf an.
28.6.1978	Kundgebung am Schwarzenbergplatz in Wien; Parlamentsbeschluß über die Abhaltung einer Volksabstimmung am 5.11.1978.
30.8.1978	Gründungsversammlung der Arbeitsgemeinschaft *Nein zu Zwentendorf (ARGE Nein).*
5.11.1978	Volksabstimmung: 64,10 Prozent Beteiligung bei der Abstimmung, 50,47 Prozent Nein-Stimmen.
9.11.1978	Die Arbeiten in Zwentendorf werden eingestellt, das AKW wird unter hohen laufenden Kosten bis heute konserviert.
5.12.1978	Das Atomsperrgesetz, das AKWe in Österreich verbietet, wird einstimmig im Parlament verabschiedet; die Parteien kommen überein, dieses Gesetz nur mit Zweidrittelmehrheit über eine neue Volksabstimmung zu ändern.
19.1.1979	Eine Demonstration in Wien zum ersten Jahrestag der Anlieferung der Brennelemente (2.000 Teilnehmer) fordert: „Brennelemente raus aus Österreich! Abbruch des nuklearen Teils des AKWs!"
28.3.1979	Reaktorunfall am Rande des Super-GAU in Harrisburg.
5.11.1979	Veranstaltungen zum Jahrestag der Volksabstimmung.
10.12.1979	Pressekonferenz einer *Bürgerinitiative zur Aufhebung des Atomsperrgesetzes;* diese Bürgerinitiative initiiert eine Unterschriftensammlung zur Einleitung eines diesbezüglichen Volksbegehrens und wird von der Industrie, vom ÖGB und der E-Wirtschaft massivst unterstützt.
24.4.1980	Elisabeth Schmitz beginnt ohne Absprache mit den anderen AKW-Gegnern eine Unterschriftensammlung für die Einleitung eines Volksbegehrens für den Umbau des AKWs in ein kalorisches Kraftwerk.

12.6.1980	Die Unterschriften für das Pro-AKW-Volksbegehren werden beim Innenministerium eingereicht.
21.6.1980	Die gesamtösterreichische Konferenz der AKW-Gegner in Linz (IÖAG, ARGE und 54 andere Gruppen) lehnt das Umbau-Volksbegehren ab, ruft also zum Boykott beider Volksbegehren auf.
23.7.1980	Die Unterschriften für das Umbauvolksbegehren werden eingereicht.
August 1980	Ein Anti-AKW-Bus mit Informationsmaterial, Straßentheater usw. fährt durch Österreich.
13.9.1980	Die 2. Gesamtösterreichische Konferenz der AKW-Gegner (34 Gruppen) beschließt: Vorbereitung der Arbeit zu den beiden Volksbegehren, Gründung einer Koordinationsstelle bei der Österreichischen Hochschülerschaft in Wien.
Herbst 1980	Neuerlich Riesenkampagne der AKW-Befürworter (50–60 Millionen Schilling); Arbeitnehmer werden unter Druck gesetzt, das Pro-Volksbegehren zu unterschreiben.
3.11.1980	Eine Demonstration der AKW-Gegner in Wien (5.000 Teilnehmer) ruft auf, beide Volksbegehren zu boykottieren.
3.11.–11.11.1980	Unterzeichnungsfrist für die beiden Volksbegehren. Das Pro-Begehren erhält 420.000 Stimmen und kommt zur Behandlung ins Parlament, das Umbau-Begehren verfehlt mit 120.000 Unterschriften die erforderlichen 200.000.
29.11.1980	Die 3. Gesamtösterreichische Konferenz der AKW-Gegner (23 Gruppen) beschließt eine Demonstration für den Zeitpunkt, da das Pro-Volksbegehren im Parlament behandelt werden soll.
24.1.1981	Die 4. Gesamtösterreichische Konferenz der AKW-Gegner bereitet sich auf die Auseinandersetzung um die Debatte im Parlament vor.
27.1.1981	Erste Sitzung des Unterausschusses, der das Volksbegehren vorbereitend behandeln soll.
26.1.1983	Letzte Sitzung des Unterausschusses; seine Arbeit bleibt ergebnislos, das Pro-Volksbegehren wird nie im Parlamentsplenum behandelt und verfällt mit dem Ablauf der Gesetzgebungsperiode am 24.4.1983.

Josef Buchner
Aktionen gegen die Umweltvergiftung in Linz

Wann haben die Aktionen gegen die Umweltvergiftung in Linz begonnen, wie ist die Bürgerinitiative entstanden?

Die „Linzer Luft" ist bis vor etwa vier Jahren eigentlich kein besonderes Thema gewesen. Es hat nämlich eine relativ starke Lobby gegeben, die verkündet hat, daß Linz trotz relativ starker Industrialisierung frappierend gute Luftmeßwerte hat und daß wir in einer sehr heilen Welt leben. Das stimmte natürlich nicht. Erstens hat man früher zum Teil gar nicht gemessen, zweitens war die Luft immer sicht- und riechbar schlecht. Auf manchen Gebieten war es früher sogar noch schlechter: Der Grobkornausstoß etwa führte dazu, daß frisch gefallener Schnee nach zwei Tagen schwarz war. Man war die Schäden, das Sterben des Nadelwaldes, gewohnt. Ja, die Erbauer der Großindustrie, die die Situation aus dem Ruhrgebiet kannten, haben schon Ende der dreißiger Jahre zu unseren Leuten hier in Steyregg gesagt, daß es in zwanzig Jahren hier Schwierigkeiten mit dem Nadelwald geben werde. Steyregg liegt nämlich in der Westwindfahne der Linzer Industrie, in der die meisten Giftstoffe anfallen. Kurz und schlecht, die Nadelbäume sind gestorben. Das war man gewohnt. Und man hat ja auch gar nicht geglaubt, daß man dagegen etwas tun kann. Die Menschen haben die Situation subjektiv gespürt, haben gesagt, heute stinkt's wieder. Und damit hat sich's gehabt. Außerdem darf man nicht vergessen, daß sehr viele von der VOEST und der Chemie Linz abhängig sind, weil sie dort arbeiten; und daß die Betriebe für die Rauchschäden schon seit Jahren Entschädigungen zahlen.

Wann hat sich das Verhalten der Bewohner geändert?

Begonnen hat es 1978 eigentlich damit, daß wir als Steyregger Initiative, teilweise mit Hilfe der Gemeinde, einen in Steyregg neugegründeten Betrieb in den Konkurs geschickt haben, der die Bevölkerung mit lungengängigem Feinstaub schwer belastet hat. Damals sind Hunderte Leute in Steyregg auf die Straße gegangen und haben sich so gewehrt. Gegen die VOEST und die Chemie Linz begannen wir etwas zu unternehmen, als wir sahen, daß nicht nur die im Hinterland verbliebenen restlichen Nadelbäume mit „Nullwachstum" vegetierten, sondern daß auch die Laubbäume in einem rasenden Ausmaß zu sterben anfin-

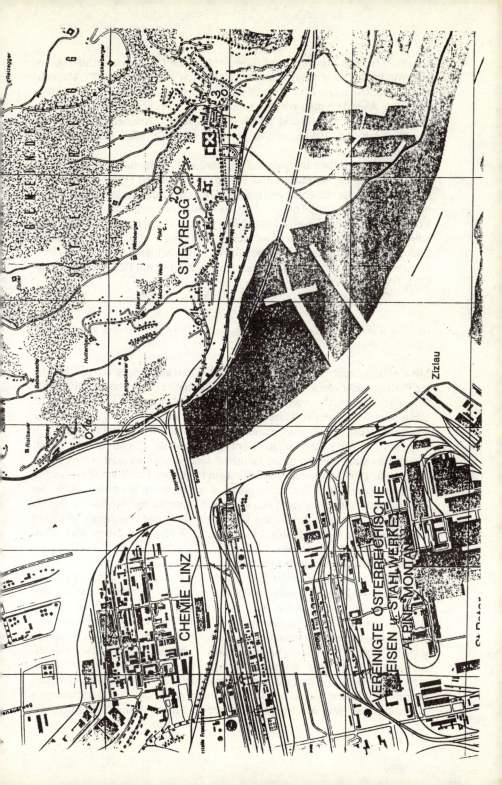

gen. 1979 hat sich die Steyregger *Bürgerinitiative für Umweltschutz* (SBU) gebildet. Wir hatten vorher innerhalb der etablierten Parteien versucht, Umweltschutz durchzusetzen, ich selbst in der SPÖ, bei der ich zwanzig Jahre lang Mitglied war. Aber da hatten wir überhaupt keine Chance. Die haben nur gesagt: „Seid ihr wahnsinnig! Denkt an die Arbeitsplätze!" Am liebsten hätten sie damals noch die Steyregger Au verkauft, weil sie alles industrialisieren wollten.

Ich habe dann diese Bürgerinitiative gegründet, habe mir gesagt, wenn ich zehn Leute auf die Kandidatenliste für den Gemeinderat bringen kann, dann treten wir an, sonst streichen wir die Segel. Die zehn Leute zusammenzubekommen war sehr schwierig. Die Leute sind ja fast alle in irgendeiner Form von der VOEST oder von der Chemie Linz abhängig – aus Steyregg fahren 1.700 Menschen täglich nach Linz, davon arbeiten ca. 300 in der VOEST und 100 in der Chemie. Ich konnte fast nur Freiberufler oder Beschäftigte kleiner Handwerksbetriebe für die Kandidatur gewinnen. Die meisten waren Parteimitglieder bei SPÖ, ÖVP oder FPÖ.

Welchen Erfolg hat die Bürgerinitiative gehabt, welche Themen hat sie aufgeworfen?

Mit fünfzehn Leuten haben wir kandidiert. Damals konnten es sich die etablierten Parteien nicht vorstellen, daß eine Bürgerinitiative bei Gemeinderatswahlen Erfolg haben kann. Dennoch hat die SPÖ, die nach 1945 stets die Mehrheit hatte, einen sehr schlammigen Wahlkampf gegen uns geführt. Die Bürgerinitiative wurde als Schall- und Rauch-GesmbH bezeichnet, mir wurde Profilierungssucht vorgeworfen. Wir hatten ein stark umweltorientiertes Programm. Wir haben gesagt, was nützt uns das ganze Jammern darüber, daß wir nachts die Fenster nicht mehr öffnen können, wenn Westwind geht, weil man keine Luft mehr bekommt – die VOEST hat immer gesagt, wenn man sich beschwert hat, das sei alles Einbildung und wir seien Stänkerer und Panikmacher. Wir haben deshalb Messungen gefordert, für die die Gemeinde im Budget Summen einsetzen sollte, etwa eine halbe Million Schilling im Jahr. Daneben gab es noch kommunalpolitische Forderungen.

Das Wahlergebnis hat wie eine Bombe eingeschlagen. Wir haben die Mehrheiten zertrümmert, haben der SPÖ und der ÖVP je zwei Mandate weggenommen und etwa zwanzig Prozent der Stimmen auf uns vereinigen können. Wir waren das Zünglein an der Waage und haben mit SPÖ und ÖVP verhandelt. Beide wollten den Bürgermeister haben. Die SPÖ hat sich auf keine inhaltliche Debatte eingelassen, hat gesagt: „Was wollt ihr, ihr seid ja so und so Parteimitglieder. Es bleibt euch ja überhaupt nichts über, als einen sozialistischen Bürgermeister zu wählen." Auf unsere Forderungen hat die SPÖ überhaupt nicht reagiert. Wir haben uns dann mit der ÖVP geeinigt, keine Koalition geschlossen, aber ihren Bürgermeisterkandidaten gewählt gegen inhaltliche Zusicherungen hinsichtlich unserer Forderungen. Wir haben die ganze Abmachung sofort veröffentlicht. Die SPÖ hat mir daraufhin noch vor der Bürgermeisterwahl den Bürgermeisterposten angeboten, was ich natürlich abgelehnt habe, weil es mir um die Sache geht und ich unabhängig sein will.

Wir haben dann geheime Luftmessungen im Gemeinderat durchgesetzt. Die Messungen sind über ein Jahr gelaufen. Die Ergebnisse waren erschütternd. Bestätigt wurden nicht nur die Verursacher der sichtbaren und ohnehin schon lange bekannten Schäden: Staub, Schwefeldioxid, Stickoxide lagen weit über den Grenzwerten. Darüber hinaus wurden Nitrosamine, das sind hochgradig krebserregende Stoffe, in Mengen gefunden, die langzeitig das Zehnfache, in Spitzenzeiten sogar das Hundertfache der Grenzwerte betrugen. Die Analyse der von einem unabhängigen Chemiker gezogenen Proben führte die Technische Universität Wien durch. Geheim sind die Messungen deshalb gelaufen, weil wir jedem Druck von seiten der Industrie ausweichen wollten. Die SPÖ-Fraktion im Steyregger Gemeinderat wollte einmal die Zwischenergebnisse veröffentlicht haben und ist aus der GR-Sitzung ausgezogen, nachdem dies mehrheitlich abgelehnt worden war.

Gemessen wurden natürlich nur die Immissionen, die Niederschläge, die Emissionen darf einzig die Gewerbebehörde messen, nur die kommt aufs Betriebsgelände. Aber auch sie muß sich anmelden, wenn sie z.B. in die Chemie Linz hinein will. Außerdem sind die Verflechtungen zwischen Industrie, Behörden und Politik so eng, daß solche Messungen einfach abgeblockt werden. Selbst der Gesundheitsminister, der einiges machen wollte und versprochen hat, daß auf den Schloten der Chemie Linz gemessen werden dürfe, konnte sich nicht durchsetzen. Übrigens bin ich mir ganz sicher, daß die Industrie weiß, was aus ihren Schloten herauskommt, daß die Verantwortlichen Messungen durchführen lassen. Aber vom Linzer Bürgermeister Hillinger können Sie doch nicht verlangen, daß er als Gewerbebehörde wissen will, was wirklich los ist. Seine Abhängigkeit von der Industrie ist viel zu groß – hinsichtlich der Steuern ebenso wie der allfälligen Parteiunterstützungen.

Ihr habt die Meßwerte dann veröffentlicht. Wie waren die Reaktionen?

Die Veröffentlichung der geheimen Meßergebnisse hat eingeschlagen wie eine Bombe, vor allem die Nitrosamin-Geschichte, weil die ja auch korreliert mit der hohen Krebssterblichkeit in Linz. Linz hat die höchste Sterblichkeitsrate an Lungenkrebs in Österreich und nach London die höchste auch in Europa. Als Standesbeamter konnte ich für Steyregg eine Statistik über den Zeitraum von 1970 bis 1980 aufstellen. Da ist zunächst jeder vierte an Lungenkrebs gestorben, 1979 ist das dann auf einmal sprunghaft angestiegen. Ich will das gar nicht hochschaukeln, es kann auch ein Zufall sein. Aber es ist immerhin erschreckend, wenn 1979 jeder zweite, der in Steyregg begraben wurde, an Krebs gestorben war, und 1980 jeder dritte. Ich habe dann mit der Statistik aufgehört, es war mir zu makaber.

Die Verantwortlichen – die Chemie Linz, die VOEST, der Magistrat, die Landesregierung – haben auf die Veröffentlichung zunächst zwei Monate betreten geschwiegen, dann hat man angefangen, die Ergebnisse zu bezweifeln, hat uns falsche Meßmethoden vorgeworfen. Erst hat man bestritten, daß es in der Linzer Luft überhaupt Nitrosamine gibt, jetzt gibt man ihre Existenz zu, behauptet aber, die Werte seien so niedrig, daß man schon durch einen Schluck Bier mehr Nitrosamine bekäme. Mittlerweile werden zwar vom Magistrat in Zusammen-, arbeit mit der Chemie Linz AG Messungen durchgeführt, aber man versucht eher zu bagatellisieren. Die Beamten, die oft um die Situation wissen, sind weisungsgebunden. Die Weisungen geben die Politiker. Wie das geschieht, zeigt ein anderer Fall: Wir hatten in Linz eine Messung, die bei Benzol Werte weit über den Normen ergeben hat – Benzol ist krebserregend, wie die Nitrosamine. Es war eine Halbjahresmessung, die fortgesetzt werden sollte. Als ich einige Zeit später, weil keine Ergebnisse mehr veröffentlicht wurden, den Umweltanwalt, den man als Prellbock vor die Politiker gesetzt hat, angerufen und nach den Ergebnissen gefragt habe, hat er gesagt: „Es ist alles in Ordnung! Das muß ein Irrtum gewesen sein. Die Werte sind wieder vollkommen normal." So unglaub-würdig wird in Linz Umweltschutz betrieben.

Wie war die Reaktion der Einwohner?

Die Steyregger, die bei der Chemie gearbeitet haben, haben von der Betriebs-leitung eine „Einladung" bekommen. Dort hat man ihnen gesagt, die Messung sei ein Blödsinn und sie sollten sich ja nicht der Bürgerinitiative anschließen, es gehe ja um ihre Arbeitsplätze. Trotz dieses starken Drucks hat sich die Einstel-lung der Bevölkerung mit der Veröffentlichung des Gutachtens gewandelt. Am Anfang hatte es geheißen: „Die Narren, was wollen sie denn?" Wenn heute je-mand im Gasthaus über uns schimpft, in der unflätigen Art, wie es zunächst gang und gäbe war, dann steht irgendeiner auf und sagt: „Der Trottel bist du. Sei doch froh, daß irgendwer was tut!" Die Steyregger haben mittlerweile auch in ihrer Mehrheit anerkannt, daß wir nicht um Posten raufen. Allerdings sind uns durch die Macht der Industrieleitungen Grenzen gesetzt: Unsere größte Chance ist die Wahlzelle, einfach deshalb, weil für viele Beschäftigte der VOEST und der Chemie dort die einzige Möglichkeit liegt, Unterstützung für uns zu bekunden. Ich erhalte, zum Teil anonym, Informationen aus den Werken, von Arbeitern, Angestellten, aber auch aus dem mittleren Management. Ich weiß also, daß wir auch in den Werken Unterstützung haben, aber in der Öffentlichkeit können sich viele nicht zu uns bekennen.

Auch in Linz gab es auf die Veröffentlichung der Meßergebnisse positive Reaktionen. Viele Leute haben angerufen. Es ist uns gelungen, in Linz die Dinge etwas aufzulockern. 1982 wurde eine *Bürgerinitiative Linzer Luft* gegründet, die es wegen der Anonymität der Stadt natürlich viel schwerer als wir hat. Übrigens wurde diese Gruppe ebenfalls von einem Ex-SPÖler, einem Bildungssekretär der Landespartei, initiiert. Und auch über die Stadt hinaus haben wir Aufmerk-samkeit erregt: Mittlerweile ist die Linzer Luft ein negativ besetzter Begriff in ganz Österreich und darüber hinaus.

Wie hat sich die SPÖ gegenüber Eurer Tätigkeit verhalten?

Die SPÖ ist dadurch, daß sie in Linz den Bürgermeister stellt, exponiert. Die Partei hat übrigens erst ein Jahr nach unserer Kandidatur ein Ausschlußverfahren gegen mich und drei weitere Parteimitglieder eingeleitet. Wir haben im Ausschlußverfahren vehement unsere Meinung vertreten, sodaß sich die SPÖ-Landespartei nicht getraut hat, uns sofort auszuschließen. Wir haben gesagt, wir gehen bis zum Bundesschiedsgericht, wollen sehen, ob sie uns wegen unseres Engagements für den Umweltschutz ausschließen. Nach einem Jahr bekamen wir die Mitteilung, daß sie das Verfahren fortsetzen wollten. Wir hatten uns damals schon so weit von der SPÖ entfernt, daß wir daraufhin unseren Austritt erklärt haben. Die Sache war für mich damit erledigt. Ich wollte nicht länger einer Partei angehören, in der – und so war es zumindest damals – jedes Engagement für die Umwelt verboten ist.

Der Linzer Bürgermeister Hillinger ist sehr scharf gegen uns aufgetreten. Bei einer Vorsprache des Steyregger Gemeinderats hat er uns als verantwortungslose Panikmacher bezeichnet, die die Leute mit Krebs verschrecken wollten. Er erklärte, alles sei in Ordnung, die Gewerbebehörde, der die Überwachung obliegt, habe alles „im Griff". Andererseits mußte er uns gegenüber zugeben, daß er das Franck-Viertel in Linz am liebsten aussiedeln würde, nur gingen die Leute nicht. Dem Umweltschutzbeauftragten der Chemie Linz, Dr. Hermann, verbot Hillinger, zum Club 2 zu fahren, wo die Situation besprochen werden sollte und zu dem auch ich eingeladen war. Dr. Hermann ist dann trotzdem gefahren, und der Club 2 ist für die Verteidiger der Industrie sehr schlecht ausgegangen. Die Linie, die der Linzer Bürgermeister vertritt, ist in der SPÖ durchgegangen. Ich glaube, es wagt überhaupt niemand, aufzumucken – solche Leute würden im Endeffekt aus der Partei entfernt. Eine rot-grüne Plattform oder so etwas gibt es hier nicht. Aufgrund des Drucks hat Bürgermeister Hillinger in der letzten Zeit allerdings einen Schwenk vollzogen. Er will dem freiheitlichen Umweltstadtrat Seyr die Kompetenzen entziehen und sie sich selbst nehmen, „damit etwas geschieht". In der Zwischenzeit hat ja jeder den Hubertusmantel angezogen.

Welche Position haben die anderen Parteien bezogen?

Die ÖVP ist in Linz ein verknöcherter Altherren-Klub. Sie ist sehr schwach und erschöpft sich in Willensäußerungen. Jetzt versucht sie etwas in Umweltschutz zu machen, gibt hie und da mal eine Erklärung ab, als Alibihandlung. Aber die Schwarzen haben eben auch ihre Leute in den Aufsichtsräten und Direktionsetagen der VOEST und Chemie Linz, die Abhängigkeiten bestehen auch bei ihnen. Die Art Politik, die die von Busek geführte Wiener ÖVP in Umweltfragen macht, gibt es in Linz nicht. Was Landeshauptmann Ratzenböck angeht: Cleverness kann man ihm nicht absprechen. So hat er veranlaßt, daß das Land die Kosten der Steyregger Messungen zu sechzig Prozent übernimmt. Auf diese Weise hat er sich bei uns einzukaufen versucht, damit er nach außen sagen kann, er sei ohnehin für den Umweltschutz. Aber seine Abhängigkeit von der Großindustrie ist, so glaube ich, größer als sein Engagement für den Umweltschutz.

Die Freiheitlichen sind ein Ein-Mann-Betrieb. Sie haben den Umweltstadtrat, Seyr, der persönlich von seinen Aufgaben überzeugt ist, sich aber nicht durchsetzen kann. Meiner Meinung nach tritt er inhaltlich zu wenig stark auf, er hätte bei entsprechendem Auftreten großes politisches Kapital für die FPÖ gewinnen können. Jetzt hat man ihm auch noch die Kompetenzen beschnitten.

So haben eigentlich ÖVP und FPÖ die Situation auch taktisch überhaupt nicht für sich ausgenutzt – die Unterschiede zwischen den etablierten Parteien in Umweltschutzfragen sind ja ohnehin gering. Auch bei den Jugendorganisationen ist die Parteiräson noch recht groß, mehr wahrscheinlich sogar bei der SPÖ als bei der ÖVP. Wer für Umweltschutz kämpft, ist in Linz mittlerweile bei den VGÖ oder bei der Bürgerinitiative. Die KPÖ ist in Linz mit einem einzigen Mann im Gemeinderat vertreten und agiert entsprechend wirkungslos.

Welche Resonanz findet Eure Tätigkeit in den Betrieben?

In den Betrieben schaut es ganz anders aus, als es die Lippenbekenntnisse der Politiker zum Umweltschutz besonders in Wahlkampfzeiten vermuten lassen. Da sagt man einfach: „Das können wir uns nicht leisten. Es geht um eure Arbeitsplätze!" Vom Betriebsrat haben wir überhaupt keine positiven Reaktionen zu erwarten. Der arbeitet weiterhin mit der Primitivmasche, daß Umweltschutz Arbeitsplätze kostet – außer einer alternativen Liste, den *Breitmaulfröschen* in der VOEST, sind da alle Fraktionen des Betriebsrates auf einer Linie. Die Betriebsräte hetzen so primitiv gegen das Umweltengagement, daß sie wahrscheinlich selbst von vielen Betriebsangehörigen nicht mehr ernst genommen werden.

Ein besonderes Problem ist, daß in der VOEST und in der Chemie Linz viele beschäftigt sind, die einpendeln, vom Mühlviertel zum Beispiel, und deshalb nicht dauernd betroffen sind von der Linzer Luft. Und viele wissen überhaupt nicht, mit welchen Stoffen sie es im Betrieb zu tun haben, zum Beispiel in der Trichlorphenol-Anlage. Sie müssen sich beim Eintritt schriftlich zum Schweigen verpflichten. Und wenn etwas passiert – und es sind schon Unfälle vorgekommen – dann erhalten sie großzügige Geldzuwendungen und Urlaubsaufenthalte. Was soll der Betroffene auch tun? Soll er sich beschweren? Dann hat er auch keinen Arbeitsplatz mehr.

Uns ist die Problematik natürlich durchaus bewußt, daß die finanzielle Situation der Betriebe sehr schlecht ist, aber das gibt ihnen ja nicht das Recht, einfach Gifte oder Produkte, die man nicht mehr absetzen kann, weiterzuproduzieren. Die Betriebe haben die Innovation zu Zeiten, wo es ihnen finanziell gut gegangen ist, versäumt. Ihr einziges Rezept ist, immer neue Subventionen zu fordern anstatt umzustrukturieren. Wir sind sicher keine Maschinenstürmer, wir wollen nicht zurück auf den Baum – das wäre in unserer Gegend auch zu gefährlich, da fällt man mit den dürren Ästen runter. Wir wollen, daß wir vernünftig miteinander leben können, aber was die Linzer Industrie treibt, ist nicht vernünftig. Ich bin davon überzeugt, daß wir diejenigen sind, die im Endeffekt viel mehr Arbeitsplätze sichern können, bei Umstieg auf Umwelttechnologie, auf Biochemie.

Langsam ändert sich etwas. Bei der Dioxin-Geschichte war schon die Mehrheit, so glaube ich, auf unserer Seite. Ich glaube sogar, daß der Betriebsrat sich eher von der Belegschaft entfernt und daß die Zeit für uns arbeitet. Es wird bei den Arbeitsplätzen Abbau betrieben, und der Betriebsrat ist auch bei Lohnverhandlungen sehr unternehmerhörig, er wird langsam ein Arbeitgebervertreter. Aber im Betrieb darf keiner etwas sagen, sonst bekommt er Schwierigkeiten mit seinem Arbeitsplatz und riskiert die Kündigung oder zumindest eine Eintragung auf der Schwarzen Liste.

Wie konnte die Schließung der Dioxin-Anlage in Linz erreicht werden?

Wir haben mit unseren Messungen nur einen kleinen Teil der Umweltproblematik in Linz aufgeworfen. Wir leben in einer total verseuchten Umwelt. Erst in letzter Zeit ist mir wieder ein drastisches Beispiel für die Umweltverschmutzung in unserem Raum bekannt geworden: Das Grundwasser ist so verschmutzt, daß es die Betonpfeiler der Autobahn-Donaubrücke angefressen hat. Die Pfeiler mußten mit einem Stahlmantel versehen werden, den die Chemie Linz übrigens anstandslos gezahlt hat.

Der bisher gefährlichste Fall und die erfolgreichste Aktion betraf die Trichlorphenol-Anlage in Linz. Die Dioxin-Problematik ist in Linz seit Jahren bekannt. Es hat seinerzeit einmal einen Unfall gegeben, wo an die hundert Menschen betroffen waren. Damals gab es bereits Bestrebungen, die Anlage zu schließen, aber man hatte damals überhaupt keine Chance. Im Programm der Steyregger Bürgerinitiative war die Schließung der Anlage vorgesehen, übrigens auch in den Programmen von VGÖ und ALÖ und ich glaube auch der FPÖ. Dioxin entsteht unvermeidbar bei der Produktion von Trichlorphenol und ist 67.000mal giftiger als Zyankali. Aus Trichlorphenol werden sogenannte Unkrautvernichter hergestellt, die äußerst problematisch sind, weil sie schwer abbaubar sind – in vielen Staaten der Welt sind sie bereits verboten. Dioxin ist auch bekannt unter dem Namen Sevesogift.

Auslösendes Moment für die Aktionen war die Schließung der vorletzten bekannten Trichlorphenol-Anlage – bekannte muß man dazu sagen, weil es angeblich im Ostblock noch welche gibt – bei Boehringer in Hamburg. Linz war also die letzte Stadt zumindest im Westen, die eine solche Anlage beherbergte. Ich habe versucht, ein breites Spektrum von Kräften in eine Kampagne gegen die Trichlorphenol-Anlage einzubinden, den Naturschutzbund, den Weltbund zum Schutz des Lebens, den Verein kritische Chemie, die Alternative Liste, die Bürgerinitiative Linzer Luft. Start war eine Plakataktion im Mai: „Linz – das letzte Seveso". Es gab positive Reaktionen in den Zeitungen, bei der Chemie hingegen stießen wir auf entschiedenen Widerstand. Die VGÖ, deren Bundesvorsitzender ich inzwischen geworden war, war die einzige Gruppe, die an dieser Sache weitergearbeitet hat. Wir haben in ganz Linz Fässer mit Totenköpfen und der Aufschrift „Dioxin" aufgestellt – die Polizei hat die Fässer weggeräumt. Wir haben die Sache auch über den *Kurier* publik gemacht und einen Offenen Brief an die Chemie Linz gerichtet.

Im Antwortmemorandum waren die Verantwortlichen unklug genug, verklausuliert zuzugeben, daß sie auch noch eine Verbrennungsanlage für Dioxin in Linz bauen wollen. Daraufhin sind wir sofort Sturm gelaufen und haben die Medien noch stärker mobilisiert. Wir führten Gemeinderatsbeschlüsse in Steyregg herbei. In Enns haben sich Leute gewehrt, weil sie befürchtet haben, daß die Verbrennungsanlage, wenn der Standort Linz nicht durchgeht, in Enns gebaut würde. Bei einer Vorsprache bei Gesundheitsminister Steyrer konnten wir ihm das Versprechen abringen, daß in einem schon so hoch belasteten Raum wie Linz und Umgebung eine solche Anlage nicht in Frage komme. Dann hat ein Krieg zwischen der Chemie Linz und Steyrer angefangen. Für die Verbrennungsanlage haben sich die Betriebsräte stark gemacht, sogar die schwarzen Betriebsräte der VOEST. Schließlich erhielt ich aus der Chemie Linz Informationen, daß große Mengen von Dioxin dort bereits lagern. Diese Informationen habe ich sofort veröffentlicht. Daraufhin hat die Werksleitung die Nerven verloren und alles zugegeben.

Wir sind dann in die totale Offensive gegangen. Wir haben über alle Autobahnzubringer Transparente mit den Aufschriften *Willkommen in der Dioxin-Stadt Linz, 1 Kilogramm Dioxin – 50 Millionen Tote, 20 Arbeitsplätze gegen 200.000 Tote* usw. gespannt. Während die Gewerbebehörde über die Dioxin-Anlage in der Chemie Linz verhandelte, haben wir eine Pressekonferenz abgehalten und Flugzettel in Linz verteilt. Wir drohten mit „anderen Maßnahmen", sollte am Abend die Trichlorphenol-Anlage noch arbeiten – wir deuteten an, daß wir die Zufahrtswege blockieren würden. Auch Gesundheitsminister Steyrer hat sich für die Schließung eingesetzt.

An diesem Tag wurde dann beschlossen, das Werk vorläufig zu schließen. Die Sache ist zwar noch nicht ausgestanden, die Verbrennungsanlage ist beim Magistrat Linz als Projekt eingereicht. Aber es ist unwahrscheinlich, daß man eine derartige Anlage im total belasteten Raum Linz genehmigt. Bemerkenswert ist, daß die Chemie Linz AG ihre Dioxin-Abfälle auf der ganzen Welt nicht mehr losbringt und sie inzwischen wieder zurücknehmen mußte – Waggons aus Polen sind schon wieder in Linz eingetroffen. Genau am Tag des Rücktransports gab man eine „Erfindung" bekannt. Der Chemie Linz AG soll es gelungen sein, ein neues Verfahren, durch das Dioxin „zerkocht" wird, zu entdecken. Ernstzunehmende Fachleute zweifeln an dieser „Erfindung", wir auch. Trichlorphenol ist überdies auch ohne Dioxin ein problematischer Stoff.

Wie ist Ihr Schritt hin zum Aufbau der VGÖ zu erklären?

Derzeit mißt man uns in Steyregg tot. Es werden neue Meßstationen errichtet; Ozon, Stickstoffdioxid, alle Werte sind hoch, und all das ist seit langem bekannt.

Konsequenzen werden von offizieller Seite nicht gezogen, man muß daher in Bezug auf die Messungen von Alibihandlungen sprechen. Umweltschutz ist heute nur mehr politisch lösbar. Ich persönlich habe, als ich erkennen mußte, daß wir als Bürgerinitiative zu klein sind und gegen eine Gummiwand anrennen, den Schluß gezogen, die VGÖ mitaufzubauen. Die lokale Bürgerinitiative Steyregg soll natürlich erhalten bleiben, da bin ich für eine strikte Trennung, damit Leute aus allen politischen Richtungen Platz haben. Aber letztlich richten Bürgerinitiativen nur lokal etwas aus.

Ich habe mir den Schritt, den VGÖ beizutreten, lange überlegt, weil ich keine politischen Ambitionen habe. Aber mit den VGÖ können wir mehr Druck aus-üben, und ich glaube, daß wir zumindest ein starkes Gewissen für den Umwelt-schutz sein werden. Diese positive Entwicklung ist unvermeidlich, wenn wir nicht große Fehler machen und wenn nicht der unwahrscheinliche Fall eintritt, daß die Großparteien unsere Aufgaben übernehmen. Die Grünen werden unvermeidlich größer werden und wenigstens die Macht stören. Wir werden die etablierten Parteien zumindest beunruhigen, wir werden neue Vorstellungen und Ideen in eine Politik bringen, die wieder sauberer, ehrlicher und durch-schaubarer werden muß. Nicht zuletzt in der Frage der Bürgerrechte werden wir uns verstärkt engagieren, damit die Abhängigkeit des Bürgers von den Parteien kleiner und seine Freiheit größer wird. Und wer will nicht frei sein?

JUNIUS

Die Kälte des Februar

Österreich 1933–1938

Junius Verlag und Verlag der Wiener Volksbuchhandlung

Helene Maimann/Siegfried Mattl (Hrsg.)

Die Kälte des Februar.
Österreich 1933–1938

176 Seiten, 239 Abbildungen, broschiert öS 188,–, gebunden öS 288,–

Anstelle eines Kataloges erscheint das Buch „Die Kälte des Februar" zur großen Ausstellung in der Koppreiter-Remise – zum 50. Jahrestag des 12. Februar 1934. Herausgegeben wird es von den Leitern des Ausstellungsteams, Dr. Helene Maimann und Dr. Siegfried Mattl. Es dokumentiert ausführlich den Februarkampf, seine Vorgeschichte und den anschließenden Widerstand. Erlebnisberichte von Kämpfern, amtliche Mitteilungen, Zeitungsnotizen, Tagebuchaufzeichnungen und zahlreiche Fotos vermitteln ein Bild von den Ereignissen.

Bruno Kreisky, damals ein junger sozialistischer Aktivist, schildert in einem ausführlichen Interview die sozialen, ökonomischen und politischen Hintergründe der Februarkämpfe und des „Ständestaates". In einem Gespräch mit Trude Konecny wird die Stimmung der jungen Sozialisten beleuchtet, die ihre Lebensperspektive auf den Sieg der Sozialdemokratie ausgerichtet hatten. Im Vorwort nimmt Bundeskanzler Fred Sinowatz zur Bedeutung der Februarkämpfe für die Entwicklung der Republik Stellung.

JUNIUS

Die Neue Linke und die 68er-Bewegung sind fast schon Mythen. Wenig bekannt ist, was wirklich in Wien geschah im Jahr der Studentenbewegung, des Prager Frühlings, der Eskalation des Vietnam-Krieges und der Barrikaden von Paris. Das vorliegende Buch gibt eine geschichtliche Darstellung der Ereignisse in Wien, der Demonstrationen und Happenings, der Hintergründe und der Folgen.

Wien, Mai 1968 soll Erfahrungen nutzbar machen. Viele Probleme, mit denen die 68er-Bewegung konfrontiert war, stellen sich auch heute, und die Lösungen, die die damaligen Aktivisten gefunden zu haben glaubten, verdienen es, in die aktuelle Diskussion miteinbezogen zu werden.

156 Seiten, 37 Abb., öS 148,–

Sauertöpfigkeit ist Linken schon immer vorgeworfen worden. Daß sie Haß und Kampf wegen der illusorischen Hoffnung auf eine restlose Erfüllung durch Arbeit für den Sozialismus predigen, daß sie stets den Abgrund zeigen, die kleinen Freuden des Alltags vermiesen ...

Was ist Linken ein Fest? Was suchen sie in Feiern? Wie begehen sie ihre eigenen Feste, den 1. Mai, den Frauentag, den Kindertag, die Jugendweihe, die politischen Festveranstaltungen? Was bedeuten ihnen Weihnachten, Ostern, Geburtstag, Fasching, Fronleichnam und Sonnenwende? Sozialdemokraten, Kommunisten, 68er Linke, jede Richtung will etwas anderes. Und vieles hat sich geändert von den Anfängen der Arbeiterbewegung bis heute.

152 Seiten, 36 Abb., öS 138,–

Sechs Autoren, Sudetendeutsche, Tschechoslowaken und Österreicher, untersuchen die Ereignisse rund um die Vertreibung der Sudetendeutschen. Themen sind: Die Situation in der Zwischenkriegszeit – Hitlers Einmarsch – Der Widerstand gegen die Nazis – Die Aussiedlung aus der Tschechoslowakei – Die Haltung der Westmächte und der Sowjetunion – Die Verbände der Sudetendeutschen in der BRD – Aktuelle Meinungen von Tschechoslowaken zur Aussiedlung. Die Verfasser nehmen Stellung zum Selbstbestimmungsrecht der Nationen und zur Kollektivschuldthese, zur Position der Linken und zum Problem politischer und moralischer Verantwortung.

120 Seiten mit 14 Abb., öS 118,–

Ein Buch über die Arbeit, die programmatischen Ziele, den Einfluß der Linken in der SPÖ und über das Verhältnis anderer Teile der Linken zur SPÖ. Themen sind u.a.: Der Kampf gegen die Militarisierung in den 50er Jahren – Die antifaschistischen Aktivitäten der 60er Jahre – SJ und VSStÖ – Die Linke in Betrieben und Gewerkschaften – Die Linke in der SP-Frauenorganisation – Basisarbeit im Bezirk – KPÖ und SPÖ – 68er Linke und SPÖ – Aktuelle politische Stellungnahmen.

184 Seiten, öS 168,–

Junius Verlag

Lutz Büthe
Auf den Spuren
George Orwells

Ein soziale Biographie

Orwells Leben und Werk umfaßt mehr, als unter der düsteren Metapher 1984 verstanden wird. Der Anglist und Sozialwissenschaftler Lutz Büthe schildert auf der Grundlage intensiver Archivstudien das Leben des Romanciers, Essayisten und Journalisten. Er macht den Leser auch mit den nicht übersetzten Teilen seines Werkes bekannt, behandelt seine künstlerische Methode, untersucht seine Haltung in den politischen Kontroversen der dreißiger und vierziger Jahre, geht auf sein Verhältnis zu anderen literarischen Strömungen ein...

ca. 320 Seiten, zahlr. Abb., ca. öS 265,–, erscheint im April 1984

Karl Schlögel
Der renitente Held
Arbeiterprotest in der Sowjetunion 1953–1983
ca. 300 Seiten, ca. öS 296,–, erscheint im April 1984

Seit Jahren gibt es in der Sowjetunion Versuche, freie Gewerkschaften aufzubauen. Um wen handelt es sich bei den oppositionellen Gruppierungen, für wen sprechen sie, welches gesellschaftliche Gewicht kommt ihnen zu? Grundlage für eine Antwort ist die Aufarbeitung der Geschichte des Arbeiterprotests, eine Darstellung der Konflikte, die sich in der UdSSR seit Stalins Tod ereigneten. Die möglichst vollständige Zusammenfassung der uns zugänglich gewordenen Äußerungen selbständiger Interessenvertretung der sowjetischen Arbeiter ist das Ziel dieses Buches.

Karl Schlögel liefert die erste umfassende Untersuchung der Protestformen sowjetischer Arbeiter von 1953 bis zur Gegenwart. Er diskutiert das Verhältnis von Arbeiterprotest und intellektuellen Dissidenten.

Aus dem Inhalt: Revolten und Streiks in den Zwangsarbeitslagern Anfang der 50er Jahre – Arbeitsunzufriedenheit und Protest in der nachstalinschen Sowjetunion – „Gesellschaftlich abweichendes Verhalten" von Arbeitern – Initiativen zur Gründung freier Gewerkschaften – Intellektuelle Dissidenten und Arbeiterwiderstand – Das Verhältnis von Menschenrechten und sozialökonomischen Forderungen.